哈军工文化研究

兼论哈军工思想政治教育

王永友　著

中国社会科学出版社

图书在版编目（CIP）数据

哈军工文化研究：兼论哈军工思想政治教育／王永友著．—北京：
中国社会科学出版社，2017.3
ISBN 978 - 7 - 5161 - 9839 - 1

Ⅰ.①哈…　Ⅱ.①王…　Ⅲ.①哈尔滨工程学院—校史　Ⅳ.①E251.3

中国版本图书馆 CIP 数据核字（2017）第 025261 号

出 版 人	赵剑英
责任编辑	姜阿平
责任校对	林福国
责任印制	张雪娇

出　　版	中国社会科学出版社
社　　址	北京鼓楼西大街甲 158 号
邮　　编	100720
网　　址	http://www.csspw.cn
发 行 部	010 - 84083685
门 市 部	010 - 84029450
经　　销	新华书店及其他书店

印　　刷	北京君升印刷有限公司
装　　订	廊坊市广阳区广增装订厂
版　　次	2017 年 3 月第 1 版
印　　次	2017 年 3 月第 1 次印刷

开　　本	710×1000　1/16
印　　张	16
插　　页	2
字　　数	261 千字
定　　价	68.00 元

目　　录

自　序

　　哈军工，新中国高等教育史上一个响当当的名字。她的全称是中国人民解放军军事工程学院，因坐落在哈尔滨，人们习惯性地称她为"哈军工"。这是一所由毛泽东、周恩来、朱德等老一辈无产阶级革命家亲自决策创建的大学，一所在许多党、国家和军队领导人亲切关怀下成长起来的大学，一所为共和国培养了上百位将军、省部级领导和几十位院士的大学，一所办学历史只有短短17年却声名远播、名扬海内外的大学，一所为国防科技事业做出了不可磨灭的重大贡献，至今仍深刻影响着我国国防科技教育事业的大学。

　　今天，关于哈军工的研究著述已有不少，但从文化视角研究哈军工的还没有。作为在哈军工"老宅"里学习、工作了二十多年的哈军工后继者，因为工作原因从一开始对哈军工办学历史的初步接触，到对这段办学历史的逐渐熟悉，再到对这段办学历程的深入了解，慢慢地对哈军工办学的历史产生了浓厚的兴趣，萌生了对哈军工深厚的文化底蕴一探究竟的想法。事实上，哈军工从创建、发展到分建，无不体现着这所大学的特殊历史及其在此过程中所形成的与众不同的大学精神与大学文化，哈军工精神与文化影响深远。

　　哈军工，作为新中国第一所综合性军事科学技术大学，她的创建在我国国防现代化建设中具有划时代的里程碑意义。哈军工创建的历史背景，对哈军工文化的形成产生了重要影响。哈军工创建时肩负的使命赋予了哈军工文化特殊的历史蕴含和时代价值。哈军工是新中国唯一一所由毛泽东主席亲自决策、周恩来总理亲自指挥创建的大学，哈军工文化的特殊性可见一斑；哈军工是新中国唯一一所由开国大将陈赓亲自主持创建的大学，哈军工文化的独特性便在于此；哈军工是在苏联专家帮助下、集中全国力量创建的大学，哈军工文化的开放性由此而生。

哈军工，无论是处于顺境时还是处于逆境时，无论是在发展进程中还是在分建过程中，无论是人才培养还是科学研究，所形成的哈军工文化、所体现的哈军工精神，是值得我们今天很好珍藏的宝贵精神财富；所形成的办学经验、所体现的办学思想，是值得我们今天很好学习的重要文化遗存；所培养的国防科技人才、所产出的国防科技成果，是值得我们今天备感骄傲的辉煌办学成就。挖掘、整理、总结、概括、凝练、提升哈军工办学所形成的文化与体现的精神、所形成的经验与体现的思想，是哈军工文化研究的重要任务。

哈军工，既形成了忠诚使命、胸怀大局、甘于奉献、勇攀高峰的精神，又形成了忠诚为灵魂、工学为境界、国防为特色的文化价值观；既形成了坚持"祖国第一、服务国防"办学目的，"又红又专、全面发展"人才目标，"教师为本、两老团结"办学方针，"教书教人、学生为本"办学理念，"紧跟前沿、特色办学"发展战略，"高起点、跨越式"发展模式的办学思想体系与办学实践经验；又形成了"忠诚奉献、坚韧拼搏、艰苦奋斗、团结协作、求实创新"的校风，"严谨、严密、严格"的"三严"作风，"崇尚科学、追求真知，不畏艰难、发愤图强，敢于攻坚、善于创新，甘于奉献、忠心为国"的科研作风。这些精神、思想、作风等构成了哈军工文化的精髓。

哈军工，不仅形成了独特的文化，思想政治教育也独树一帜。哈军工培养的人才，为什么信仰如此坚定、理想如此崇高？为什么对党如此忠诚、对祖国如此热爱？为什么如此能吃苦、如此能奉献？……探其究竟，是因为哈军工确立了政治、思想、品德、作风"四位一体"的思想政治教育目标，突出了理想信念与使命责任的思想政治教育任务，注重多维思想政治教育方法的灵活运用与多种思想政治教育途径的有效结合，形成了"目标上政治为先、任务上信念为重、方法途径上实践为基"的思想政治教育特色，凸显了思想政治教育的时代性、政治性和实效性特征，通过有效的思想政治教育，实现了"又红又专的军事工程师"这一人才目标的"红"。

哈军工文化影响深远，哈军工遗存内涵深刻，具有鉴证历史、教育今人、传扬文化、启迪社会的重要历史价值、教育价值、文化价值与社会价值。传承与弘扬哈军工文化，是哈军工后继者无上光荣的使命与义不容辞的责任。只有深入挖掘哈军工历史上具有典型性和代表性的文化遗存，深入研究哈军工办学中具有启示意义和实践意义的文化思想，深入宣传哈军工创建发展、人才培养与科学研究中的文化故事，在完整保护哈军工历史文化遗存的基础上，充分利用哈军工优秀历史文化资源，大力开发哈军工文化育人环境，将保护与开发、整合与开放、研究与育人相结合，才能更好地传承与弘扬哈军工文化。

全书始终站在文化的视角，以哈军工的发展历史为线索，以哈军工文化的形成为主线，对哈军工办学历史从纵向和横向两个方向上进行了解剖。纵向上，以哈军工创建、发展、分建为脉络，对其中所形成的文化、所展示的精神、所体现的思想进行了挖掘和整理、分析和讨论。横向上，以哈军工人才培养、科学研究与思想政治教育为线索，对哈军工办学思想、理念、宗旨、模式、特色、价值等进行了总结和概括、凝练和提升。最后，从整体上对哈军工文化进行了系统归纳，对哈军工留下的物质遗存与精神遗存进行了分类阐释，对哈军工文化遗存的价值进行了深入探究，对如何传承与弘扬哈军工文化进行了理论思考和实践探索。

全书共分九章，第一章主要研究与回答了哈军工文化形成的背景，突出了哈军工创建中所展示和形成文化的一个"高"字；第二章主要研究与回答了哈军工文化形成的基础，突出了哈军工发展中所展示和形成文化的一个"快"字；第三章主要研究与回答了哈军工文化形成的过程，突出了哈军工结局中所展示和形成文化的一个"大"字；第四章主要研究与总结了哈军工办学在人才培养上的经验与贡献，突出了哈军工人才培养中所形成和体现出来的文化与思想；第五章主要研究与总结了哈军工办学在科学研究上的经验与贡献，突出了哈军工科学研究中所形成和体现出来的文化与思想；第六章主要研究与总结了哈军工思想政治教育的思路与做法，突出了哈军工思想政治教育目标、任务、方法同哈军工人才培养目标、理念的一致性与文化的相融性；第七章主要研究与总结了哈军工思想政治教育的经验与成效，突出了哈军工思想政治教育途径的有效性、特色的时代性与价值的深刻性；第八章主要研究与回答了哈军工文化遗存的内容有什么与价值是什么，突出了保护与利用哈军工文化的重要意义和传承与弘扬哈军工文化的重要作用；第九章主要研究和回答了传承与弘扬哈军工文化的目标任务、理念思路，突出了哈军工后继者在传扬哈军工文化中的实践探索及其取得的成效和经验。

本书是作者多年来在对哈军工办学历史进行挖掘整理、对哈军工文化进行总结凝练、对哈军工文化建设进行规划实践的基础上，再次对哈军工史料进行深入研究和系统思考的心血结晶，也是第一次站在文化视角对哈军工办学历史进行系统研究的学术著作。希望本书能够为哈军工后继者传承和弘扬哈军工文化提供一个可操作的实践思路，为高等学校学习和借鉴哈军工办学思想提供一种有益的成熟做法，为今天的大学生思想政治教育工作提供一条有效的实践路径。同时，也希望本书能够成为高等学校培育和践行社会主义核心价值观、提升大学文化软实力、全面深化教育综合改革、实现跨越发展与内涵发展的重要参照。

虽然作者已倾尽心力，但面对浩瀚的哈军工史料与无处不在的哈军工文化，依然感觉力不从心，对哈军工文化的总结、概括、凝练、提升必定存在诸多不足之处，对许多问题的思考和探索既没有完全实现对其本源的揭示，也远远不能满足实践的需求，希望得到更多哈军工研究者与广大读者的不吝赐教与批评指正。

著者

2015 年 5 月

第一章　哈军工"高"创建中的文化

　　哈军工的创建，可以说与中国历史上任何一所大学的创建都不一样。她虽然诞生于新中国，却不同于新中国建立的其他大学。哈军工，肩负着崇高使命而来；哈军工，以极其罕见的高规格创建；哈军工，以绝无仅有的高起点创建。哈军工创建的高使命、高规格、高起点，成为哈军工文化形成的独特背景。

一　创建哈军工的高使命

　　哈军工的创建，是不可复制的历史，是一段前无古人、后无来者的历史。哈军工的创建，绝非一个偶然事件，而是中国历史发展的必然。哈军工的创建，与刚刚诞生不久的新中国的命运紧紧联系在一起，与千百年来中国追求国防强大的历史联系在一起。哈军工的创建，既是保家卫国的使命要求，也是实现国防现代化的使命要求。

1. 保家卫国的使命要求

　　哈军工，是我国历史上第一所综合性的高等军事工程技术学府。她的创建，对于初生的新中国而言具有极其重要的历史意义，是为了打赢一场保家卫国战争这一崇高使命的根本要求。

　　毛泽东在天安门广场宣布中华人民共和国成立、中国人民从此站起来了这一神圣时刻刚刚过去还不到一年的时间，一场本是朝鲜人民的内战，在以美国为首的有关国家参与下，迅速演变为一场强大的资本主义国家对新生的弱小社会主义国家的侵略战争，而这场战争就燃烧在新生的人民共和国的家门口。即刻间，战争的阴云就威胁到新中国的国家安全。"美军如狼似虎地扑向中朝边境的鸭绿江和图们江，轰炸扫射我边境乡村城镇，打死打伤我平民百姓，战火已经烧到中国的大门口了。"①

中国，是一个爱好和平的国家；中华民族，是一个爱好和平的民族。自鸦片战争以来的一百多年间，中国大地生灵涂炭，中国人民饱受战火摧残，新生的人民共和国多希望能够在和平的环境里成长，刚刚安稳下来的中国人民多希望能够在和平的日子里生活。然而，这一切都必须以国家安全为基本前提。在没有苏联军事援助、新中国军事力量又极其薄弱的这一严峻形势下，为了保家卫国，为了新生的社会主义中国不被扼杀在襁褓之中，中国人民毅然出兵援朝。

虽然这场战争的最后结局是正义的中朝两国人民战胜了以美国为首的西方资本主义强权国家，然而，由于我军的军事装备落后，"整个志愿军的运输汽车，只相当于美军两个步兵团的运输工具"，"对付高度机械化的美军，只能维持一个星期的优势"②，美国人称之为"礼拜攻势"。同时，我军极度"缺乏文化素质高、精通军事科技的人才"，仗打得太苦了，"许多本可以打胜的战斗却眼睁睁地看着敌人逃掉"③，许多缴获来的敌军武器却不会使用，"我们是用手榴弹打敌人的榴弹炮，用炸药包打敌人的坦克车，用缴获日本鬼子的三八式把美国鬼子赶回三八线"④。要打赢这场保家卫国的战争，"亟须改进技术装备，亟须培养能够维护和使用现代化武器装备的军事工程师"⑤，"如果我们也有飞机、大炮、坦克车，用不了几个月时间和付出这么大的代价就能把美国鬼子赶到大海里去"⑥。

在这场保家卫国的战争中，中朝军队与以美国为首的西方资本主义国家军队的军事力量之悬殊是不言而喻的，靠着中朝人民的英勇顽强和正义力量的支撑，战争才取得了最后的胜利。这场战争，无论是对于新生的人

---

① 军事科学院军事历史研究部：《抗美援朝战争史》，军事科学出版社 2000 年版。
② 滕叙兖：《哈军工传》（上卷），湖南科学技术出版社 2006 年版，第 19 页。
③ 同上书，第 25 页。
④ 同上书，第 37 页。
⑤ 同上书，第 25 页。
⑥ 同上书，第 37 页。

民共和国而言，还是对于新中国的领导人而言，引起的思考是极其深刻的。这场战争，成为中国领导人下定决心创建哈军工的重要缘由。朝鲜战争爆发两年后，中国领导人决定创建一所综合性的高等军事工程技术大学，专门培养高级军事技术人才，以适应战争的需要。这在《关于成立军事工程学院的报告》中清晰可见。

报告中说，"两年多以来，我军各特种部队发展甚快，成绩亦大。其装备正日益增加和复杂。惟在技术上面远落后于部队的发展和不能满足部队的要求，以致屡次造成不应有的损毁，以空军来说，不仅在夜间及恶劣气候不能起飞应敌，且因操作不良致空中停车或编队互撞等原因而发生事故者甚多，重则机毁人亡，轻则飞机报废不能修复。舰艇、战车及各种火炮和工兵机械等机件发生故障后，不能及时修复而影响战斗，甚至根本不能修理"①。对这场战争，中国领导人曾判断，将又是一场持久战。我们要赢得这场战争，就必须要加紧培养自己的军事技术人才，逐渐能够自己修理与装配军事技术装备。

因此，保家卫国的崇高使命，成为创建哈军工的必然要求。

2. 国防现代化的使命要求

哈军工，是我军历史上第一所高水平、正规化的综合性军事科学技术大学。她的创建，是在我国国防现代化建设中具有划时代意义的里程碑，是实现我国国防现代化这一崇高使命的根本要求。

实现国防现代化，是近代以来中国人一直追求的梦想。因为国家的贫穷、军事的落后，鸦片战争、甲午战争、抗日战争，中国一直饱受欺凌，外国列强纷纷抢滩占地，中国人民长期生活在水深火热之中。新中国成立后，被迫卷入朝鲜战争的中国人民，再次深切体会到实现国防现代化的急迫性和必要性。在朝鲜战场上，由于我军装备技术落后，"美国人采取'磁性战术'，用现代化装备紧紧咬住我们"，"由于没有制空权，又缺乏交通工具，鸭绿江边的军用物资堆积如山，却运不到前线"②，这一切都源于我军装备落后。实现国防现代化，成为中国军人心中一团熊熊燃烧

---

① 国防科技大学校史馆展览资料。
② 滕叙兖：《哈军工传》（上卷），湖南科学技术出版社2006年版，第19页。

的火。

在朝鲜战争中，作为中国人民志愿军代司令员的陈赓大将，有着北伐战争、抗日战争、解放战争等身经百战的经历、丰富的军事经验和卓越的军事才能，在面对我军科学技术上的落后、现代化装备的缺乏时，朝思暮想的就是"如何改进我军的技术装备，如何培养前方急需的能维护和使用现代化武器装备的军事工程师"①，这也成了这位军事指挥家的一块心病。

新中国成立后，战争并未完全结束，不仅要面对朝鲜战争这样的保家卫国之战，国内还有向西南进军和大规模的剿匪，以及向西藏进军，准备解放沿海岛屿等战争任务。同时，全面的大规模战争已基本结束，军队如何向现代化和正规化迈进，成为新中国领导人思考的大问题。要实现国防现代化，建设一支完全统一的现代化军队，亟待扭转的是我军极为缺乏专业技术干部的局面，现代化的战争要求军队的各级指挥员要有勇有谋，要有各方面的知识，而这一切都需要加强军队院校建设。

在中国近代军校发展史上，闽浙总督左宗棠在福州首创船政学堂，专门培养海军技术人才，中国第一代海军军官和造船工程师大都出自这所学校。此后，直隶总督李鸿章又分别创办了天津水师学堂、南京水师学堂和北洋武备学堂。后来的保定军官学校成为中国近代史上第一所正规陆军军校，有名的军事教育家蒋百里曾担任过该校校长。大革命时期，孙中山先生创办了黄埔军校，为中国近代包括国共两党培养了大批高级干部。

新中国成立后，我军的各种技术学校都是在解放战争中逐渐发展起来的。第一所航空学校是在抗战胜利后，1946年3月在吉林通化建立的"东北航空学校"。到新中国成立时，该校为我军培养了第一批飞行员和一大批机务、仪表及参谋人员，共计500多人。第一所海军学校是1949年5月在辽宁丹东建立的安东海军学校，同年8月又在南京建立了华东军区海军学校。从解放战争到新中国成立初期，我军已陆续建立了炮兵学校、通讯学校、工兵学校、防空学校、坦克学校、防化学校、汽车学校、高射炮学校、军需学校、测绘学校等军队技术学校，为我军"培养了一大批指挥和技术干部，为解放战争输送了大批人才，也为新中国的建立和

---

① 滕叙兖：《哈军工传》（上卷），湖南科学技术出版社2006年版，第25页。

人民军队的建设打下了坚实的基础"①。1950 年，刘伯承元帅在南京创建了军事学院，专门为我军培养高级指挥人员。而这些技术学校，大多属于中等专业学校，数量虽多但质量不高，规模小，师资弱，不能胜任培养现代战争条件下的高级技术人才这一重要任务。

为了加快推进中国军队现代化建设的步伐，朝鲜战争爆发后，苏联领导人斯大林就曾向中国领导人建议，建立一所综合性的高等军事工程技术学府，专门培养高级军事技术人才，以适应现代化战争的需要。这一建议很快得到我国领导人的支持并付诸实施，我国迅速开始组建这所军事工程方面的综合大学。这所大学的首要任务就是培养能够使用和维修现代化武器装备的工程师，并逐渐提升到能设计和能制造的高度，成为我军培养各军兵种高级军事技术干部的摇篮，为早日实现国防现代化奠定重要的人才、技术基础。

因此，国防现代化的崇高使命，成为创建哈军工的必然要求。

二 创建哈军工的高规格

历史不能忘记，1952 年 3 月 18 日！时任中国人民解放军总参谋长聂荣臻元帅、副总参谋长粟裕大将在《关于成立军事工程学院的报告》上庄严地签上了自己的名字，然后将这一报告呈送给了毛泽东、朱德、周恩来、林彪等领导人，由此拉开了哈军工极高规格的创建历程。哈军工的创建，既是毛泽东主席亲自决策的结果，又是周恩来总理亲自指挥的结果，还是陈赓大将亲自主持的结果，这在新中国高等教育史上是极其罕见的。

1. 毛泽东主席亲自决策

关于创建哈军工，毛泽东主席的亲自决策主要体现在三个方面，一是决定是否创建这样一所综合性的高等军事工程技术学府；二是决定由谁来负责创建这所前所未有的、对我军现代化建设具有极其重大战略意义的综合性高等军事工程技术学府；三是这所综合性的高等军事工程技术学府应该培养什么样的人。

---

① 史全生：《中国近代军事教育史》，东南大学出版社 1996 年版。

对于是否创建哈军工,毛泽东心里早就在思考这个问题。《关于成立军事工程学院的报告》在朱德、周恩来、林彪等领导人签字同意后,被送到了中国最高领导人毛泽东的手里。当年周恩来访问苏联时,斯大林就建议中国建立军事工程技术学院,毛泽东对这个建议是赞同的,只是当时朝鲜战争在即,这件事被暂时搁置一边了,而朝鲜战争以来的战况让包括毛泽东在内的中国领导人更加清醒地认识到了我军对军事工程技术干部的迫切需求。因此,当毛泽东看到这个报告时,又再一次强烈感受到实现国防现代化的急迫心情,更加坚定了建设一所培养国防科技人才的军事工程技术大学的决心。毛泽东十分清楚,中国不能长期处于武器装备的落后状态,一定要在战争中不断改善,这就急需大量的技术干部,而国防现代化建设也急需大批技术军官。因此,做出创建哈军工这一重大战略决策,毛泽东是毫不犹豫的,而这一决策也必须由他亲自做出,这是由哈军工承担的重大使命所决定的。在做出创建哈军工这一决策后,毛泽东在贯彻落实这一决策上的态度也是一贯的。当哈军工五座教学大楼的建设资金得不到落实,陈赓不得已去找毛泽东汇报时,毛泽东态度十分坚决地表示,必须要培养我们自己的军事技术干部,并强调:"行百里者半九十啊,军工学院已经搞起来了,不能半途减速刹车呀!"[1] 如果没有毛泽东坚定的决心,这样坚决地贯彻创建哈军工的决策,恐怕哈军工的创建注定要"半九十"了,因为那样一个庞大的基建计划,对新生的中国来说,并非某一方面不支持的问题,而确实是新中国没有那么强大的财力支撑。

对于由谁来负责创建哈军工,毛泽东是经过深思熟虑的。尽管没有确切的史料能够直接证明毛泽东做出这一决策的原因,但最终的决策结果证明,毛泽东做出的这一决策无疑是绝对正确的。从决定由陈赓来负责创建哈军工的历史过程判断,中央把刚刚任志愿军代司令员三个月的陈赓从朝鲜战场调回,接受毛泽东、朱德、周恩来、彭德怀四位中国最高领导人召见,并直接听取陈赓对朝鲜战况的汇报,足见中国最高领导层,尤其是毛泽东对创建哈军工这件事情的重视程度。四位中国最高领导人对陈赓关于朝鲜战况的汇报内容,事先是完全可以预见的,除了一些有关战争的具体进展情况外,最重要的当是我军技术装备的落后问题,因为这是制约我军

---

[1] 滕叙兖:《哈军工传》(上卷),湖南科学技术出版社 2006 年版,第 219 页。

在朝鲜战场取得决定性胜利的关键因素。之所以要让陈赓先汇报朝鲜战况，是因为这是中央决定创建哈军工的最直接因素，也是哈军工将肩负的最重要的国家使命，通过陈赓的汇报，力图激发陈赓创建哈军工的斗志。

所以，当陈赓汇报到"我军政治上很强，但由于技术装备不行，无法包围团以上的敌军并迅速吃掉，只能眼睁睁看着敌人逃跑；缴获的坦克、大炮也开不走，只能眼睁睁看着敌机炸毁"[①] 时，毛泽东斩钉截铁地看着陈赓说："要是我们有了现代化武器装备和掌握军事技术的干部，把敌人赶出朝鲜是不成问题的。""我们现在决心解决这个技术装备落后的问题。为了适应现代化战争，建设现代化军队，中国人民解放军有必要建立一所高等军事技术院校，培养技术军官。""这次调你陈赓回来，就是要你创建这所高等军事工程技术学院，我们商量了，由你来当这个院长兼政委。"[②] 尽管陈赓推辞，但毛泽东没有丝毫犹豫地对陈赓说"你就应该干！有困难总理给你解决，还有苏联顾问团帮助，凭你陈赓的才干和冲劲，一定能干好，你放手去干好了！"[③] 这一天，历史应该记住，1952 年6 月 23 日。此后，毛泽东还专门叮嘱陈赓，一定要把哈军工建设好，"让她成为中国的第二个黄埔军校"。[④]

毛泽东对陈赓说的这一席话，至少说明了两个问题。第一个问题，就是毛泽东做出由陈赓主持创建哈军工这个决定一定是经过慎重思考的。在毛泽东看来，要胜任主持哈军工创建工作的人选至少应具备三个条件：一是必须是一个革命资历深、有丰富的革命斗争经验、对党和人民绝对忠诚的党的高级干部；二是必须是一个文化水平高、有很高的马列主义理论修养、对办学有一定经验的教育者；三是必须是一个战场历练多、对技术装备的重要性有深切体会、对现代化战争的特点熟悉的军队高级将领。在解放初期的中国，同时满足这三个条件的人，陈赓恐怕是独一无二，因此，毛泽东选定陈赓主持哈军工的创建就是理所当然的事情。第二个问题，就

①　滕叙兖：《哈军工传》（上卷），湖南科学技术出版社 2006 年版，第 37 页。
②　同上书。
③　同上书，第 38 页。
④　同上书，第 185 页。

是毛泽东对如何创建哈军工已经有了比较成熟的考虑。一是创建哈军工是一件大事、难事，必须由周恩来总理亲自指挥协调才能办成；二是创建哈军工是一件新事、急事，必须请苏联派出各个专业的专家来协助才能尽快办成。

关于哈军工培养什么人的问题，毛泽东同样是十分重视的。这种重视主要体现在三个方面，一是体现在毛泽东为哈军工亲自起草的训词上；二是体现在毛泽东对哈军工第一期教学计划的亲自审阅、修改以及对招生计划的批示上；三是体现在毛泽东对如何向苏联专家学习的政策要求上。训词明确了哈军工的办学使命、办学目标、办学思路和办学要求，具体内容将后述。对哈军工第一期教学计划，毛泽东亲自审阅并修改，一方面充分体现出毛泽东对哈军工培养什么样的人的高度重视和亲切关怀，这在共和国的教育史上，恐怕也是唯一的，足见哈军工在毛泽东心里的地位，以及哈军工所肩负的重大使命；另一方面充分体现出毛泽东对哈军工人才培养目标和教学内容与教学安排等的充分肯定；再者，毛泽东把教学计划中"学习马列主义、毛泽东思想"这句话中的"毛泽东思想"这五个字用铅笔圈去了，除此对整个教学计划再无一增删之处，说明毛泽东的谦虚和细心，这对创建哈军工是极大的鼓舞和鞭策，对哈军工培养什么人是极其重要的指导和教育。毛泽东对哈军工的第一个书面批示，应该就是对彭德怀亲自起草的关于哈军工招生计划的报告进行的批示，同意哈军工每年毕业800人。这样一个招生计划，都要经过毛泽东亲自批示，而且毛泽东是当天就做出了批示，这足见毛泽东对哈军工人才培养工作的高度重视。

关于如何向苏联专家学习，毛泽东提出三点要求。一是学什么。毛泽东要求坚持"洋为中用"，在军事科学技术教育与科学研究方面要全学，学习过程中随着我军的发展和提高要吸取精华为我所用；在军事行政管理与训练方面，主要学习苏联的正规化建设经验与良好作风。二是不学什么。毛泽东要求在官兵关系、军民关系上，要保持我军的光荣传统；在思想政治工作方面，要发扬我军数十年来行之有效的传统，不搞一长制，不搞命令主义、军阀主义，即在这几个方面不学。三是如何处理与苏联专家的关系。毛泽东要求要做到不卑不亢，不学的地方也要讲究方式方法，多做耐心解释工作，不能影响团结，不能让专家感到对他们不信任、不尊重。对解决这一问题的决策和要求，应该说毛泽东讲得透彻而深刻，这对

哈军工在创建过程中，如何对待苏联顾问团、如何与苏联专家相处、如何
学习他们的长处、如何把握好这个度是极其重要的。

2. 周恩来总理亲自指挥

关于创建哈军工，周恩来总理亲自指挥主要体现在三个方面：一是亲
自主持高层联席会议研究哈军工创建具体事项；二是亲自出面协调解决哈
军工办学所需人才、房产、划地等重大难题；三是亲自函请苏联领导人协
助解决哈军工办学聘请顾问的问题。

对于周恩来总理亲自主持高层联席会议研究哈军工创建事宜，这在共
和国教育史上，由国务院总理亲自主持专门会议研究一所大学的问题恐怕
没有第二例，而且是由周恩来总理本人亲自确定的会议时间、参会人员以
及会议议程等细节。1952 年 9 月 5 日，哈军工创建历史上又一个重要的
日子，周恩来总理主持召开政务院有关部委和中央军委各总部、各军兵种
领导同志参加的高层联席会，商议解决哈军工创建工作有关事宜。参加会
议的有上海市市长、华东军区第一书记陈毅，国家财经委副主任、财政部
部长薄一波，中央组织部兼政务院人事部部长安子文，建筑工程部部长陈
正人，教育部副部长钱俊瑞，以及副总参谋长粟裕，总政治部副主任肖
华，总干部部副部长徐立清，总后勤部部长杨立三，空军司令刘亚楼，海
军司令肖劲光，炮兵司令陈锡联，装甲兵司令许光达，工程兵司令陈士榘
等众将。这样一个高规格的会议，如果不是周恩来总理亲自主持，单单是
因为创建一所大学，这些军政要员们恐怕一个也请不来。要是在今天，更
是不可想象的。

对于这次会议，周恩来总理特别安排陈赓先介绍了在朝鲜战场的作战
体会，让参会者更好地理解中央决定，理解创建军事工程学院的重大意
义。周恩来总理在会上又进一步说明创建军事工程学院的必要性和紧迫
性，"现在，我们的国防建设走向一个新的里程碑，就是搞正规化、现代
化，提高技术兵器的水准"。"有了现代化武器装备，没有驾驭这些东西
的技术干部，再先进的武器装备也等于死东西。朝鲜战争还在打，国防建
设也急需，所以创建军事工程学院，有着重要的战略意义。"[①] 当然，周

①　滕叙兖：《哈军工传》（上卷），湖南科学技术出版社 2006 年版，第 74 页。

恩来总理讲这些的目的，是要为哈军工的创建解决难题，协助陈赓尽快把哈军工办起来，为实现国防现代化早日培养出军事工程技术人才。于是，周恩来总理特别强调："对于军工学院要人、要钱、要东西，有关部门要尽可能慷慨支援。"① 这次联席会议，在周恩来总理的亲自主持和协调下，对哈军工创建所需的请教授、调干部、招生以及办学经费、建筑材料、器材设备、设计队伍、施工队伍、武器装备、校舍划拨等问题进行逐一落实，参会的军政要员也都表示一定支持哈军工的创建。陈毅、粟裕同意把华东军区的张述祖教授等20多名专家一并划归哈军工；薄一波表态全力以赴支援办好哈军工，"国内有的东西，优先调给你们，国内没有的，去国外订购"，"国家财经委员会尽最大努力来满足你们的要求"②；肖劲光等军兵种首长也争先恐后表态发言，表示全力支持哈军工，已有的武器装备要多少给多少，没有的武器一从国外进口就优先满足哈军工的需要。

关于哈军工创建过程中所需的房产、划地尤其是人才问题，都是周恩来亲自出面协调才得以解决。不仅把原哈尔滨医科大学4.7万平方米校舍划拨给了哈军工作为立足之地，还帮助把属于哈尔滨铁路局的大和旅馆协调给了哈军工作为苏联顾问团的住所。由于原东北人民政府对创建哈军工持消极态度，周恩来还亲自派出政务院检查组去沈阳和哈尔滨，督办东北方面的人力、物力保障，才使哈军工建设的划地问题得以完全解决。哈军工选调教授的工作一直得到周恩来的关怀和支持，他不仅将哈军工延聘教授的事当成紧急军情迅速处理，而且亲自为哈军工推荐了唐铎、赵唯刚、徐介藩、唐凯等将才，他们和黄景文一起成为后来哈军工五大系的首任系主任。在哈军工创建过程中，为解决哈军工的师资问题，周恩来总理在1954年春节的大年初三召集政务院高教部部长杨秀峰、清华大学校长蒋南翔以及中组部、国家文教委、军委总干部部的负责同志等开了一个紧急会议，专门研究哈军工创建中的师资问题。哈军工提出要解决200人的师资，周恩来总理一个单位一个单位地具体落实需抽调的人员，最后确定了150人，并向哈军工提出了"给几只鸡，自己去下蛋；给点种子，自己去培养"的师资队伍建设思想。会议从晚上七点开到第二天凌晨两点。从

---

① 滕叙兖：《哈军工传》（上卷），湖南科学技术出版社2006年版，第74页。

② 同上书，第76页。

这个事例中可以看出，周恩来总理亲自指挥哈军工的创建工作，可谓不辞辛劳、操尽了心！

关于聘请苏联顾问帮助办学，周恩来总理十分重视。在中央决定创办哈军工的同时，副总参谋长粟裕大将就向周恩来呈送了《关于军事工程学院聘请顾问的报告》。后来又在周恩来的亲自嘱托下，由粟裕代为草拟了周恩来总理致苏联部长会议副主席兼国防部长布尔加宁"关于军事工程学院聘请苏联顾问"的函件，周恩来亲自审阅后签发。在共和国的外交史上，为了成立一所大学，由国务院总理亲自写信向友邦求援，这可能是唯一的函件。这足见周恩来在创建哈军工这件事情上亲自指挥到何种程度。这封函件写明了我们创办军事工程学院的目的、办学的目标、学院的规模、结构、招生计划、学制等，并十分诚恳地说了这样一段话："我们因无创办此类学院的经验和教育干部的缺乏，因此，院部及各系科均需有顾问同志的帮助，才能办好。为此，请您能够根据这样的组织机构，或看还需增添必要的系、科，派遣足够的专家并准备课程前来帮助。我相信和感谢您能够热诚地给我们以如愿的答复。"[1] 很难想象，如果没有周恩来总理这封诚恳的求助信，苏联会派出顾问团来帮助我们创建哈军工吗？如果没有苏联顾问团的帮助，哈军工的创建又会怎么样呢？我们不可以做这样的假设，但至少可以明确一点，周恩来的亲自指挥对聘请苏联顾问发挥了根本性作用。

周恩来总理对创建哈军工可以说是倾尽心血，对哈军工的关怀也可谓倾尽心思。后来，周恩来两次到哈军工视察，对哈军工的发展给予了极大的关心和支持。在哈军工开学大典前夕，还为哈军工题词"努力学习，建设现代的国防军"[2]。

3. 陈赓大将亲自主持

创建哈军工，由陈赓大将主持是毛泽东、朱德、周恩来等中国最高层领导人亲自点头决策的。1952 年 7 月 11 日，在哈军工历史上也是一个值得纪念的日子，毛泽东主席签发任命书，陈赓大将任军事工程学院院长兼

---

① 滕叙兖：《哈军工传》（上卷），湖南科学技术出版社 2006 年 7 月第 2 版，第 46 页。

② 同上书，第 235 页。

政委。陈赓对创办这样一所军事工程学院，有着十分清醒的认识。这里有几点说明，可以帮助我们更好地理解陈赓关于哈军工创建思路的主要来源及其后来逐渐形成的独特办学思想的基础。

一是强烈的历史责任感和对国防现代化的渴望，给予陈赓无穷无尽的创建热情和动力，有一种"不把军事工程学院办好誓不罢休"的壮志豪情。二是对创建哈军工的重大意义和创建过程的艰巨性有着深刻的认识，他认为创建哈军工是为国防现代化打头阵、奠基础的，把它形容为"在一个全新的、陌生的教育和科学技术领域，一个多兵种的高级军事教育阵地上打一场大仗"。三是对国防现代化有深刻的理解，他认为打现代化战争光凭勇敢不能解决问题，部队要装备飞机、大炮、坦克车、火箭、原子弹等现代化武器，掌握技术成为国防现代化建设的头等大事。四是创建哈军工就是为各军兵种培养军事技术和装备的工程师，学员毕业后要能掌握新式武器装备的复杂技术，会管理、会维护修理，甚至会设计制造。五是办好哈军工仅靠部队老干部是不行的，必须要有好的教师，迫切需要在全国各名牌大学、科研机构聘请一批教授、讲师。

在陈赓主持哈军工创建的过程中，笔者认为影响面最大的主要有三个方面的事情。

一是陈赓确定了边建边教边学的"三边并举"的创建方针。这一方针的确定，使整个创建工作的目标和方向明确了，创建工作的思路和举措清楚了，使创建者们迸发出更大的创建热情，激发出更大的创建动力，进一步坚定了做好创建工作的决心和意志。这一方针的确定，使哈军工在短短一年时间里，在一无师资、二无校舍、三无教师、四无办学经验的"一无所有"的情况下，完成了建校舍、请教师、招学生、开课程的"伟大之举"，实现了在常人看来是"不可能之举"。关于师资和校舍问题容后再述。关于办学经验问题，为了办好哈军工，陈赓亲自带人到清华大学去学习，虚心向清华大学的领导请教办学经验；同时，还派出李懋之去当时全军院校的龙头"南京军事学院"学习办学经验。陈赓在陪同苏联首席顾问奥列霍夫中将考察军事工程学院的选址时，还认真考察和学习了上海4所普通高校、南京军事学院、大连海校、长春第九航校等院校的办学经验，尤其是大连海校校长、海军肖劲光司令员提出的"以教学为主，以学生为主体"的办学思想引起了陈赓深深的思考。陈赓还特别请张述祖教授给他介绍中国当代有名的教育家的办学经验，讲梅贻琦老先生当年怎样在清华办学，竺可桢老先生怎样在浙大办学，他们办学的成功经验及其办学理念，虽然是听来的，但对陈赓日后在建设哈军工过程中形成自己独特的一系列重要办学理念产生了重要影响。关于招生问题，陈赓十分重视，他认为一根草你再浇水施肥，它也长不成大树，要培养出高质量的军事工程师，首先要选好苗子，所以，一定要严把招生关。进哈军工的学员政治思想、学习成绩、军事素质和身体状况必须都合格，因此，陈赓向中央军委提议哈军工的第一、第二批学员全部从部队里选拔，并且亲自部署派工作组到各大军区以及特种部队、军委直属队进行招生。所有经过严格招生程序进来的第一期学员先进入预科学习，主要补习文化课，然后再经过考试，凡是考试不合格者不能进入本科学习。第一期学员经过考试后大约有 200 人不能进入本科学习。这样的严格程度，不仅在当时的大学中难找，就是在今天恐怕也难找。正是这样严格的招生选拔制度被坚持下来，才使哈军工在很短的时间里就开始与清华、北大等名校抢生源，而且常常是这些历史悠久的名校抢不过哈军工，这也使得哈军工很快便声名鹊起，成为国内响当当的名牌大学。

二是陈赓招揽了一大批有思想、有干劲、有毅力、有能力的将才和人才。其中包括徐立行、张述祖、李懋之、张衍、胡翔九、黄景文、任新民、沈正功、赵子立等一大批得力干将，这充分体现了陈赓识才、聚才、爱才、用才、护才的优秀品质和政治气魄。这批将才和人才的到来，才使得哈军工的创建工作得以有条不紊、有章有法地进行，才能在很短的时间内就拿出了包括学院校舍、组织系统、预算编制、系科结构、教授聘请、干部管理、课程安排、教材设备等细节在内的建院方案。陈赓按照创建方案，根据各位将才、人才的特点分工负责，将创建任务立即付诸实施，并分别明确了创建任务完成时间表。这里，有一点值得特别说明，陈赓大刀阔斧地重用知识分子，对教授们委以重任，这在新中国成立初期是十分罕见的，充分体现了陈赓实事求是、唯才是用的思想。对于哈军工五个系主任的人选，在陈赓心里是最重要的将才。他认为，五个系主任必须是经过战火考验的资深的革命军人，能够确保党对军队的绝对领导，具有军人的钢铁意志和雷厉风行的战斗作风；必须是具有丰富工作经验的老干部，具备很强的组织能力和独当一面的领导水平；必须是学有所长的专家内行，有广博的知识和专业技术基础。在陈赓看来，这三个方面的条件每一条都很重要，而符合这几个条件的人实在是太难找了。后来，这五个系主任，除了黄景文、唐凯外，唐铎、赵唯刚、徐介藩三位都是周恩来亲自选调的，除了前述提到的将才、人才等，这几位最终都成为哈军工办学历史上的重量级人物。

三是陈赓集中精力重点抓好校舍和师资这两件最紧迫、最棘手的大事。这两件事情之所以是最紧迫的大事，是因为关系到能否实现边教和边学，没有教师自然不能实现边教，没有校舍学生在哪里学，自然不能实现边学，因此，这两件事情是关系到"三边并举"的创建方针能否落地的关键。这两件事情之所以是最棘手的大事，是因为校舍不是一天两天就能建起来，要边建边教边学，最起码也得先有个立足之地；是因为教师是办大学之根本，而且不是一两个教师，而是需要一大批教师，这一大批教师从哪里来？在新生的共和国，知识分子本就少得可怜，在哪个单位都是香饽饽，谁也不肯放，所以要想聚集一批满足办大学需要的教师队伍是难上加难的事情，所以这两件事情最棘手。"边建不是一蹴而就的，楼要一砖一瓦的盖，但是边教则刻不容缓地需要教授，没有一批高水平的教师，我们这个军工学院就会误人子弟，我们的办学就会失败。"① 这就是陈赓当时最真实的想法，也是他重点抓好这两件事情的初衷。

关于校舍问题。陈赓找到周恩来总理，并向毛泽东汇报，最终由中共中央、政务院、中央军委正式下发文件，命令卫生部和东北人民政府把原哈尔滨医科大学的4.7万平方米的房产拨给哈军工作为立足点，但这还远远不能满足哈军工的办学要求。为了把原属哈尔滨铁路局的大和旅馆要下来给即将到来的苏联顾问住，陈赓亲自找到周恩来总理批报告，带病亲自找到铁道部部长滕代远落实解决。为了彻底解决校舍问题，必须抓紧基本建设。根据《军事工程学院校舍建设初步计划》，1953年要先建10万平方米，解决教职员工和一、二期学员的食宿和部分办公用房，需建筑费用2000多亿元；1954年要再建设15万—20万平方米，解决全部教学用房和必需的办公与生活用房，投资约为3500亿元；1956年完成全院60万

---

① 滕叙兖：《陈赓大将与哈军工》，当代中国出版社2007年7月第2版，第46页。

平方米的校舍建设任务①。这样一个庞大的建设计划，陈赓带着李懋之亲自向薄一波汇报，找建筑部部长陈正人、总后勤部部长杨立三等逐一解决落实。无论是划拨几万平方米现成的房产，还是划拨几千亩的土地，批准几十万平方米计划的建设资金和建筑物资，别说是在新中国成立初期，一个人、财、物都极度匮乏的时代，就是在 21 世纪的今天，恐怕也绝非一件易事。如果不是陈赓亲自主持哈军工的创建，如果不是陈赓的为人风范与做事风格，哈军工创建中的校舍问题是不可能这么快解决的，"三边并举"的创建方针也是不可能实现的。

关于师资问题。陈赓更是高度重视，在新生的中国，要在全国各地调教授可谓难上加难之事。陈赓将这项任务安排给了哈军工筹委会副主任徐立行、张述祖以及筹委会委员张衍负责。尽管有这几位得力干将负责，但在这件事情上，陈赓不敢有半点马虎，不仅事关师资队伍的一些重大事项亲自决策、亲自过问，而且许多细节工作都要亲自部署、亲自落实。张述祖列出的第一批请调教授名单，如果不是陈赓亲自督办，恐怕很难获得教育部通过，即使最终通过，恐怕也不知要拖到何年何月。重点请调教授的调令，如果不是陈赓亲自找周恩来总理、邓小平副总理和彭德怀副主席签字，以中央军委和政务院的名义发出，恐怕也很难调动曾石虞、梁守槃、曹鹤孙、卢庆骏等大牌教授。当然，如果没有陈赓的细心安排，没有陈赓的善用将才，专门安排黄景文去具体负责请调这些教授，并亲自与黄景文一起商讨具体请调办法，恐怕也很难把大牌教授顺利地请进来。对于已经请到的教授，如果没有陈赓的逐一走访促膝谈心，做耐心细致的思想工作，打消教授们的各种顾虑和不良情绪，这些教授恐怕来了也会走，即使不走也很难安心在冰天雪地的哈尔滨为国防教育事业做贡献。在哈军工创建过程中，有一个关于陈赓请董必武刀下留人的故事，讲陈赓如何将一个在"三反五反"中已经被判了死刑的留法弹道学专家，从死牢里"解救"出来为哈军工办学戴罪立功。这个故事只是从一个侧面说明陈赓在哈军工创建过程中为师资队伍建设请调教授费尽心思，当然也说明在新中国建立初期、人才奇缺的年代，陈赓爱才心切，才敢于起用死囚犯为哈军工教学服务。对于后来到各单位请调的教师，也都是陈赓亲自找周恩来总理协调

① 李懋之：《陈赓大将创建哈军工》，黑龙江出版社 1993 年 8 月第 1 版。

才得以解决。陈赓在哈军工创建过程中所发挥的作用，具有不可替代性。很难想象，如果不是陈赓亲自主持哈军工的创建工作，哈军工还能在这么短的时间内就完成创建任务吗？哈军工还能有后来的发展成就吗？历史很难重复！

三　创建哈军工的高起点

哈军工，从中央做出决策让陈赓去负责创建工作，到第一期学员入校只有短短 6 个月时间，到举行开学大典也只有 14 个月的时间。这样惊人的创建速度，别说是在新中国成立初期那样一个物资匮乏、人才奇缺的年代，就是到了 21 世纪的今天，要想做到这样，都应该说是奇迹！之所以能够产生这样的奇迹，除了哈军工的高使命创建、高规格创建，还有哈军工的高起点建设。高起点建设，主要体现在聘请了大批苏联专家帮助办学、网络了大批天下英才参加办学、集中了全国各方面力量支持办学。

1. 聘请苏联专家帮助

聘请苏联专家帮助办学，这是以毛泽东为核心的中国领导人在做出创建哈军工这一重大决策时就已经明确了的事情。一是 1952 年 6 月 23 日，毛泽东、朱德、周恩来、彭德怀在中南海怀仁堂小会议室召见陈赓。毛泽东在给陈赓下达创建哈军工这一命令时就说道，"办这样综合性、多兵种的大学，我们的确没有经验，好在我们可以请苏联派出各种专业的专家来协助我们办学院"①。这说明对请苏联专家来帮助哈军工办学，毛泽东早就有思考和安排。二是 1952 年 6 月 3 日，陈赓还未从朝鲜前线回国，周恩来就给苏联领导人发去信函，请求派遣足够的专家前来帮助哈军工办学，这说明中央在决定创建哈军工时对请苏联专家来帮助办学就已经达成一致。三是苏联最高领导人斯大林曾在周恩来访苏时就建议中国建立一所军事工程院校，说明当时的斯大林是愿意帮助中国建这样一所大学的，这一点中国领导人应该在做出创建哈军工的决策前就明白的。

周恩来关于聘请苏联顾问的信函最终被送到了苏联最高领导人斯大林

---

① 滕叙兖：《哈军工传》（上卷），湖南科学技术出版社 2006 年 7 月第 2 版，第 38 页。

那里。此时的斯大林对中国的态度是友好的，他认为新生的中国太过羸弱，如不改变落后的工业和国防，仅凭人力是难以与美国、日本、韩国等国家的军事威胁相抗衡的，给予中国一定程度的支援，帮助中国发展工业和改善军事装备技术是符合苏联利益的①。这也正是斯大林对周恩来要求派遣专家帮助哈军工建设很快做出反应的根本原因。他不仅同意了周恩来总理的请求，还亲自面见了派往中国帮助建设哈军工的首席顾问奥列霍夫中将，并说明了派遣专家帮助中国的目的。离周恩来总理的信函发出不到两个月，毛泽东签发任命陈赓为哈军工院长兼政委的命令后半个多月，苏联就派来了以奥列霍夫为代表的专家组一行 5 人。

专家组很快就热情地投入工作之中，在陈赓陪同下马不停蹄地考察了上海、南京、大连、沈阳、长春和哈尔滨等地。专家组认为，哈尔滨具有良好的政治基础和群众基础，具有生机勃勃的工农业生产，具有举足轻重的军工企业，具有高水平的工科大学教育体系，地理上距离苏联最近，具有安全和保密的最大优势，是创办军事工程学院最理想的地方。这一考察结论与中央军委初步选择哈尔滨为军事工程学院校址的意见是吻合的。

专家组来到中国后，奥列霍夫就指出，建立军事工程学院，选校址、搞基建固然重要，但更重要的是解决师资来源，而且解决师资的途径只能依靠中国人自己，苏联可以帮助中国制定教学规划，但不能包办代替。奥列霍夫的这一观点，不仅明确了办大学的根本在教师，哈军工建设的当务之急是要解决师资问题，还明确了苏联专家能够帮助中国做什么、不能做什么。奥列霍夫在考察后认为，第一，中国已经存在一支可以承担高等军事教育的师资队伍，哈军工成立之初，教师的来源可以有两个：一是从北京、上海等大城市的重点大学中抽调一部分教授、副教授作为教学的骨干力量；二是从军队院校和地方院校中抽调一部分讲师与助教，依靠从重点大学抽调来的老教授培养后投入正式教学。第二，由于师资力量总体不够，要充分发挥教师的使用率，哈军工只能办成一所陆海空综合性的军事工程技术大学。第三，苏联专家不直接讲课，而是帮助中国教师备课，确保在苏联专家走后中国教师能够独立授课，即帮助哈军工培训教师。奥列霍夫的师资队伍建设思路无疑是正确的，对哈军工建设起到了十分重要的

①　滕叙兖：《哈军工传》（上卷），湖南科学技术出版社 2006 年 7 月第 2 版，第 47 页。

作用，后来的办学实践也证明了这一点。

从 1953 年 4 月 28 日包括首席顾问奥列霍夫在内的第一批苏联顾问团来到中国，到 1960 年 8 月 15 日最后一批苏联专家离开哈尔滨，大约有160 名苏联顾问在哈军工工作过。以奥列霍夫为代表的苏联顾问团，为哈军工的建设做出了不可磨灭的重要贡献，在哈军工建设史上留下了浓墨重彩的一页。实践证明，苏联顾问保持了苏联共产党人的本色，具有高度的国际主义精神，真诚地帮助中国建设社会主义事业，首席顾问奥列霍夫是顾问团的突出代表。他们对哈军工建设的帮助是全面的，不仅表现在队列、条例、命令上，更表现在教学和科研上。从哈军工学员的内务卫生、军容风纪，到学员的军事素养、专业技能培养；从制订教学计划、编制教材，到培训教师教学、指导学员毕业设计；从明确学院发展定位，到协助实现更好更快发展，顾问团都倾尽心血。他们帮助哈军工拟定了《教学过程组织基本条例》《科学研究工作条例》《研究生班暂行条例》等，制订了各专业四年制教学计划和各专业应设的教研室名称以及应配的教学人员名额，帮助制订专业教育计划、教学大纲和建设规划，帮助审查、修改青年教师讲稿，使哈军工在各种教学活动中能够及时完成开课的准备、实验室的准备以及课程设计和毕业设计的准备工作，从而使在缺乏经验的条件下顺利开展教学工作。

顾问团十分强调学员军事素质的培养。苏联驻军委顾问团总顾问科托夫上将曾对哈军工筹委会副主任李懋之明确指出，学院是军事性质的，是培养军事工程师的，必须把学员培养"成为一个体魄健壮的士兵，一个热爱祖国的技术军官"，"能忍受一切艰难困苦，不怕流血牺牲，有铁的军事纪律观念，一丝不苟的工作作风和主动承担责任的精神"[①]。后来，在奥列霍夫的建议下，哈军工还建立了野外作业场，专门用来进行各兵种战术和技术相结合的训练，以巩固学员所学专业技术和战术知识。

奥列霍夫把建设哈军工完全当成自己的事业，尽管延长过的任期也早到了，但他坚持一定要等到第一期学员毕业，毕业生质量真正过关后再离任回国，可最终把英灵长留在了这片他热爱的校园，牺牲在哈军工的工作岗位上。奥列霍夫本着对事业忠诚负责的精神，极其认真、严格地要求哈

---

① 滕叙兖：《陈赓大将与哈军工》，当代中国出版社 2007 年 7 月第 2 版，第 65 页。

军工的教员和学员，强调应培养学员独立思考、独立解决问题、独立工作的能力。他勤于思考，时时都在思考哈军工的长远发展。他认为，学院应该成为培养军事工程师的教学中心，应该成为军事科学技术思想的研究中心。这一发展定位，对哈军工的发展产生了极其重要的影响，发挥了极其重要的作用。他认为，学院应该根据当时的条件，规定可能开展科研工作的范围和方式，大力推进科学研究工作；学院干部应该学习科技知识和专业知识，才能更好地胜任学院的管理工作；学院不能盲目地、机械地照搬地方大学的办学经验，要结合学院的实际，认真学习中国、苏联以及资本主义国家军事院校的办学经验，集中全体人员的注意力不断创造自己的办学经验，保持自己的办学特色。

奥列霍夫及其他顾问团成员还在许多具体办学细节上帮助哈军工。1955年5月，在苏联军队从旅顺军港撤走并将军事装备有偿移交给中国之际，奥列霍夫利用其个人特殊关系，使哈军工代表在接收装备中畅通无阻，各种飞机、坦克、舰艇的解剖件、零件以及各种先进武器装备，整整运回哈军工几节火车皮，对学院的教学和科研特别是实验室建设起到了重要作用。1960年8月，由于中苏关系不断恶化，苏联政府单方面撕毁合同，从中国撤走全部专家。在哈军工人真诚友好的精神感染下，留到最后的十余位苏联顾问，尽他们最大的努力，用各自不同的方式，在最后时刻依然在帮助哈军工建设。有的一直坚持上班帮助教员把试验台调试完，有的主动提出要回答教员们以前来不及提出的技术问题，有的把教员找到家里关起门来让教员抄录重要的资料，有的把最新的涉密技术资料、自己正在编写的最新教材等交给教员抄录，有的悄悄把过去有些材料缺少的说明图和表格在最后时刻亲自补上，有的把自己以前写的教材、教学大纲等送给学院，有的还为学院发展留下了诚恳的建议，如学院要注意尖端技术实验教学楼的保密工作，教员要少参加与教学研究无关的政治活动等，多读与专业有关的专业书，教学计划中要增加培养学员防止突然变故的内容，管理干部要深入教学为提高每一个学时的教学质量而努力，要防止各类事故隐患的发生等。

这些事实说明，苏联顾问是全心全意帮助哈军工建设的，真正发挥了无私无畏的国际主义精神，为哈军工的发展建设尽心竭力。如果没有苏联顾问的无私帮助，就不可能有后来哈军工的辉煌，也不可能有今天哈军工的美名。苏联顾问团不仅留下了许多具有真知灼见的办学思想、办学理念，也创造了许多具有重要价值的办学经验和办学传统，还产生了许多具有重要影响的办学成果和办学特色。他们提出的许多办学思想、办学理念，创造的办学经验与办学传统等，即使在中国高等教育已经实现大众化的今天，仍然是先进的教育思想与教育理念，仍然值得我们认真学习和反复思考。

2. 网罗天下英才助阵

陈赓从接受中央创建哈军工这一重大战略任务那一刻就很清楚，这是一场没有硝烟的全新的陌生的奠基性的大仗，打好这一仗最重要的就是各路英豪！能否网罗天下英才，为哈军工建设助阵，将是决定这场大仗能否取得胜利的关键。所以，陈赓对哈军工队伍建设的重视，从各方招揽人才，成为哈军工建设任务中的头等大事。哈军工在全国网罗人才在当时成为了中国高等教育领域的一段佳话。这里，主要谈陈赓招揽的两路人马。一是管理干部；二是专业人才。

哈军工最初筹备大军的主体，无论是管理干部，还是专业人才，主要来自当时的西南军区第二高级步兵学校（以下简称"二高步校"）、华东军区科学研究室（以下简称"华东科研室"）和志愿军三兵团部分干部（以下简称"三兵团干部"），这是中央军委做出的决定。哈军工能够快速完成创建任务，也正是得益于有这样一支能干、可靠的创建基础大军。在哈军工创建史中，发挥极其重要作用的中央军委批准的筹委会委员基本都是来自这支基础大军。如哈军工筹委会副主任委员徐立行是二高步校副校长，筹委会副主任委员张述祖是华东科研室副主任，筹委会副主任委员李懋之是三兵团副参谋长，筹委会委员张衍是二高步校政治部主任，筹委会委员胡翔九是华东科研室主任，筹委会委员黄景文是三兵团军务处长，筹委会委员任新民是华东科研室研究员，筹委会委员沈正功是华东科研室研究员。

哈军工创建初期，就管理干部与专业人才这两路人马而言，管理干部大都来自部队，只要陈赓看中，军委一纸命令即可调动，更何况大多都曾在陈赓麾下战斗过或工作过，这些人都熟悉了解陈赓，也都愿意跟着陈赓干，应该说调动他们相对而言难度不算太大。但是，专业人才则完全不同。即便是来自华东科研室的副主任张述祖教授，他虽然在哈军工创建时期是筹委会副主任委员，但他与其他的管理干部不同，他是被陈赓求贤若渴、谦虚尊重的精神所感动，被陈赓坦诚相交、知遇之恩的态度所感动，被陈赓一腔热血、一心为国的使命所感动，才心甘情愿为陈赓创建哈军工秉烛推荐人才，才心甘情愿跟着陈赓施展平生所学，为实现中国国防现代化倾尽自己所能。张述祖很快就为陈赓提出了一个37人的专家教授名单。在教育科技人才极度匮乏的新中国成立初期，这个名单上的专家教授无不为各单位视若瑰宝，要请动他们，即使在今天恐怕也是极其困难的事情。更何况是在那样一个年代，没有哪个单位愿意轻易放人，没有哪个专家教授愿意离开自己熟悉的工作和生活环境，去到冰天雪地的哈尔滨工作。但是，在陈赓的不懈努力下，在周恩来总理等党和国家领导人的高度重视下，在各单位对国防现代化建设的大力支持下，在哈军工创建工作人员耐心细致的努力工作下，到1953年初，哈军工从全国各地调进专家教授78名，从部队抽调大学毕业生作为助教232名，这是一个了不起的战绩。

这些专家教授，堪称"集学贯中西的饱学之士，纳大江南北的学术精英"，仅留美博士硕士就有近30人①，还有留英博士、留德博士，以及留学法国、日本、苏联、比利时、意大利等国家的博士、硕士，这其中包括数学教授卢庆骏，数学教授孙本旺，空气动力学家庄逢甘教授，分子反应动力学专家朱起鹤教授，航空专家任新民教授，空气动力学家罗时钧教授，固体力学家陈百屏教授，固体力学家周明鸂教授，土木工程专家高步昆教授，空气动力学家马明德教授，机电工程专家刘景伊教授，复合材料专家胡振渭教授，弹道学专家赵国华教授，船舶设计专家顾懋祥教授，航空专家梁守槃教授，数学教授黄明慎，航空发动机专家董绍庸，无线电专家周祖同教授，以及留英博士、中国第一位女海洋学家刘恩兰教授，化学教授曾石虞，数学教授沈正功，空气动力学专家曹鹤荪教授，弹道学专家沈毅教授，还包括筹委会副主任、留德博士、弹道学专家张述祖教授。这些专家教授在当时被戏称为"八国联军"，主要就是因为他们大都从西方国家留学回来，是非常难得的人才。这些专家教授是哈军工人才队伍的杰

---

① 王春晖：《走进哈军工纪念馆，走近哈军工》，哈尔滨工程大学出版社2013年7月第1版，第14页。

出代表，许多人后来都成为国防科技事业发展的先锋军、顶梁柱，为国家国防科技事业的发展做出了不可磨灭的重大贡献。

据不完全统计，哈军工时期的教授近 50 人，副教授近 80 人①。这在新中国成立初期的大学中，可以算得上"大户人家"。如果在哈军工的建设中，没有这些专家、教授的参加，没有这些专家、教授的助阵，我们很难想象哈军工能够在短短的几年时间里就发展成为与北大、清华齐名的全国重点大学，很难想象哈军工能够在仅存的十几年时间里能够为共和国培养一万多名高科技人才，而且这其中不乏院士、将军、政要以及大学校长、研究所长等高端人才。这正如清华大学老校长梅贻琦先生所讲："所谓大学者，非谓有大楼之谓也，有大师之谓也！"也如浙江大学老校长竺可桢先生所言："教授是大学的灵魂，一个大学学风的优劣，全视教授人选为转移。"哈军工之所以成名，之所以取得了惊人的办学成就，最根本的原因就在于她网络了一大批天下之英才为其所用。

3. 集中全国力量办学

在那样贫瘠的年代，新中国刚刚成立，可谓百废待兴。要想在短短的一年时间里就办起一所全军最高水平的大学，如果不是集中全国之力，那是根本不可能办到之事。创建哈军工，是国家"一五"计划的重中之重，所有投资全部来自国家财政，所有物资供应全部来自国家调拨，所有设施设备全部来自军队优先供给，所有建设事项全部由政务院和中央军委统筹、黑龙江省（原松江省）和哈尔滨市全面协调配合，甚至还有来自军委苏联总顾问科托夫上将以及其他苏联顾问的积极帮助。毫无疑问，这是一所集全国之力包括国际力量办成的全军最高学府。

当哈军工面临基建资金得不到落实的严峻局面时，在毛泽东、朱德等领导人为实现国防现代化必须加快培养自己的军事技术干部，要求"分别轻重缓急，照顾重点开支，军工学院所需经费，应该充分保证"② 这一决策理念的支持下，1953 年 7 月 13 日，黄克诚受命主持军委例会并特邀

---

① 王春晖：《走进哈军工纪念馆，走近哈军工》，哈尔滨工程大学出版社 2013 年 7 月第 1 版，第 248—249 页。

② 滕叙兖：《哈军工传》（上卷），湖南科学技术出版社 2006 年 7 月第 2 版，第 219 页。

政务院人事部、高教部和建工部领导参加，专门研究解决哈军工的问题，而这只不过是各方大力支持哈军工建设的一个例证而已。当时哈军工提出要解决的问题主要有6个方面：一是从各大学抽调教员和选留毕业生的问题，二是从各地高中毕业生中招生和学员生活标准待遇的问题，三是干部缺员严重和翻译不够的问题，四是再延聘苏联顾问的问题，五是五座大楼建设的投资问题，六是武器装备器材的问题。这6个方面的问题归结起来就是落实哈军工建设中的人、财、物问题，就当时的现状而言，这些问题没有哪一个是好解决的。比如，招生问题要是在今天或许不是问题，而在当时条件下，全国高中毕业生仅有五万四千人，而大学招生七万人，哈军工就需要800人。再比如，哈军工希望把哈工大当年毕业的59名研究生全部分给哈军工作为助教，要是在今天，59名研究生根本不算事儿，一个有研究生院的重点高校每年毕业的研究生好几千人，几十人算什么，可在那个时代，这是哈工大毕业研究生的全部，全国高校都缺师资，是各高校送去培养的宝贝。所以，这些问题，如果不是全国各方面支持根本不可能得到解决。最终在黄克诚的协调下这些问题都基本得到了解决，教师分两批在开学前到位，招生问题高教部承诺优先满足，建设资金等由总后、总政逐一负责落实。

事实上，为解决哈军工在建设过程中遇到的困难，邓小平、陈毅、贺龙、习仲勋等领导人都分别以批示或主持有关会议等不同方式帮助解决，其中最多的是解决师资问题。如贺龙曾主持召开军委系统会议，专门研究哈军工的专业师资，与会的工程兵司令员陈士榘、装甲兵司令员许光达以及海军、空军、炮兵等各军兵种负责人都表示，支持哈军工办学是义不容辞的责任，一定把支持哈军工当成自己的事，哈军工建设需要什么就支援什么，军兵种有什么就给什么，要人给人，要物给物。这样一种全军支持的态度和全军支持的力度，就连列席会议的哈军工首席顾问奥列霍夫都深受感动，向主持会议的贺龙副总理表示有充分信心帮助中国办好哈军工。这些例证，还都只是从全国层面支持哈军工办学的一个缩影而已。

当发现哈军工的基本建设进度因施工慢会影响到正常开学时，按照陈赓的指示，筹委会副主任、负责基建工作的李懋之电话邀请黑龙江省（原松江省）和哈尔滨市的领导尽快来学院听取建设、设计、施工等方面的汇报，统一协调提高加快工进度。两天之后，时任省委书记李长青、省长强晓初，市委书记王一伦、市长吕其恩以及省、市建设厅厅长、局长全部到学院开会，了解工程情况。当时在基本建设中主要存在两方面问题：一是设计质量差，需要修改的地方多、返工多，不按规定交付图纸，与土建队发生矛盾，影响施工；二是施工队伍水平低，组织不健全，工人思想问题多，思想政治工作跟不上，致使现场管理混乱，劳动纪律松弛，工程计划不准确，工程进展缓慢。针对这些问题，省市领导当即表示立即整顿建筑公司，加强各级党政领导，并分别派出一名副省长和副市长专职负责哈军工基建工程，确保完成施工任务。这件事情充分说明了地方党政领导对哈军工建设的大力支持，同样的事情要是在今天，有几点是值得讨论的。一是别说打电话请地方党政领导到学校来开会解决问题，即便是学校领导亲自去向地方领导汇报请求解决问题也未必能在两天内就出面解决；二是别说地方党政一把手都亲自出席现场会来解决问题，即便是派出一个主管领导来现场开会解决问题就已经不错了；三是别说当即就拍板解决问题，即便是回去研究后能解决问题就已经很好了。这样的支持力度实在是罕见。有人说这是因为当时陈赓的地位比省市领导的地位高，所以地方领导才会如此重视。我们不排除有这样一种认识和可能，但更重要的是大家对加快国防现代化建设的认识到位，对哈军工在国防现代化建设中的基础地位的认识到位，所以地方党政领导才不敢松懈，对哈军工建设的支持力度才能到位。后来，省、市领导还多次主持召开会议，专门研究解决哈军工在基本建设等方面的问题。由此，地方对哈军工建设的支持力度可见一斑。

在哈军工的建设过程中，尽管有中央领导的全力支持，有苏联顾问的积极帮助，有来自全国各方面的鼎力相助，但是，陈赓始终严格要求各方面创建人员，无论是对各部委、各军兵种还是地方党政机关，都要始终保持谦虚谨慎的态度，力戒骄傲自大，绝不能说话粗声大气，绝不能一副军工老大派头，绝不能逼人太甚，不要以为有中央撑腰、有尚方宝剑就张牙舞爪、盛气凌人，要充分考虑新中国成立初期国家各方面的困难，要有全局观念、整体观念。陈赓认为，只有同各方面都搞好关系，才能得道多助，取得全国人民的帮助。这充分说明，毛泽东决策由陈赓来亲自主持哈军工创建是正确的，他不仅有决心、有能力、有智慧完成哈军工的创建任务，更有国家大局观、全局观，能够站在更高的位置上去思考哈军工的建设问题。

可以说，哈军工的创建，是以毛泽东为核心的党的第一代中央领导集体果断而有远见的决策，以陈赓为代表的哈军工创建者做出了永远值得赞颂的历史性贡献，她是中国高等军事技术教育的一个重要里程碑，对今天我国高等军事技术教育的格局产生了深远的影响，她是中国高等院校跨越式发展的一个典范，是中国乃至世界高等教育史上的一个奇迹。哈军工在"高"创建中所形成和展示出来的文化，蕴含深刻的文化智慧和文化精神，是哈军工后继者们宝贵的精神财富，永远值得我们继承和发扬。

第二章 哈军工"快"发展中的文化

哈军工，在其发展历程中，可圈可点的事情太多，与众不同的事情也太多，在中国高等教育史上，她是一所有着独特发展历程的大学。哈军工，是一所备受各方领导关怀的大学；哈军工，是一所在奋进中不断发展的大学。哈军工的备受关怀与奋进发展，成为哈军工文化形成的独特个性。

一　备受关怀的哈军工

哈军工的发展，是一段令人难忘的岁月，是一段值得怀念、倍加珍视的岁月。哈军工的发展，离不开毛泽东等中央领导人的亲切关怀，离不开党政军等各级政要的亲切关怀，甚至还有苏联、越南等社会主义国家政要的关注。哈军工的发展道路，不可以重来，也不可能重来，也无法重来。

1. 毛主席题词与亲颁训词

1953年7月10日，为了解决哈军工筹建过程中的一系列难题，陈赓再次踏进中南海面见毛泽东，请求毛泽东的支持。同时，也是在这次面见中，陈赓提出请毛泽东为哈军工开学大典写训词，并为校刊取名。在毛泽东看来，新中国的高等军事教育有两个重点，一个是刘伯承元帅在南京创办的南京军事学院，专门培养战略、战役、战术的高级指挥员；另一个就是正在建设中的哈军工，专门为国防现代化培养科技人才，培养军事工程师。毛泽东曾为南京军事学院的报纸取名"军学"，于是就给哈军工的校报取名"工学"。至于"工学"二字的内涵，就当时而言，大概就是指把哈军工的校报"办成好好学习军事工程技术的园地"的意思。或许今天，我们可以好好去解读一下这两个字的含义，容后再述。

1953 年 9 月 1 日，哈军工举行了盛大的开学典礼。副总参谋长张宗逊宣读了毛泽东为哈军工颁发的《训词》①，并代表中央军委向陈赓院长授予八一军旗。《训词》主要包含了四个方面的内容：一是向陈赓院长和哈军工的全体教授、助教、学员和工作人员表示祝贺，向苏联政府、苏联顾问表示感谢；二是关于创办哈军工的使命和宗旨、目的和意义；三是创办哈军工的思路和方法；四是创办哈军工的目标和思路。

毛泽东认为，创办哈军工对于我国的国防事业具有极重大的意义，而不只是一般的意义；创办哈军工是为了建设现代化的国防，而建设现代化国防，无论是陆军、空军和海军都必须有充分的机械化的装备和设备，而这一切都离不开复杂的专门的技术；创办哈军工是为了承担起培养大批能够掌握和驾驭技术的人才，使我们的技术能够得到不断的改善和进步这个迫切而光荣的任务。毛泽东指出，哈军工必须向苏联学习，这不仅是我军历史上的优良传统，而且对于哈军工具有更加重要的意义。毛泽东强调，哈军工要学习苏联的先进科学和技术知识，学习苏联军事工程建设的丰富经验，学习苏联顾问同志的学习态度和工作态度，学习苏联顾问同志高度的爱国主义和国际主义精神，而且要始终保持虚心诚恳的学习态度，决不能骄傲自满。毛泽东要求，哈军工必须始终保持和发扬我军的光荣传统，发扬全心全意为人民服务的精神和自我牺牲的英雄气概；必须团结一致办好学院，必须尊重苏联顾问，努力学习，为完成军委交给的光荣任务而奋斗。

在开学典礼上，张宗逊副总长在授予陈赓军旗时的讲话和陈赓接受军旗后的答词，应该说是对毛泽东颁发的《训词》进一步阐释和理解。张宗逊讲话希望哈军工高举光辉的军旗胜利前进，继承我军的光荣传统，老老实实学习苏联先进的军事工程科学，发扬爱国主义、国际主义和革命英雄主义精神，团结一致、克服困难、尊重顾问、刻苦钻研，提倡虚心诚

---

① 《国防科技大学校史》，国防科技大学出版社（内部发行）1993 年 8 月第 1 版，扉页。

恳，反对骄傲自满，在国防现代化建设中起到巨大作用①。陈赓表示，哈军工的任务是为了建设正规化的国防军而培养对党对国家具有高度忠诚、英勇顽强、积极负责、克服困难、坚决执行命令、有高度的组织性纪律性、精通现代化军事科学技术的各兵种军事工程师及国防技术人员，以适应祖国国防建设的需要。陈赓代表哈军工庄严承诺，一定要加强马克思列宁主义、毛泽东思想教育，培养提高爱国主义、国际主义思想，深刻认识以美帝国主义为首的侵略阴谋，提高警惕，明确斗争方向，保卫祖国、保卫东亚及世界和平；一定要掀起向苏联学习的热潮，尊重顾问、刻苦钻研，提高军事科学知识，掌握现代化的军事技术，为建设强大的正规化现代化国防军而努力②。

毛泽东颁发的《训词》、张宗逊副总长的讲话与陈赓的答词，都充分地表达了哈军工肩负的历史使命、哈军工办学的目标方向、哈军工发展的思路要求，这些对于哈军工未来的发展都具有极其重要的意义，发挥着极其重要的作用。陈赓请毛泽东为校报取名和写训词这两件事情毛泽东都没有推辞，很爽快地答应了，而且当即挥毫为哈军工校刊题写了"工学"二字，这充分说明了毛泽东对哈军工的关怀非同一般。在新中国历史上，毛泽东为大学校报取名并题字的，据查只有南京军事学院和哈军工，而亲颁训词的恐怕就只有哈军工了。这样的荣光并非每一所大学都能拥有，这样的关怀是至高无上的。即使在今天，一所大学的成立能够得到最高领导人这样的"恩宠"恐怕也是极其罕见的。

2. 党政军领导来校视察多

在哈军工的发展历程中，所得到的关怀是其他任何一所大学都无法比拟的，因为哈军工凝结了国家建设强大国防的希望，她所受到的关注是最高级别的。从筹建哈军工起，来校视察和检查工作的中央领导人和军队领导人就络绎不绝，除毛泽东以外，在中南海怀仁堂小会议室授命陈赓创建哈军工的决策者朱德、周恩来、彭德怀，以及邓小平、林彪、刘伯承、贺龙、陈毅、叶剑英、聂荣臻等党和军队领导人，都亲自到哈军工视察过，

---

① 滕叙兖：《哈军工传》（上卷），湖南科学技术出版社 2006 年 7 月第 2 版，第 237 页。
② 同上书，第 238 页。

对哈军工的关怀可见一斑。

1957 年 4 月 24 日，朱德首次到哈军工视察。这次视察，他单独接见了苏联顾问团、哈军工的教授、副教授，参观了空军工程系的 101、104、109 实验室和哈军工一期学员的课程设计，参观了海军工程系的 307、317 实验室，观看了"飞机在气流中所受压力"表演、船模静水阻力试验表演，在体育馆二楼接见了全院师生员工并作了重要讲话。朱德在讲话中对哈军工的建成增强了国防力量、将促进我国军事科学技术的提高感到十分高兴。朱德指出，只要哈军工学员们学习好，把我们的军队建设好，就能够保卫世界和平；只要哈军工学员们学习好，就可以使我军成为一支不可战胜的军队，帝国主义就不敢随便侵略我们。"国家对你们的要求，是学好本领，保卫祖国、保卫世界和平。"① 朱德希望全体学员在政治上、文化上、科学上特别是在军事科学上，要努力学习，超过这个时代的帝国主义，"达到保卫祖国、保卫和平的目的"。② 朱德要求全体学员要向苏联学习，向专家、教授学习，学习更加努力，永远向前，热爱祖国、保卫祖国，保卫世界和平。朱德的讲话，对哈军工是莫大的鼓舞，他充分肯定了哈军工在国防建设中的重要地位和将要发挥的重要作用，他对全体学员的要求和希望成了哈军工在人才培养中的重要指导思想，成了哈军工学员必须肩负的重要历史使命。朱德的这次讲话，与他在哈军工开学大典前为哈军工的题词"努力学习近代科学技术，为建立巩固的国防，保卫祖国而奋斗"③ 的要求是一致的，可见他对哈军工的要求是始终一贯的。朱德的这次视察，是自哈军工成立以来，中央领导人第一次公开视察学院，对哈军工而言，是一个永远值得纪念、永远值得骄傲的光荣日子。七年后的 1964 年 7 月 31 日，朱德与国家副主席董必武一起再次踏进哈军工。这一年，他已经快八十高龄了，可他居然再次来到这里，这究竟是什么力量促使他如此关心这所大学？是因为，哈军工的莘莘学子是他一生对民族复兴、国家强盛追求的希望所在，这是他自己同毛泽东等领导人一道亲自决策创建的大学，一所凝聚着国防现代化希望的大学。

---

① 滕叙兖：《哈军工传》（上卷），湖南科学技术出版社 2006 年 7 月第 2 版，第 423 页。
② 同上。
③ 同上书，第 235 页。

1959 年 12 月 23 日，周恩来第一次踏进他亲自指挥建设起来的哈军工。从这次周恩来总理在视察中关注的点和讲话来看，有这样几点需要引起我们的思考：一是周恩来总理主要视察了导弹陈列室、风洞实验室、东风 –113 计算机控制系统、新型火炮、舰艇与无线电遥控舰艇模型表演对空导弹射击等，这些都是当时哈军工正在进行的最新国防科技研究，是对国防现代化具有举足轻重地位的国防科研。二是周恩来对哈军工科技人员表达关心和鼓励："你们从事一项很光荣的工作，发展我国自己的导弹科学技术事业，要借鉴外国的经验，但更重要的是走自力更生的道路，希望你们努力啊！"① 这一席话对哈军工科研人员而言不仅是关心，更是莫大的鼓励和鞭策。三是周恩来对哈军工科技人员提出要求，要搞机械化、自动化，面对科研工作中的困难要善于组织全国的力量攻关，"困难总是有的，但相信可以解决"②，要求科研人员要加快速度，带动全国航空工业的发展。四是周恩来对哈军工科技人员提出希望，要抓住国际上无线电遥测遥控技术发展快、在国防上应用广的前沿特点，加快发展我国的海军事业。五是周恩来特别关心学生的成长，要求一定要加强学生的营养。针对学员中干部子弟多的情况，周恩来指出，必须防止干部子弟特殊化，要求对干部子弟和工农子弟一视同仁，干部子弟培养要走"工农路线"，要特别注意干部子弟普遍存在的优越感和脱离群众的毛病。周恩来在这次视察中所关注的是国防现代化的问题，所讲的也是如何实现国防现代化的问题，所要求的更是国防现代化建设中的人才培养问题，这些关怀对哈军工的发展是难能可贵的，是哈军工发展史上的一笔重要财富。

1962 年 6 月 18 日，周恩来再次来到哈军工视察。这一次，他是趁着来黑龙江视察的间歇，出于对哈军工的无比关怀才抽出一点时间，所以他只是在傍晚时分同哈军工的烈士子弟和中央领导同志的子弟代表进行了 2 小时的座谈，晚上到哈军工听取了学院领导的工作汇报，然后到体育馆看了一场全国甲级篮球赛。这一次，应该说他是有话要特别叮嘱这些高干子弟，才在那么紧张的间歇提出要与烈士子弟和高干子弟座谈的。在座谈中，周恩来要求烈士子弟和高干子弟们要珍惜在哈军工的学习机会，严格

---

① 滕叙兖：《哈军工传》（上卷），湖南科学技术出版社 2006 年 7 月第 2 版，第 615 页。
② 同上书，第 616 页。

要求自己，严格遵守纪律，绝不能脱离群众搞特殊。周恩来强调，大家正处于精力最旺盛的青年时代，一定要好好学习，多增长才干，努力成为对国家有用的人才，在干部子弟中起到表率作用。周恩来还十分关心学员的身体健康，要求学院领导要注意学员学习负担过重的问题。他指出，青年人正是长身体的时候，一定要加强学员的体育锻炼，一定要把群众性体育活动开展好。由于周恩来实在抽不开身，便委托邓颖超第二天继续在哈军工视察。周恩来对学员身体无微不至的关心，对烈士子弟与高干子弟学习的牵挂，自己没时间也要委托邓颖超多看看哈军工，这些点点滴滴，无不体现出周恩来对哈军工的关心，可谓用情至深，这一切都使得哈军工在那个特殊的年代有着特殊的地位。

1958 年 9 月 16 日，邓小平也来到哈军工视察。他参观了实习工厂、空军工程系、炮兵工程系、海军工程系。在听取空军工程系主任唐铎汇报说"东风某型"歼击机虽然能够设计成功，但要把设计出来的东西变成现实还有许许多多的困难时，邓小平鼓励科研人员不要怕困难，不要怕失败，"就是失败它一百次，最后搞成功了，就是胜利"。[①] 对科研人员敢于冲击 2.5 倍音速的高指标给予了充分肯定，希望哈军工能够实现全部设计任务。在听到科研人员汇报正在研制的迫击炮能打 70 公里远时，邓小平认为过去想都不敢想，它的研制成功是一件了不得的事情。在参观完 331 计算机的研制后，邓小平鼓励平均年龄只有 25 岁的研制人员，不要迷信外国，中国人要有志气，攀登科学技术高峰就要有这种冲劲儿。邓小平视察结束后特别强调指出，大学要有分工，哈军工不能与其他大学一样，必须搞尖端科学技术，培养高级技术人才。虽然邓小平只到过哈军工一次，而且只有一天的时间，但是他对哈军工的关心与关注同其他党和国家领导人是一样的，他深知这是一所肩负着国防现代化使命的大学，她必须也一定要走向更高端，做别的大学不敢想不敢做的事情，产出别的大学不能研制也研制不出的高端成果，培养出别的大学不能也培养不出的高端人才。这样的高要求激励着哈军工不断向着更高的目标攀登、前进。

1953 年 8 月 6 日，彭德怀第一次到哈军工视察。哈军工开学大典前夕，刚刚在朝鲜同美国签完停战协议的彭德怀，没有直接回北京，而是直

---

① 　滕叙兖：《哈军工传》（上卷），湖南科学技术出版社 2006 年 7 月第 2 版，第 557 页。

接到了哈军工，检查哈军工的筹建情况。彭德怀一到哈军工听完学院党委工作汇报后做的第一件事就是去看望教授们，对教授们说，朝鲜战争胜利了，功劳大家都有份，为了国防现代化建设，大家从全国各地来到哈尔滨，克服了许多困难，"办学校需要你们，因为你们是专家，有知识"。①这件事情充分说明在彭德怀心里专家教授的地位是最高的，因为彭德怀明白，要办好哈军工这所高级军事技术学府，最重要的就是要有一大批德才兼备的专家教授。彭德怀做的第二件事情就是同苏联顾问们见面，再三感谢苏联顾问们对哈军工的帮助，这说明彭德怀把这些苏联专家看得很重，办好哈军工需要他们的无私帮助。第三件事就是巡视刚刚建立的十个基础课教授会，了解教员们的工作情况，还对助教的培养问题作了指示，这说明了彭德怀对教学的高度重视，对人才培养的高度重视，这些教员们的工作不好，助教工作不到位，就会影响到学生的学习。最后一件事是给团以上的干部们讲国防现代化建设，讲朝鲜战争我们用小米加步枪的劣势装备同现代化的美国军队作战付出了血的代价，"所以我们必须办学校，培养技术人才"②，鼓励老干部要努力学习科学文化，积累办学经验，办好哈军工。

1958 年 9 月 2 日，彭德怀第二次来到哈军工。这一次，他参观了实习工厂，空军工程系的新型歼击机设计、学员毕业设计、风洞实验室，炮兵工程系的增程弹、远程火箭炮设计，海军工程系的水池实验室、901 计算机设计，装甲兵工程系、工程兵系和学员食堂，单独接见了苏联顾问团，参观了化学、物理、机械等教授会，与老教师进行了座谈，参加了哈军工党代会主席团会议，接见了全院同志并做大了大会讲话，还到呼兰河看了海军工程系研制的我国第一艘水翼艇和气垫船试验。其间，因紧急公务到北戴河开了 3 天会后，又到哈军工继续视察，在哈军工整整待了一周，所以这次视察非常充分，了解情况十分透彻。视察过程中，彭德怀肯定了哈军工坚持为社会主义服务、为国防服务的正确办学方向，贯彻了理论与实践相结合、教学与生产劳动相结合的办学方针，要求学院坚持教学相长，发扬教学民主；鼓励学生要敢于后来者居上，青出于蓝胜于蓝，不

---

① 滕叙兖：《哈军工传》（上卷），湖南科学技术出版社 2006 年 7 月第 2 版，第 229 页。

② 同上书，第 231 页。

要迷信书本、迷信专家，既不要妄自菲薄，又不要骄傲自大，要不怕失败，不断进取，不但要学好技术，还要学习马列主义，不但要把飞机设计出来，还要把它送上天，"要努力学习，成为国防现代化建设的技术人才"[1]；鼓励科研人员"搞科学研究不要怕失败，从失败到成功是客观规律"[2]，要发奋图强早日拿出科研成果来，要求科研人员必须坚持真理，加强思想修养。

彭德怀这次视察后认为，哈军工经过五年多建设，规模已经很大，为我军培养了一大批工程技术干部，积累了一些办学经验。哈军工树立了"以我为主""大胆创造"的思想，结合我国实际进行国防科学技术研究，成功设计了一些新式武器和战斗器材，有的已达到或超过国际先进水平。哈军工已经发展成为我国国防科学技术的综合学院，科学研究人员队伍已经具有一定规模，各种技术力量和设备能力都比较好，所以要下决心改变我军完全依靠外国的情况，使我军的科学技术水平摆脱落后被动的局面，迅速地发展起来。这一考察结论，体现了彭德怀对哈军工的发展情况是满意的，对哈军工未来发展的期望是很高的。彭德怀对哈军工如此的关怀，对哈军工而言，只能意味着更高的使命和更大的责任。

1964 年 7 月 16 日，刘伯承来到哈军工视察。他参观了重点实验室，听取了学院领导的工作汇报，对哈军工为中国首次核爆炸试验做出的特殊贡献表示赞赏。刘伯承是南京军事学院的创建者，对学生的关爱更是非同寻常。他不仅叮嘱学院领导要好好培养学生，并特别指出学生是国防现代化的希望，又亲自到学员食堂看望学生，还亲口尝尝学生的伙食怎么样。这些细微之处无不体现了一个军事教育家对莘莘学子的深切关心，对哈军工的那份特殊情感。刘伯承在哈军工开学大典时，为哈军工题词："在保卫祖国和平建设，维护远东与世界和平而建设现代国防军庄严任务之下，学习军事科学，使技术与战术结合，发挥战斗威力！"这充分体现了他对哈军工的殷切期望，对哈军工学子的殷切期望。

1963 年 6 月 18 日，陈毅来到哈军工视察。由于时间紧，他没有参观学院的教学科研设施，只是听取了学院领导的简短工作汇报，对学院工作

---

[1]　滕叙兖：《哈军工传》（上卷），湖南科学技术出版社 2006 年 7 月第 2 版，第 546 页。

[2]　同上书，第 550 页。

给予了高度评价，"你们出人才，出成果，成为我军现代化建设的开路先锋"①。根据学院安排，陈毅在军工操场接见了全体师生员工，这是继朱德之后第二位在这里给全体师生讲话的中央领导。陈毅这次所作的关于学习、成才的讲话成为一个经典，他号召广大学员走又红又专的道路。陈毅要求，哈军工学子要成为生产的能手，要能够领导科学实验，组织科学实验，把中国的科学提高到新的水平。陈毅指出，中国的大学教育要为"三大斗争"② 培养人才，储备人才，哈军工学子一定要高标准要求自己，哈军工的办学条件在全国是一流的，哈军工的教学成绩、学生的学习成绩也应该是一流。陈毅认为，大学的淘汰率高不是件坏事，没有淘汰的大学就不是好大学。学习是一个痛苦的过程，是一个战胜困难的过程。把一个青年学生培养成才，要经过千锤百炼。哈军工是全国重点大学，要把所有学生都培养成才，是一个艰难的过程，必须要严格要求。陈毅强调，学生在学校是学习第一，功课第一，但不能死读书，学校规定的活动要参加，但必须以学习为主。一个人能不能成为有用之才，起决定作用的就是初中、高中、大学这十来年，"一个国家的栋梁之材，是要动心忍性的，要锻炼他的筋骨，锻炼他的意志，锻炼他坚韧不拔的精神"③。陈毅指出，哈军工应该推崇艰苦朴素、学习好、品德好、身体好的学生，要不论学生的成分和出身，着重看学生的学习表现、品德表现和生活表现，这是决定一个学生成为有用之人还是无用之人的关键。陈毅还特别关心干部子弟在哈军工的成长，他要求干部子弟要充分利用出生于革命家庭的有利条件，为学习服务。陈毅最后指出，"青年人一切要靠党、靠组织、靠我们自己。要工作好、学习好、身体好，要在中国成为一个很有用的人"。要超过前辈。"要在前人的基础上，创造性地发展，从尖端走向更高的尖端！"④ 陈毅到哈尔滨视察，有许多单位都希望他去讲话，但他唯一选择了哈军工，这足见他对哈军工的这份感情。陈赓曾邀请他到哈军工视察并讲话，但一直到陈赓逝世也没能抽出时间到哈军工，但他依然坚持兑现承

---

① 滕叙兖：《哈军工传》（下卷），湖南科学技术出版社 2006 年 7 月第 2 版，第 784 页。

② 笔者注："三大斗争"是指根据我国当时国际国内形势提出的与帝国主义、修正主义和反动民族主义的斗争。

③ 滕叙兖：《哈军工传》（下卷），湖南科学技术出版社 2006 年 7 月第 2 版，第 787 页。

④ 同上书，第 789 页。

诺，一定要到哈军工来看看，这既是陈毅多年来的愿望，更是他对国防现代化、对哈军工的期望。陈毅的讲话，渗透着许多先进的办学思想与办学理念，这不仅对当时的哈军工具有极重要的作用，是对哈军工更深层次的关心，而且对今天中国的高等教育、对今天大学的人才培养都有着极其重要的意义。

1955 年 3 月 7 日，贺龙趁在哈尔滨视察工作的间歇，第一次来到哈军工看了两个小时后离开。12 月，贺龙与聂荣臻一起再次来到哈军工。视察中，他们对苏联顾问团给予哈军工的无私帮助表示了感谢，在与教授们见面时热情鼓励教授们要把教学和科研搞上去，对学院工作取得的成绩给予了肯定。聂荣臻还语重心长地指出，哈军工是全军最重要的工程技术学府，要加强专业实验室建设，要坚持"两老"办院，关心和爱护知识分子，要出人才、出成果。这些指示无不体现了领导们对哈军工发自肺腑的关怀。1960 年 11 月 15 日，贺龙第三次踏进哈军工。这一次，贺龙是在访问朝鲜回国的途中专程到哈尔滨来的，陪同贺龙来的有罗瑞卿、刘亚楼、王平、陈锡联、杨勇、肖向荣、周希汉等将军。这一次视察的时间相对前两次来哈军工要从容一些，贺龙、罗瑞卿一行听取了学院领导的汇报，仔细参观了海军工程系、导弹工程系的有关实验室和哈军工的研究成果，接见了教授、副教授并与大家合影留念，视察了学员宿舍和食堂。视察中，贺龙对邓三瑞老师研制的某型小潜艇给予高度评价，要求继续坚持开展研究，不断提高研究水平，使某型小潜艇的速度更快些；要求哈军工加快对"543 型地对空导弹"的研究，既要继续提高研究水平，还要加强保密，要一边干一边改进，不断提高。贺龙特别强调，"科学研究要继续搞好，努力搞下去，不要怕失败。有的东西要试验 100 次、150 次才能成功"。[①] 他还要求哈军工保护好发明创造人员，"保护他们是为了我们的事业"[②]，要爱护教授，充分发挥他们的聪明才智。贺龙对学员的关心非常细致，在学员宿舍摸摸床、看看被，指出学员的床靠墙太近，学生容易受凉得关节炎，要求学院在床靠墙的一边钉一块木板；还要在床的另一边装个铁栏杆，防止上铺的学生摔下来；最好再加个小梯子，避免夜间上铺学

---

① 滕叙兖：《哈军工传》（上卷），湖南科学技术出版社 2006 年 7 月第 2 版，第 669 页。
② 同上书，第 669 页。

生起来踩伤下铺学生；指出学员食堂存菜的地方要整洁干净，要求哈军工要提高卫生标准，要求学生要珍惜国家对学员的关心，学好本领，练好身体，为国防建设服务，为国家做贡献。贺龙对学员的这种关心、爱护和要求，与他在哈军工开学典礼前的题词"培养政治坚定、精通技术的军事工程人才，加速现代化国防的建设"思想是一贯的。这一切的一切细节，无不深深地体现着贺龙对哈军工师生的深情关爱和殷切期望。视察中，罗瑞卿要求哈军工要加强与地方大学的学术交流，对待自然科学的学术问题要严谨慎重，不要走弯路，要加强高精尖武器装备的研究，早出研究成果；要加强教学改革，加强学员的日常训练，抓好军人养成教育，哈军工培养的人不仅要懂军事科学技术，还要有军人气概，有组织纪律性。

据不完全统计，到过哈军工的中央和军队领导人有 50 多位，仅军队而言，共和国十大元帅中有 8 位到过哈军工，十位大将中有 6 位到过哈军工，上将中至少有 17 位到过哈军工。这样多的党、政、军领导到哈军工视察指导工作，这在任何一所大学都是不可能发生的，充分反映了哈军工所得到的党和国家、军队领导人的特殊关怀，这对哈军工的发展产生了重要影响，对哈军工后来所取得的一系列办学成就发挥了重要作用。哈军工这份独有的不可多得的关怀，显示了哈军工在国家高层的分量，增添了哈军工发展史上的无上荣光。

部分中央领导及军队领导视察哈军工一览表

姓　名	军衔	时任职务	视察时间
朱　德	元帅	中央副主席、国家副主席、全国人大常委会委员长	1957.4 1964.7
周恩来		中央副主席、国务院总理	1959.12 1962.6
邓小平		中央政治局常委、中共中央总书记、国务院副总理	1958.9
彭德怀	元帅	中央政治局委员、中央军委副主席、国务院副总理	1953.8 1958.9
林　彪	元帅	中央副主席、国务院副总理、国防部长	1961.8
刘伯承	元帅	中央军委副主席、全国人大常委会副委员长	1964.7

续表

姓　名	军衔	时任职务	视察时间
贺　龙	元帅	中央政治局委员、中央军委副主席、国务院副总理	1955.3 1955.12 1960.11
陈　毅	元帅	中央政治局委员、中央军委副主席、国务院副总理	1963.6
叶剑英	元帅	中央政治局委员、中央书记处书记、中央军委副主席	1964.8
聂荣臻	元帅		1955.12
彭　真		中央政治局委员、中央书记处书记、全国人大常委会副委员长	1963.10
董必武		国家副主席	1964.7
邓子恢		国务院副总理	1961.8
谭震林		中央书记处书记、国务院副总理	1961.7
李富春		中央书记处书记、国务院副总理	1958.9
陆定一		中央书记处书记、国务院副总理	1961.8
薄一波		中央书记处书记、国务院副总理	1959.4 1964.5
邓颖超		全国妇联副主席	1962.6
杨尚昆		中央办公厅主任	1958.9
罗瑞卿	大将	中央书记处书记、国务院副总理、中央军委秘书长、总参谋长	1960.11 1964.7
粟　裕	大将	中国人民解放军总参谋长、国防部副部长	1957.9 1961.9
黄克诚	大将	中央书记处书记、中国人民解放军总参谋长	1957.5
谭　政	大将	中央书记处书记、中央军委总政治部主任	1958.9
余秋里		石油工业部部长	1959.12
许光达	大将	国防部副部长、装甲兵司令员	1958.11
刘亚楼	上将	空军司令员、国防部副部长、国防部第五研究院院长	1960.11
陈锡联	上将	炮兵司令员、沈阳军区司令员、东北局书记处书记	1960.11
杨成武	上将	解放军副总参谋长	1960.11
杨　勇	上将	志愿军司令员、北京军区司令员、解放军副总参谋长	1960.11
王　平	上将	志愿军政治委员、军事学院政治委员、党委第一书记	1960.11
张宗逊	上将	解放军副总参谋长	1953.8 1957.8

续表

姓　　名	军衔	时任职务	视察时间
肖华	上将	空军政委、总政治部副主任、总干部部部长、中央军委副秘书长	
李达	上将	国防部副部长、训练总监部副部长、副总参谋长	1958.3
李聚奎	上将	总后勤部政委	1963.8
宋任穷	上将	中央副秘书长、中组部副部长、总干部部副部长、二机部部长、东北局第一书记、沈阳军区第一政委	
陈士榘	上将	工程兵司令员、特种工程指挥部司令员兼政治委员	1957.8
张爱萍	上将	副总参谋长、国防工办副主任、国防科委主任	1963.1　1963.8
谢富治	上将	公安部部长	1963.9
韦国清	上将	中国驻越南军事顾问团团长、广西壮族自治区人民政府主席	1955.11

从上面这份不完整的名单中可见，哈军工在党和国家、军队领导人的心中占有怎样的分量，寄托了国家多少希望，他们对哈军工师生的关心、嘱托，对哈军工办学的关注、指导，对哈军工为国防现代化做贡献的要求，都可以清楚地看出来。

3. 苏越政要关注学校发展

在哈军工的发展历程中，还得到了外国领导人的高度关注。这其中包括苏联最高领导人斯大林和赫鲁晓夫，越南最高领导人胡志明、越南副总理武元甲。斯大林从最初向中国领导人毛泽东和周恩来提出建议办军事工程学院开始，应该说一直都是在关注这所大学的发展的。当周恩来总理去函请求苏联政府支援，派出顾问团来中国帮助筹建哈军工时，斯大林没有犹豫，而是非常爽快地就答应了，并且十分迅速地派出了以空军中将奥列霍夫为代表的考察组来到中国。尽管斯大林没有亲自看到哈军工的建立和发展，但他对哈军工的关注是最早的，而且这种关注为哈军工后来的建设和发展奠定了重要的基础，发挥了重要的作用，当然最直接的就是苏联顾问团为哈军工发展所做出的重要贡献。

1954 年 10 月 15 日，苏联最高领导人赫鲁晓夫在率团参加新中国成立五周年庆典后回国途中最后一站经过哈尔滨。此时的中国与苏联正是关系最亲密的时候，赫鲁晓夫访华期间，中苏两国签署了一系列合作协议，两国领导人也多次进行友好的会谈。赫鲁晓夫在毛泽东的建议下，还到中国的上海、杭州、广州等地进行了参访，回国途中，又到大连、鞍山、长春等地进行参观。可以说，来到归国途中经过的最后一站哈尔滨，赫鲁晓夫的心情应该是很好的。这一天，赫鲁晓夫与苏联部长会议副主席兼国防部长布尔加宁、部长会议副主席米高扬分别乘坐在省委从哈军工借来的陈赓院长和奥列霍夫首席顾问乘坐的座驾里，沿着一曼街方向，从哈军工大门经过驶向南通大街，然后向太平桥方向沿着哈军工绕行一圈，但没有进入哈军工。事实上，在黑龙江省委领导为苏联访问团举行的欢迎仪式上，赫鲁晓夫与哈军工副院长刘居英将军见了面，握了手，态度也颇为友善，但赫鲁晓夫为什么没有直接到哈军工视察，难道他对哈军工的关注仅仅限于"关注"吗？这至今仍是个谜。无论是赫鲁晓夫下台后，人们从他的日记中发现他对中国一直是心存怀疑的，还是后来中苏关系破裂，苏联违背协议从哈军工全部撤走顾问，至少这些都表明，赫鲁晓夫对哈军工的关注与斯大林不同，他对哈军工的发展没有带来多大好处，这种关注或许是从竞争对手角度的关注，是不希望对手强大起来的关注。这种关注反而起到了"刺激"作用，苏联顾问团的撤离，刺激了哈军工人独立自强的信心，刺激了哈军工人顽强拼搏的意志，刺激了哈军工人奋发有为的努力，但不管怎样，这种"刺激"也同样促进了哈军工后来的发展，促进哈军工取得了辉煌的办学成就。

1955 年 11 月，越南政府副总理兼国防部长武元甲在韦国清的陪同下，来到哈军工视察。武元甲看了哈军工的教学情况，参观了重点实验室、基础部和理化实验室，与许多教授见了面，参观了学员宿舍。在视察中，武元甲被哈军工巍峨雄壮的教学大楼深深吸引，不禁啧啧称奇，认为即使在苏联也没有如此气派的教学大楼，对中国在短短几年内就建成这样一所培养军事工程师的高等学府钦慕不已，对哈军工学员良好的军容风纪和整洁的内务卫生赞叹不已，认为哈军工学员刻苦学习的精神值得越南青年学习。武元甲希望中国政府能够帮助越南政府建一所这样的大学，但是他不知道中国政府为了创建哈军工付出了多大的代价，用尽了全国各方面的力量，克服了重重困难才建起了哈军工。当然，武元甲的要求无法得到满足，不是中国政府不愿意帮助越南政府，而是当时的中国政府再也没有能力去帮助越南建一所相同的大学，因为当时的哈军工还正在依靠着苏联政府派来的专家顾问的帮助。但陈赓表示，哈军工可以为越南培养学生，越南政府可以选派优秀的年轻军官到哈军工留学。武元甲对哈军工愿意为越南培养杰出的军事工程师表示由衷的感谢！武元甲对哈军工的关注，自然与苏联领导人的关注不同，他是真心希望哈军工发展得越来越好，为越南培养更多更好的军事工程师。

1958 年 10 月，越南政府派来了第一批 40 名越南留学生，第二年又派来了 40 名，哈军工为此专门成立了越南留学生系。一直到 1966 年，学院共招收了 7 批 183 名越南留学生。由于越南留学生普遍中文水平低，哈军工在预科阶段专门为他们制订了以学习中文为主的教育计划，要求达到"会读、会听、会说、会用"的目标。尽管达到这一要求十分困难，但越南留学生政治觉悟高，对能来中国留学感到十分自豪，因而学习干劲足、肯吃苦、勤钻研。哈军工特别注意加强对越南留学生在生活上的照顾，考虑到他们的民族特点，单独为他们办食堂，全部吃细粮，在中国经济十分困难的时期，哈军工依然在一些十分紧俏的生活用品上尽力照顾越南学员，即使全院师生员工都在过苦日子，哈军工还把越南留学生集中到一起住，单独为他们办伙食，基本保障越南学生有鸡、鱼、肉、蛋吃，日常必需品能够正常供应。哈军工越南留学生的思想情绪是安定和饱满的，对中国共产党、中国政府、中国军队怀有真挚的感情，与哈军工领导、教师相处十分融洽，哈军工也把培养越南留学生作为崇高的国际主义义务。

1960 年秋，越南最高领导人胡志明访华专程来到哈尔滨召见了哈军工的越南留学生。他对中国学生没有肉吃却把肉让给越南学生吃的做法十分感动，对哈军工对待越南留学生的深情十分感动，他认为这是中越两国"同志加兄弟"的最好写照。同时，胡志明要求越南留学生不能继续接受这种特殊待遇，要和中国学生同甘共苦。但此后，哈军工对越南留学生的待遇一如既往，没有改变。从越南政府副总理武元甲到越南最高领导人胡志明，对哈军工的关注可以说是越来越多、越来越深，因为这里也在为越南培养军事工程师。他们对哈军工的关注，进一步推动着哈军工的发展。哈军工的发展，也正是在各方关心、关怀、关注中向前不断迈进的。

二　奋进发展的哈军工

哈军工的发展，是一段不懈奋进、跨越发展的伟大历程，是一段高歌猛进、加速发展的光辉历程。哈军工的发展，始终坚持办大学以教师为本的理念推动发展，始终坚持干部教师加强团结的理念促进发展，始终坚持紧跟国际前沿学习先进引领发展。哈军工的发展经验，值得我们今天认真思考、认真总结、认真回味、认真学习。

1．坚持教师为本发展

在哈军工的发展历程中，陈赓院长有个著名的办学主张，"善之本在教、教之本在师"。其基本含义指的是培养人的根本在于教育，教育的根本在于教师。这样的办学思想与办学理念，在新中国成立初期的领导人特别是军队领导人中，恐怕是不多见的。也正是本着这样的理念办学，哈军工的发展才会如此迅速、顺利。以教师为本推动发展，在哈军工的整个发展历程中是一以贯之的。

陈赓在接受了创建哈军工这一神圣使命后，提出了"三边并举"的创建方针，其中一边靠的就是教师，所以，陈赓强调"要先调一批教授来"①。1952 年 9 月 1 日，哈军工筹委会第一次会议召开。在这次会议上，陈赓再次强调，办好哈军工光靠干部是不行的，"在座的华东军事科学研究室的各位专家就是创办军事工程学院的主力军，我们还要在国内名牌大学里抽调一批教授、讲师"。② 这充分体现出，陈赓作为创建哈军工的主持人，从一开始就十分清楚：哈军工的发展，必须坚持教师为本。因此，在筹建哈军工的过程中，请教授始终是被摆在最重要的优先位置考虑。在张述祖为哈军工举荐第一批专家教授前，陈赓特别请张述祖为他介绍中国当代有名的教育家的办学经验时，张述祖认为大学办得成功与否，关键在于师资与设备。张述祖指出，哈军工的设备有国家支持，所以问题不大；但教授不是设备，全国人才有限，不下大力气是不可能邀请到德才兼备的

---

① 滕叙兖：《哈军工传》（上卷），湖南科学技术出版社 2006 年 7 月第 2 版，第 41 页。
② 同上书，第 70 页。

人才的，这是要务之中的要务。张述祖的这些思想观点对陈赓的影响很大，是形成陈赓教师为本思想的重要源泉。

此后，陈赓费尽心思、用尽心血在全国到处请教师，应该说就是这一思想的具体体现。在黄景文去上海、南京为哈军工请教授的过程中，尽管遭遇诸多困难，但毫无退缩心理，他深刻理解陈赓给予他的指示，深刻理解"名师办名校"的道理，最终为哈军工请来了卢庆骏等知名教授。关于哈军工如何请人才，在前面网罗天下英才办学时已有论述，在此不再赘述。但是，教师请来了，能不能发挥好作用，是能否践行教师为本理念推动哈军工发展的重要环节。所以，但凡教授、副教授到校，哈军工的领导们都要亲自探望与他们促膝谈心。鉴于当时的历史背景，国家刚刚建立起来，百废待兴，而当时的知识分子都是旧社会培养的，况且早年能够读书、出国留学的多数家庭条件都较好，都不是工农子弟家庭，在刚刚划分完阶级成分的新中国，知识分子们最担心的就是我们的党是否信任他们，是否能够放手让他们干。所以，哈军工的领导们在与请来的专家教授们谈心时谈得最多的话题就是信任问题，如何打消他们的疑虑为哈军工发展做贡献是必须解决的思想问题，当然，这也是哈军工最早做的思想政治工作，即做好专家、教授们的思想政治工作。做教师思想政治工作的带头人，当属创建哈军工的主持人陈赓。陈赓对华东军事科学研究室的专家们说："你们就是国家的主人，你们不要有自卑思想。"① 几十年后，已经从国防科技大学副校长岗位上退下来的周明鹨教授还清楚地记得当年陈赓曾对他说过的话："我们已成为国家的主人公了，咱们一起干吧。""今后，咱们的军工，咱们的军队，就靠你们这些大知识分子喽。"② 对于来自哈军工，来自哈军工领导的信任，对于教师们而言，那就是"士为知己者死"！

在哈军工的发展历程中，陈赓带头贯彻执行党的知识分子政策，他对党的知识分子政策的认识、理解和执行，在新中国成立初期的中共党内高层领导者中恐怕也没有几人能比。陈赓要求在哈军工必须形成尊重知识分子的好风气，对教授们"要在政治上关心信任，工作中大胆使用，生活

---

① 滕叙兖：《哈军工传》（上卷），湖南科学技术出版社 2006 年 7 月第 2 版，第 90 页。
② 同上书，第 149 页。

上多加照顾"。① 他认为，哈军工能不能培养出高质量的军事工程师，能不能搞出科学研究成果，主要靠广大教师；广大教师是国家最可宝贵的财产，"你们有许多智慧，有许多本领，把这些智慧本领拿出来贡献给国家，用于军事科学和国防建设事业，那就是了不起的功劳"。② 陈赓指出，在哈军工的建设中，教师是一根柱子。哈军工要把学员培养成为具有高度军事素养的、有严格纪律性和高度技术的干部，要培养有高超技术的专门人才和师资人才，要成为国家的国防军事学术研究机构，做改良兵器和特种技术研究工作，都需要专家教授们贡献自己的智慧和本领。因此，哈军工对专家教授们是绝对信任的，用陈赓的话说，"我是枪杆子出生，赳赳武夫，不懂技术，办学校就拜托诸位了，将来有功劳是你们的，有错误就打我陈赓的板子"。③ 所以，哈军工对教师的重视，对实践"以教师为本"办学理念是动真格的。在哈军工筹建后不久，即成立了几十个不同专业的教授会，真正实行"教授治学"，教学上的事情，教授说了算。在哈军工任命的第一批干部中，除张述祖教授任科学教育部部长外，还有教务处处长曹鹤荪教授、副处长任新民教授，技术部计划处副处长沈正功教授、董绍庸教授等。后来，又任命高步昆为第一任科研部部长，卢庆骏为副部长。哈军工的这些做法在一切都以"革命功劳"为资本的那个年代，实在不是一件容易的事。尽管许多有"革命功劳"的干部有意见，但陈赓认为要让教授们有职有权、大胆地干。

哈军工建设初期，当时的教师队伍是一支年富力强且学问一流的精英群体，大部分年龄都在35—45岁，年龄最大的高步昆教授不过55岁，张述祖教授才52岁，最年轻的副教授庄逢甘才28岁。尽管如此，哈军工无论是在工作上还是在生活上，坚持以教师为本办学是毫不动摇的。为了照顾好教师们的生活，哈军工有"十条规定"，如凡是教授调入，院领导一定要亲自探望并设便宴接风，发给一个月薪金的搬家补助费，随调家属未安排工作的工资照发，把最好的住房给教师住，享受公费医疗，子女免费

---

① 滕叙兖：《陈赓大将与哈军工》，当代中国出版社2007年12月第1版，第78页。

② 同上书，第83页。

③ 王春晖：《走进哈军工纪念馆，走近哈军工》，哈尔滨工程大学出版社2013年7月第1版，第35页。

上附属小学和幼儿园，住集体宿舍的年轻教师由学院派公务员打扫卫生，在院内军人供应站购买物品不用排队，因公一律派轿车，上下班班车接送"老教师"①，教授会正副主任每人配备一辆自行车，文艺演出给教授们留好位置，对多子女教师给予适当生活补助。这"十条规定"在今天看来，有的或许算不得什么，但在那个物资匮乏的年代，在那个讲究"革命功劳"的年代，教师能有如此优厚待遇，正是哈军工实实在在践行"以教师为本"办学理念的结果。

除此之外，哈军工还有许多只有"老教师"才能享受到的特殊政策。如为"老教师"开办小食堂，专门聘请会烧南方菜的高级厨师，在食堂开小炒窗口，教授们随到随点菜，避免饭菜变凉。陈赓指出，"老教师"应该住得比干部们好、家具应该多发是工作需要，他要求凡是"老教师"一律发大写字台，书架要多少给多少，"教授是我们办院的依靠力量，依靠他们，我们才能建立起自己的教师队伍"②。陈赓在坚持"以教师为本"办学理念上，始终以战略家高屋建瓴的眼光，审慎地观察着教师们思想感情的波动，不允许哈军工对党的知识分子政策有任何的疏忽和懈怠。陈赓带头模范践行"以教师为本"的办学理念，带动了哈军工的其他干部，这一办学理念的彻底贯彻，使得哈军工在短短十几年时间里声名鹊起，办学质量稳步提升，很快一跃成为响当当的名校。

2. 坚持"两老"团结发展

在哈军工的发展历程中，陈赓院长还有一个著名的办学主张，"既要承认两万五，也要承认十年寒窗苦"，这一办学主张是陈赓的发明，也是哈军工办学的发明，简称"两老办院"，其主要含义是指哈军工办学既要依靠具有丰富革命斗争经验的老干部，也要依靠具有丰富科学文化知识的老教师，这"二老"在哈军工办学过程中缺一不可，这一著名主张成为哈军工办学成功的重要思想保障。

哈军工坚持干部教师加强团结的理念促发展，首先要解决的是"两

---

① 笔者注："老教师"，是哈军工对教授、副教授、讲师的习惯性称呼，以便区分于年轻的助教们。

② 滕叙兖:《哈军工传》（上卷），湖南科学技术出版社 2006 年 7 月第 2 版，第 141 页。

老"团结的问题。在哈军工的发展历程中，陈赓反复强调团结问题不能忽视，他认为来自五湖四海的干部和教员，不可能没有矛盾，并且指出当前存在两大主要矛盾，"一个是干部之间的矛盾，另一个是工农干部和知识分子之间的矛盾"①，强调这是要努力解决好的大问题。在哈军工办学初期，在一些老干部中有一种看不起老教师的思潮。有的老干部认为，这些老教师没有动过刀动过枪，没有打过一天仗，革命胜利了，仅凭喝了几年"洋墨水"，为啥给他们那么高的地位；还有的老干部认为，老教授们学问大是事实，但他们的组织能力未必就强，为啥还要让他们担任教学上的行政领导，而且是教授们任正职，老干部们任副职；同时，还有的老干部由于自身文化素质不高，看见教授们心里犯怵，接着就是看不顺眼、看不惯，在感情上与教师们格格不入。如果这些问题得不到解决，哈军工办学就会受到影响，就不能取得成功。所以，陈赓强调"两老办院"，强调两根柱子，认为老干部是一根柱子，老教师是一根柱子，这两根柱子必须团结，才能合力支撑哈军工这座大厦。在当时那个年代把知识分子的地位界定在与老干部并列的高度，实属不易，这不仅体现了陈赓作为老一辈无产阶级革命家的过人胆识，而且证明他对大学办学规律有深刻的认识。哈军工能在十几年的时间内成为中国著名的大学，与这一思想密切相关，这是很值得今天的办学者们深思的。

陈赓指出，老干部要深刻理解创建哈军工的重大意义，这是实现国防现代化的根本要求。陈赓认为，任何现代化的武器装备，没有技术干部去掌握和使用，就等于一堆废铁，"现代战争是打技术的，没有足够数量和训练有素的技术干部和指挥干部就无法赢得胜利"②，所以，必须加快培养能够掌握现代化武器装备的技术军官。陈赓要求，老干部要学好技术，要边工作边学习，"一定要自觉改变'大老粗光荣''工农出生光荣'这种跟不上时代的落后思想意识"③。陈赓强调，绝不能轻视教授们，认为他们没有经历过战争考验，对革命没有战功。陈赓认为，教师是办好哈军工的关键人物，他们经历了十年寒窗苦读，而且"老教师们的知识也来

---

① 滕叙兖：《哈军工传》（上卷），湖南科学技术出版社 2006 年 7 月第 2 版，第 278 页。

② 同上书，第 131 页。

③ 同上。

之不易，他们在科学技术上奋斗了几十年，也是老资格，要办好军事工程学院，首先要依靠老教师，不能光靠两万五"①。陈赓要求老干部们要安心工作，要做到尊重教师、信任教师、团结教师，充分发挥教师们的才能，让教师们大胆工作，与教师们合作办好哈军工，"既要依靠老教授，也要依靠老干部，我们的口号是'两老办院'，为教学服务，为教好学员服务。要上上下下团结得像一个人一样，发扬抗大团结、紧张、严肃、活泼的优良作风，互相友爱，齐心协力，我们的事业一定能很好地完成，这就是我们团结建院的指导方针"②。

哈军工在召开的教学工作座谈会上，陈赓又向教师们阐明了创建哈军工的重要意义，以及知识分子的地位、作用和党的知识分子政策。陈赓指出，要保卫新中国建设的成果和亚洲与世界和平，没有一支强大的具有现代技术装备的武装力量是不行的，用现代武器技术装备中国军队，使其成为高度机械化、现代化的国防武装力量，是老干部和老教师们的共同任务、共同责任。"建设国防、保卫祖国不是要诸位亲自拿枪杆子，而是要求你们把自己的智慧、技术贡献给国家。"③ 陈赓鼓励专家教授做哈军工的主人，克服做客的临时观念，一定要同心协力办好学院。陈赓特别强调，"在我们学校建设中，你们是一根柱子，军队的干部也是一根柱子，许多工作没有他们不行"④。陈赓要求教师们不要骄傲，决不要自以为了不起，自以为是、自命不凡，等苏联顾问团来了，还要好好团结他们，虚心地向他们学习。哈军工在发展过程中，与苏联顾问团之间一直紧密团结，为哈军工得以迅速崛起发挥了十分重要的作用。以陈赓院长为代表的哈军工人，始终坚持虚怀若谷、坦诚相待、相互尊重和信任的态度，以奥列霍夫首席顾问为代表的顾问团坚持谦虚谨慎、认真负责、满腔热忱的精神，为中苏两国在哈军工的军事合作奠定了成功的基础。

哈军工坚持干部教师加强团结的理念促发展，还要解决老干部之间的团结问题。哈军工建设初期的基础力量主要是第二高级步兵学校、志愿军

---

① 滕叙兖：《哈军工传》（上卷），湖南科学技术出版社 2006 年 7 月第 2 版，第 212 页。
② 李懋之：《陈赓大将创建哈军工》，黑龙江出版社 1993 年 8 月第 1 版，第 39—44 页。
③ 滕叙兖：《陈赓大将与哈军工》，当代中国出版社 2007 年 12 月第 1 版，第 81 页。
④ 滕叙兖：《哈军工传》（上卷），湖南科学技术出版社 2006 年 7 月第 2 版，第 136 页。

第三兵团以及华东军区军事科学研究室的干部，后来逐渐出现了"山头主义"的苗头，有些干部开始有宗派思想，有人把它称之为"二三问题"，"二"是指第二高级步兵学校的干部，"三"是指志愿军第三兵团的干部，即哈军工的不团结现象，主要就是"二三"之间的不团结。陈赓对此进行了严肃的批评："什么'二高'的，'三兵团'的，都是中国人民解放军的！"[1] 他要求哈军工干部一定要讲"二三"团结，"两老"一定要"将相和"。陈赓要求哈军工干部之间、干部和教师之间要互相尊重，相互信任，同心协力搞好工作，要有全局观点和国家观点。陈赓指出，团结才有力量，他要求干部们不要争地位、要名誉，要努力在工作中发挥自己的所长和力量，对新来的干部要团结好，对专家教授要团结好，对地方政府和群众也要团结好。在哈军工的发展历程中，干部队伍一直保持着相当的凝聚力，从上到下，没有人搞小圈子，大家能够顾全大局，团结合作，这对促进哈军工的发展起到了重要作用。

哈军工坚持干部教师加强团结的理念促发展，还有教师之间的团结问题。陈赓认为，教师之间的团结很重要，中国过去是个半封建半殖民地的国家，学术派别多且互相轻视和排斥、闹不团结。陈赓指出，新中国成立后，每个人在政治思想上都有了很大的进步，只有大家从思想上统一起来，紧密团结，共同努力，才能把国家建设得更好。陈赓要求，广大教师要摒弃科学上的门户之见，不要闹派别，否则会妨碍哈军工的进步，"如果我们要有派别的话，只有一个中华人民共和国派"[2]。事实上，这不仅是要求教师之间要讲团结，还要求教师在教学、科研、学术上要发扬民主，加强合作，不能独断专行，这对开创哈军工教学、科研上的良好局面发挥了重要作用。

哈军工还有一个重要的团结问题，就是领导班子的团结。1954 年初，党的七届四中全会通过了《关于增强党的团结的决议》。陈赓在传达会议精神后指出，哈军工"不团结的现象是存在的，分散主义、本位主义也有很多严重的表现"[3]，如遇事只从本单位着眼而不照顾整体利益，强调

---

[1] 滕叙兖：《哈军工传》（上卷），湖南科学技术出版社 2006 年 7 月第 2 版，第 279 页。

[2] 《陈赓在教师座谈会上的讲话记录》，哈军工档案，1952 年 12 月 11 日。

[3] 滕叙兖：《哈军工传》（上卷），湖南科学技术出版社 2006 年 7 月第 2 版，第 276 页。

自己困难而不照顾别人困难，上级决定不执行，自作主张搞另一套等，这些是严重危害团结的个人主义、自由主义、宗派主义倾向，必须"从团结的愿望出发，经过批评斗争达到团结的目的"①。《工学》报还专门刊发了题为《自觉地检查缺点错误，克服骄傲情绪，增强党内团结》的社论。在哈军工党委扩大会上，陈赓严肃批评了班子成员不团结的问题，以及有些班子成员与干部、知识分子之间的不团结现象，在班子成员之间认真开展了批评与自我批评。陈赓通过党委扩大会集中精力解决团结问题，"既严格认真、触及思想深处，又坦诚温和、惩前毖后、治病救人，整个党委集体达到前所未有的团结一致，大家能从事业和大局出发，敞开思想，各抒己见，一成决议就无条件执行，说话一个口径，办事一个原则，不左顾右盼，无后顾之忧，互相支持，互相谅解，工作效率非常高"②。哈军工多年来一直坚持在干部中开展批评与自我批评，这个好传统一直被传承了下来。

3. 坚持紧跟前沿发展

在哈军工的发展历程中，从创建一开始整个办学思想、办学思路就是紧跟国际前沿的。毛泽东等中央领导人在授命陈赓创建哈军工时即指出请苏联派专家来协助办学，周恩来在授命陈赓创建哈军工前夕就已经给苏联领导人去函请求派专家来帮助办学，在哈军工筹建初期从选址开始就虚心听取苏联专家组的意见，直到苏联派出第一批专家到哈军工，给院长、各系主任均配备了苏联顾问，此后每个教授会都配备了苏联顾问。苏联的军事技术教育是走在国际前沿的，每个顾问都把他们所了解和掌握的国际前沿问题带到了哈军工，哈军工整个的办学思想、理念都是受此影响的。所以，毛泽东授意陈赓，哈军工在军事科学技术教育与科学研究方面要全学，"洋为中用"；张宗逊副总长在向哈军工授军旗时强调要老老实实学习苏联先进的军事工程科学；陈赓也多次强调哈军工要学习外国先进的东西，特别是要学习苏联的先进经验，做到科学技术要全学。

---

① 滕叙兖：《哈军工传》（上卷），湖南科学技术出版社 2006 年 7 月第 2 版，第 276 页。
② 任学文：《哈军工》，红旗出版社 1993 年 8 月第 1 版，第 38—40 页。

所以，哈军工的教学计划是按照苏联对军事工程技术人才培养的要求制订的，哈军工的教材是紧跟苏联最新的研究成果编写而成的，哈军工的教师培养是按照苏联军事科学教育的要求进行的。在整个苏联顾问团对哈军工办学的指导过程中，大多数苏联专家都是在某一方面走在国际前沿的，他们能够把苏联国内最新的教育教学和科研成果反映到教材的编写和教师的培训中来，这对哈军工紧跟国际前沿发展起到了重要作用。如哈军工按照奥列霍夫的建议建立了野外作业场，作为对学生进行野营教育的训练基地。野营教育是哈军工整个教育计划的一部分，是在最接近实战的情况下，使学员把课堂学习的理论原则与实际紧密地结合起来，既可以巩固和提高学员的理论知识，又可以使军事工程技术更好地为战术服务。野营教育是当时国际上最先进的军事教育，对学员学习军事科学知识、学习现代化的集团战术，使技术适应战术需要，更大地发挥战术的威力具有重要作用。由此可见，哈军工的人才培养是走在国际前沿的。

在哈军工的发展历程中，紧跟国际前沿发展的例子有许多，这里特别举两例。一是关于哈军工风洞群的建设。早在1953年初哈军工空气动力学教授会成立时，在系主任唐铎和苏联顾问的支持下，教授会主任岳劼毅、副主任马明德与庄逢甘教授、罗时钧教授开始制定建设方案，由马明德教授任风洞建设总指挥。经过一年多艰苦卓绝的工作，1954年11月20日，最大风速为50米/秒的1号开口风洞试车成功，40天后2号闭口风洞试车成功。1955年3月，这两个风洞迅速投入哈军工的教学实践，当年我国自行研制的第一架飞机"歼教－1"的设计，通过两座风洞的大量试验后安全飞上天。1956年初，我国第一座真空吸入式超音速风洞在哈军工试车成功。到1963年，哈军工建成了从低速、跨音速到超音速的8座配套风洞群，这是我国风洞发展史上的一个里程碑，也是哈军工紧跟国际前沿开展科学研究的一次重大创举，风洞群的建设为我国早期的战机翱翔以及各型导弹的研制立下了汗马功劳。二是1954年9月，陈赓院长作为中国军事代表团成员应邀赴苏联参观原子弹实爆条件下的军事演习，苏联先进的军事装备和科学技术给他留下了深刻印象，但苏联方面对中国代表团却避而不谈关键技术问题，这对陈赓等中国军队领导人产生了强烈的刺激，决心一定要自己发展尖端武器装备。1955年11月25日，著名科学家钱学森回国后到东北考察的第一站就选择了哈尔滨，选择了哈军工。

考察期间，陈赓在与钱学森的交流中，提出了我国能否自行研制火箭和导弹的问题，钱学森的回答是肯定的，于是，从这里开启了我国的航天事业和导弹事业，后来哈军工有许多专家参与到了这项伟大的事业当中，"两弹元勋"——哈军工的任新民教授就是其中之一。

在哈军工的发展历程中，陈赓较早就曾与奥列霍夫讨论派哈军工有关领导和教授访问苏联军事院校。这是走出国门，开阔眼界，直观地向国际前沿学习办学经验、学习军事科学技术的重要机会。这一构想在陈赓任中央军委副总参谋长后得以实现。1957 年 6 月 9 日，以哈军工副院长刘居英为团长，教育长徐立行、空军工程系主任唐铎、装甲兵工程系主任徐介藩、教务部副部长曹鹤荪教授、空气动力学罗时钧教授、炮兵工程系教育副主任沈正功教授、海军工程系教育副主任慈云桂教授、坦克教授会主任唐本庆教授、桥梁教授会主任高步昆教授、已调任国防部第五研究院的原哈军工教授任新民、电气自动指挥教员柳克俊等为成员的参观团离开北京前往苏联、波兰、捷克斯洛伐克三国参观学习。在苏联，参观团除集体参观学习外，还分为海军组、空军组、炮兵组、工程兵组、坦克组分别对著名的伏龙芝军事学院以及茹柯夫斯基航空学院、捷尔任斯基炮兵工程学院、斯大林坦克工程学院、古比雷夫红旗工程兵学院、莫柴依斯基空军工程学院、克雷洛夫海军工程学院、库兹涅佐夫海军学院、捷尔任斯基高级海军学校、伏罗希洛夫海军军事学院、高级海军无线电学校和空军雷达学校①等进行了 40 多天的学习考察。苏联的军事院校同行对哈军工学习考察团给予了热情接待，"什么都拿给我们看，什么都对我们讲"②，各个教授会陈列着苏联军事同行们编写的教学大纲、教科书、参考书、实际作业指导以及科学研究的重要论著、学员的毕业设计等，苏联专家仔细向哈军工考察团成员介绍他们的最新科研成果，有的专家把自己最新的著作赠送给哈军工考察团成员，有的答应把未完成的书写好后寄给哈军工考察团成员，可以说，双方的交流是坦诚的，考察学习是成功的。在波兰，参观团访问了顿布罗斯基军事工程学院；在捷克斯洛伐克，参观团访问了萨波托斯基军事技术学院。哈军工代表团首次出访近两个月的参观考察，全面学

① 《哈军工代表团访问苏联的总结材料》，哈军工史料，1957 年 10 月。

② 滕叙兖：《哈军工传》（上卷），湖南科学技术出版社 2006 年 7 月第 2 版，第 438 页。

习了解了当时社会主义国家最先进、最前沿的人才培养和科学研究状况，学习了解了最新的军事科学技术和研究成果，学习了苏联等国家先进的办学经验，这使得哈军工的发展迅速进入快车道，很快就成为著名的高等军事技术学府，这与哈军工一直紧跟国际前沿办学是分不开的，这样的办学思路即便是在今天也是值得学习和称道的。

可以说，哈军工的发展，是在毛泽东、周恩来、刘少奇、朱德、邓小平等老一辈党、政、军高层领导的亲切关怀下进行的，是在苏联、越南等当时友邦国家领导人的高度"关注"下跃起的。她的快速发展，是以陈赓、刘居英为代表的两代哈军工人始终坚持办大学要以教师为本的办学理念指引下进行的；是坚定不移地坚持贯彻"两老"办院、"团结"办院理念，坚定不移地坚持依靠以老干部、老教师为代表的哈军工人取得的；是在始终瞄准国际前沿的战略思维引领下，主动学习苏联等当时世界上最先进的军事院校办学经验和军事科学技术研究的结果，哈军工在很短的时间内就成为享有国内外盛誉的著名高等军事技术学府。哈军工在"快"发展中所形成和展示出来的文化，蕴含着深刻的治校理念和办学经验，是今天办学者们享用不尽的精神佳肴，永远值得我们学习和传扬。

第三章 哈军工"大"结局中的文化

哈军工，是一所历尽坎坷曲折前进的大学。哈军工，是一粒种子，在成长中开出了繁花；哈军工，是一位母亲，放自己成熟了的孩子去独立发展。哈军工，因国家的需要而生；哈军工，因国家的需要而分；哈军工，因国家的发展而盛。哈军工的坎坷之路与分建之路，成为哈军工文化发展和传扬的特殊场域。

一 哈军工的坎坷之路

哈军工，有着一段令人不解的峥嵘岁月，有着一段令人心酸的不屈岁月，有着一段令人痛心的苦难岁月。哈军工，尽管历尽坎坷，但一直不屈不挠地坚持在各种"政治斗争"或"政治运动"中办学，一直不屈不挠地坚持在十分艰难的困境中办学，一直不屈不挠地坚持在备受煎熬的逆境中办学。哈军工，充满艰辛、充满泪水，但始终希望不灭，成就了共和国一个又一个的辉煌。

1. 坚持在斗争中办学

哈军工，可谓命运多舛。从 1952 年 6 月毛泽东亲自决策创建，到第一次遭遇办学中的坎坷——1955 年 5 月"肃反"运动开始，仅仅只有 3 年的时间。这三年的办学，尽管困难重重，但哈军工人是快乐的、幸福的，所有这一切都是为了一个目标——早日实现国防现代化，一定要办好哈军工！可是只有 3 年的好光景！自 1955 年 5 月开始的全国"肃反"运动，到"文革"之前，大小"政治斗争"或"政治运动"一个接着一个：1957 年 6 月开始的"反右"运动，1957 年底开始的"干部下放""上山下乡"运动，1958 年开始的"大跃进"运动以及知识分子"向党交心"运动、学生"勤工俭学"运动，1958 年 8 月开始的"反教条主义"运动，1959 年 8 月开始的"反右倾机会主义"运动，1960 年开始的"反修"运动、新"三反"运动、全国"教改"运动，1963 年开始的"四清"社会主义教育运动，1964 年开始的"教育革命"运动，等等。有的"运动"或"斗争"是全国性的，但对哈军工的影响很大；有的"运动"或"斗争"是教育领域的，对哈军工的影响同样很大；有的"运动"或"斗争"是军队系统或军队院校的，对哈军工的影响也绝不会小。

年轻的哈军工，就像一个刚刚诞生的婴儿，在这样层出不穷、复杂多变的各种"运动"或"斗争"中步履艰难地行进着。尽管她的身上伤痕累累，她的内心在不断滴血，但她依然顽强地挺立着，不屈地一步一步向前发展，在教学、科研等领域取得了一个个可歌可泣的战果。在这样一个曲折的坎坷历程中，哈军工为我们留下了许多值得今天去珍惜、回味的东西，许多值得今天去传承、弘扬的东西。其中，主要有以下几个方面。

一是在各种"运动"或"斗争"中，以陈赓为代表的哈军工领导者们，想尽了各种办法来保护教师，努力保护哈军工办学的"本"。比如，在 1955 年的"肃反"运动中，从一位曾参加过云南起义的国民党将领、哈军工教师黄德馨家中查到一张与蒋介石的合影，但时任的哈军工领导者们坚持实事求是的思想，强调"肃反是揭露暗藏的反革命分子"，"应注意党对起义人员的一贯政策"①，认为黄德馨教师起义后一直表现很好，工作比年轻教员有劲头，是教师中的模范。于是，该教师在这次运动中平安无事。同时，哈军工的干部们坚持调查研究，不偏听偏信，花费大量人力、财力还了哈军工教师后象侬清白。陈赓要求"不能一肃反，把知识分子都看成坏人"②！在运动中，对高级知识分子必须注意政策，"不允许乱批乱斗，对老教师的问题，一定要背靠背"③。陈赓强调，"历史不怕复

---

① 滕叙兖：《哈军工传》（上卷），湖南科学技术出版社 2006 年 7 月第 2 版，第 348 页。
② 同上书，第 352 页。
③ 同上书，第 355 页。

杂，只要清楚就好"①，"我们是有成分论，不唯成分论，历史问题看现在，重在现时表现"②，哈军工根据陈赓的意见，迅速端正"肃反"运动的方向，使"运动"走上了重证据、重调查研究的正确轨道。陈赓的这些指示和精神，对哈军工在"肃反"运动中更好地保护教师起到了重要作用。

再比如，在1957年的"反右"斗争中，哈军工领导者们没有能力左右这场轰轰烈烈的"斗争"。但从哈军工成为全军"反右"的落后单位、被人指责"反右"不积极，到陈赓指示"反右"运动中要慎重对待老教师的问题，乃至不同意在师生里大抓右派，可以看出哈军工领导者们都在力图对教师们进行保护。陈赓认为，哈军工的师生们都是经过严格挑选的，尤其不同意把老教授打成右派，"老教师都是从旧社会过来的，有点旧思想是难免的，有错误也是允许的"③。针对有人要把张述祖打成右派，陈赓明确指出："这是思想问题，不要一棍子把人打死，就算有错，哪能一朝一夕改好的？"④ 正是因为陈赓的保护，张述祖在这次"反右"斗争中逃过一难。哈军工尽最大努力保护了老知识分子，在这次"斗争"中，教授、副教授层面只定了一个右派分子，且留校任教，这在当时全国的著名高校中是唯一的。在1958年的"反教条主义"运动中，时任哈军工领导们十分清醒地指出，"反教条主义不能反到老教授和苏联顾问的头上"⑤，刘居英副院长特别强调反对教条主义主要是为了接受教训、改正错误、解放思想、工作跃进。

在1959年的"反右倾机会主义"运动中，哈军工按照总政治部的规定只在党内进行，学员班只开展"反右倾、鼓干劲"的正面教育。为了使老教师在"反右倾"运动中免受打击，已任国防部副部长但仍是哈军工院长的陈赓特别指示学院领导，"这次反右倾主要是党员干部的事，就别让学院里的老教师们介入了"，"把老教师和运动隔离开，免得又让他

---

① 滕叙兖：《哈军工传》（上卷），湖南科学技术出版社2006年7月第2版，第356页。

② 同上书，第357页。

③ 同上书，第466页。

④ 同上。

⑤ 同上书，第604页。

们担惊受怕"①，还建议组织老教师去集体参观学习"大跃进"取得的巨大成绩，等"运动"差不多了再让老教师们回来。时任哈军工副院长的刘居英自然心领神会，亲自带领七级以上讲师在"运动"期间到长春、吉林、小丰满等地整整参观游览了一个多月，直至"运动"风头暂过才回到学校，其间，老教师们几次请示是否可以返校时都被告知"继续参观"。可见，哈军工的领导者们在"运动"或"斗争"中对老教师们的保护可谓煞费苦心。

在 1960 年的"反修"群众运动、新"三反"运动和"教育革命"运动中，哈军工领导者们始终力图保持"运动"的低调，强调"教育革命"对事不对人，尽管整个"运动"形成了对老教师的学术批判，给哈军工带来了灾难性的后果，但是时任哈军工政委谢有法仍在有关报告上批示："要注意团结和尊重教授的工作，不要以年轻人的一切要求教授同志，他们的生活习惯和意见也应当尊重和尽力照顾，要使他们把学识才能贡献出来。"② 在当时的环境下，哈军工领导者能够有这样的认识和做法是十分难得的，在知识分子政策上力求挣脱大环境的桎梏，给哈军工的教师们留一片温暖的小天地，使哈军工的"教之本"免受摧残。在这一系列"运动"期间，又逢国家严重的三年经济困难，吃不饱、穿不暖，社会上饿死人、冻死人的现象屡见不鲜，而哈军工规定照顾的重点是幼儿园的孩子、教师和学员，照顾的顺序是教师、学员和多子女的老工人，然后才是机关干部和一般职工，而老教师则成为重点中的重点，每天保证有一两个鸡蛋，每月有两斤猪肉、一二十斤黄豆。从这些政策中可以看出，哈军工无论在什么环境下，也无论在怎样艰苦的条件下，对教师的关怀和保护是始终如一的。如果没有对这些教师的关心和保护，没有这样一支高水平的师资队伍，很难想象只有短短十几年办学经历的哈军工，如何能培养出一大批令今人竖起大拇指叫好的国防科技人才。

二是在各种"运动"或"斗争"中，哈军工办学者们大多头脑清醒，努力使办学不受冲击或少受冲击，努力保证哈军工的正常办学。比如，在"肃反"运动中，刘居英、徐立行等院领导始终坚持"两不误"，反复强

---

① 滕叙兖：《哈军工传》（上卷），湖南科学技术出版社 2006 年 7 月第 2 版，第 533 页。

② 同上书，第 638 页。

调"不能打乱教学秩序""不能停课""政治运动主要在院、部、系机关开展，学员的学习讨论放在晚上"①。在 1957 年的"干部下放""上山下乡"运动中，哈军工的办学者是清醒的，一开始就明确指出学员不搞下放，"学员的任务就是按计划完成学习任务，国家还急需你们去从事国防建设"②。并强调要抓教学、抓科研。时任政委谢有法要求要"政治挂帅，教学中心，又红又专，红透专深"，特别指出"教学是中心，一切应当为了搞好教学"，不仅"学院的各项工作应以教学为中心"，而且"教师、学员的各种活动，也应以教学为中心，比如科学研究的开展等等"③。

在 1958 年的"勤工俭学"运动中，教务处长曹鹤荪教授不顾个人安危，以贴大字报的方式指出当时的"勤工俭学"运动是"盲目的劳动，与专业学习不相干，继续下去必定影响全院的教育质量"④，这违背了哈军工办学的根本宗旨。陈赓要求"勤工俭学一定要结合专业，不要忘记我们的办学目标"⑤。主持工作的刘居英副院长多次召开会议，强调要把师生勤工俭学的热情引导到与专业相结合，开展创造性科研项目的轨道上。在全国"大炼钢铁"时，哈军工没有建一座高炉，没有停课，保证了正常教学秩序没有受到干扰，这是十分难能可贵的。

在 1964 年的"教育革命"运动、"四清"社会主义教育运动中，主要是针对毛泽东批评的"课程内容多、学生负担重、教学方法死"等问题。但是，因为有过去"运动"中多次教改的教训，担心这场来势凶猛的"教育革命"影响到哈军工的正常办学，哈军工的办学者们煞费苦心地提出了"大搞革命化、大抓少而精、提高教学质量为中心，贯彻以表扬为主的方法，把调查研究、培养典型、树立样板结合起来，思想要积极，行动要稳妥"⑥ 的教改思路，并且强调要吸取过去教改的教训，这些教训包括"革命干劲和科学分析结合得不好，有乱干蛮干的地方……斗

---

① 滕叙兖：《哈军工传》（上卷），湖南科学技术出版社 2006 年 7 月第 2 版，第 347 页。

② 同上书，第 494 页。

③ 同上书，第 512 页。

④ 同上书，第 518 页。

⑤ 同上。

⑥ 《关于传达与贯彻主席指示与国防科委第三次院校会议决议的情况报告》，哈军工史料，1964 年 4 月 15 日。

人是错误的，教改中的内部矛盾问题，大多是学术问题，应做具体分析，界限不能模糊；该保的内容保得不够，该添的内容添得不够"①。对于教改的具体方法，提出"先选择一个专业、两门基础课进行调查研究，提出教改方案，再选定几个班，对考试方法进行试点，不大哄大嗡地搞群众运动"。在全国教育战线都有如泰山压顶的"运动"面前，哈军工领导却还能保持如此冷静，仍然一心想着教学工作如何紧跟国际军事科技的高速发展，如何保证培养出合格的军事科技人才，这实在是难能可贵。时任院长刘居英针对教改中的不同意见，坚持"解决问题、团结同志"的方针，防止粗暴的批评、简单的压服，提出课程改革要"改字当头、改中有保"，防止否定一切。哈军工在面对学员中有浪费课外时间的现象时，要求教师加强对学员课外自习的指导，《工学》报还特别开辟专栏、发表社论，引导学员生动活泼地搞好学习。可见，哈军工的办学者们无论顶着多大的压力，也决不让学生虚度年华、蹉跎岁月、浪费掉宝贵的青春，想尽一切办法把学生培养成为国防科技事业的有用人才。

三是在各种"运动"或"斗争"中，哈军工人对实现国防现代化的使命，依然那么执着、那么坚定，努力在各自岗位上奋斗坚持。比如，在1957 年的"干部下放""上山下乡"运动中，哈军工的干部教师普遍要求到农村进行劳动锻炼，许多高级知识分子都希望自己能够获得改造和锻炼的机会，实现"又红又专"。马明德教授愿意把自己农业机械的技术知识用到农村去，董绍庸教授"决心在劳动中锻炼自己，根本改变自己的立场观点，使自己成为一个工人阶级的知识分子"②。这一"运动"最终给包括哈军工在内的高校带来负面作用我们无须论证，但在今天看来，当时让知识分子下乡与农民广泛接触，参与农村劳动锻炼，这对培养知识分子对劳动人民的感情，培养知识分子热爱劳动的思想，培养知识分子艰苦朴素、勤俭节约的生活观念等都起到了重要作用，为日后哈军工人无论条件多么艰苦都能始终坚持在国防工业战线做贡献具有重要影响。在这次"运动"中，有400 多名作为第一批"光荣"下放的学员离开了哈军工，

---

① 《关于传达与贯彻主席指示与国防科委第三次院校会议决议的情况报告》，哈军工史料，1964 年 4 月 15 日。

② 滕叙兖：《哈军工传》（上卷），湖南科学技术出版社 2006 年 7 月第 2 版，第 492 页。

从此走上了极其曲折坎坷的人生之路。这批被下放到农场的哈军工学员，在"响应党的号召，与工农相结合，锻炼自己，改造自己，将来献身国防科技事业"①的强烈信念支撑下，主动要求与农场工人同吃、同住、同劳动，当地干部群众普遍称赞哈军工学员能吃苦、毅力强。

再比如，在1958年的知识分子"向党交心"运动中，许多专家教授尽管刚刚从"反右"斗争的惊涛骇浪中挣扎过来，却无奈地继续被迫接受精神上的折磨和感情上的羞辱，进行所谓的"资产阶级知识分子改造"，都是为了能够在"运动"中"过关"，好继续为自己热爱的国防科技事业奋斗，为培养国防科技人才奋斗。在1958年的"勤工俭学"运动中，哈军工师生的政治热情被引导到了国防科研上，时任海军系主任黄景文争取到海军最急需的科研课题，作为哈军工学员的毕业设计题目，教师学员都深入科研第一线，一系列的科研成果在那个时期诞生，我国第一台铁淦氧电声转换器的试制成功、第一台军用电子计算机的研制、海军鱼雷快艇的改装等都是发生在那个时期。

可以说，在各种"运动"或"斗争"一年接着一年搞、一个接着一个搞的情况下，哈军工始终坚持在"运动"和"斗争"中办学。从1955年到1964年的十年间，各种"运动"和"斗争"几乎从未间断，但哈军工的办学也从未间断，不仅为国家培养了大量的国防科技人才，还产出了一大批国防科技成果。哈军工人的忠诚、执着、坚韧、毅力等优秀品质就是在那样的年代、那样的境遇下锤炼出来的，他们在各自岗位上的奋斗和坚持，并没有因为自己在"运动"或"斗争"中受到打击以及受到的各种不公正待遇而有所退缩，而这些曲折坎坷的经历反而铸就了哈军工人的顽强不屈与不懈拼搏的精神。由于在后面章节中论述的关于哈军工的人才培养和科学研究，大多都是在这一时期完成的，所以在这里就不再赘述。

2. 坚持在困境中办学

1960年的哈军工，进入了建院以来最为艰难的一个时期。这一年，苏联专家撤走，国家正值三年经济十分困难时刻，哈军工的第一次分建开

---

① 滕叙兖：《哈军工传》（上卷），湖南科学技术出版社2006年7月第2版，第501页。

始，但哈军工人没有被这一系列的困难所吓倒，而是齐心协力、自力更生，坚持在困境中办学，闯过了一道道办学中的难关，不仅实现了既定办学目标，而且在教学、科研等工作中取得了许多值得后继者称道的办学成绩。

一是没有因为苏联专家的突然撤走而使办学受到大的影响，办学秩序依然。在第二章已经记述，因苏联政府单方面决定立即召回在华工作的全部苏联专家，单方面废除了两国签订的各项经济技术合作协议，在哈军工工作的全部苏联专家在这一年的 8 月 15 日前全部撤离。这对一直在苏联专家顾问的支持和帮助下办学的哈军工而言，无疑将面临十分困难的局面。没有了苏联专家的支持，无论是在教学计划的修订和完善上，还是在青年教师的培养和培训上，也无论是在新开设专业教材的编写上，还是在一些前沿的国防科技问题的研究上，对哈军工而言没有了依靠，一切都只能依靠自己。尤其当时的哈军工，正值分建时期，要在短时间内新建、改建一所规模更大、技术水平更高的大学，更是迫切需要苏联专家的支持和帮助。可这一切都来得太突然，没有给哈军工更多的思想准备，更没有给哈军工物质和技术准备，哈军工必须依靠自己克服苏联专家撤走后的各种困难。

就在这样的困难面前，哈军工的各级领导者和全校师生没有退缩，而是坚持自力更生、奋发图强，不仅圆满完成了分建、改建任务，闯过了难关，而且使哈军工走上了更高的发展阶段。在"顾问走了自己干，鼓足干劲争取新胜利"的信念支撑下，哈军工发扬艰苦奋斗、自力更生的精神，按照新的培养目标，夜以继日地进行筹划、建设，制订新的教学计划、教学大纲，编写新的教材，决心依靠自己的力量培养出合格人才，把哈军工办得更好。这一年，按照全军院校会议精神，哈军工开展了群众性的教学改革运动，改革的重点是教学内容和课程体系，同时对教学制度、教学计划、专业设置等都进行了改革。接下来的两年时间里，哈军工又按照中央军委、教育部等的有关指示精神，多次对哈军工的教学计划进行了修订，颁发了《军事工程学院教学工作暂行条例》。修订后的《条例》是在没有苏联专家的情况下独立完成的，不仅总结了哈军工建校以来的教学工作，较好地体现了党的教育方针和科技政策，而且更加符合军事技术院校教学工作的规律。修订后的教学计划特别强调了加强学员的基本理论、基本知识、基本技能的"三基"训练和"严格、严密、严肃"的"三严"作风培养，对学生培养规格的要求既要更加全面，又要在保证重点的前提下有效减轻学员负担。虽然没有了苏联专家的帮助，哈军工的教学工作尽管困难，但基本没有受到影响，教学秩序依旧。

二是没有因为三年经济严重困难而导致办学出现较大的问题，办学工作照旧。在此前的论述中已曾提到过国家遭遇三年严重经济困难，为此，陈赓特别指示学院领导要亲自抓生产、抓生活，团结一致度荒年。就是在这样的困难面前，哈军工的各级干部始终保持与群众同甘共苦的优良传统，时任政委谢有法在党委会上强调，"在分建、新建、教学改革和政治运动不断的情况下，不能忽视生活的安排；院领导要爱护干部和广大知识分子，关心群众的身体"；"不抓生活，教学就没有保证"；"各级干部要以身作则，吃苦在先，带头过艰苦生活，做克服困难的模范。"哈军工通过自办小赵家农场、畜牧场，组织打鱼队到松花江、兴凯湖捕鱼，组织打猎队到内蒙古草原打黄羊，到密山农场投资等，上下一心开展生产自救，终于度过灾年，保证了哈军工的正常教学和科学研究工作。

尽管在这样严重的经济困难面前，加之各种"运动"不断，但哈军工的办学者们，包括院、部、系的各级领导干部都经受住了严峻考验，没有一个干部多吃多占，没有一个人多分和多拿一点东西，没有一个人损公肥私、搞特殊化，没有一个人在经济问题和物质利益面前倒下去，多子女的干部和普通市民一样，除每月半斤猪肉外什么也没有。可以说，在那样一个万众一心，共赴国难的时代，哈军工人个个节衣缩食，勒紧裤带，奉公守法，坚守岗位，这不仅为哈军工能够在"运动"或"斗争"中坚持办学、在国家经济严重困难面前坚持办学奠定了重要基础，还体现了哈军工办学者们的艰苦奋斗、清白自律精神，这一切更是今天哈军工后继者们为之感到骄傲和自豪的源泉。

三是依靠哈军工人的团结、坚韧、努力，教学工作和科研工作都取得了较大进展。曾经在"反教条主义"运动中遭遇不公正对待的哈军工教育长徐立行，忍辱负重、任劳任怨，一如既往地抓好哈军工的教学工作。这一年年初，徐立行被派往高等军事学院学习，但他仍然十分关心哈军工的办学。他给陈赓写了一封长达五页的信，认为近年来地方院校发展很快，许多方面超过了哈军工，建议学院要通过研究任务带动人才培养和科学研究，促进教学质量和实验设备建设水平的提高，指出学院存在着关起门来办学，学院领导存在"不下去""不出去"的脱离实际办学的盲目自满倾向。陈赓在看完徐立行的信后，给时任哈军工领导写了一封短信，指出当时的哈军工要抓领导班子的思想建设，加强班子民主和团结，经常开展批评与自我批评；要充分发挥老教授的积极性，培养更多更好的青年教师，不断扩大哈军工的专家队伍；要大力加强科学研究工作，把科学研究作为哈军工办学的大计，要卧薪尝胆、发奋图强、孜孜以求、搞出成就；要改善教师和学生的生活，且始终不能满足和有丝毫疏忽，要求学院领导要亲自抓；要保证教师和学生有充足的研究和自习时间。在这样一个困难时期，时任哈军工领导以陈赓的这封信为鉴，进行了深刻的自我解剖和自我批评，增进了哈军工领导的团结，为哈军工在这样一个艰难时刻战胜一个又一个困难，确保教学科研工作取得大的发展起到了关键性作用。

在这困难的一年里，哈军工按照"教改"运动的要求，在"少而精、短而少"的原则指导下，对课程、教材、大纲、计划等进行了认真细致的审查，坚持边改边审、边审边教。最后经过审查批准的方案，要求以毛泽东思想为指针，有正确的思想性，符合培养目标，理论联系实际，以教学为主，科学研究为辅，与生产劳动相结合，使学生劳逸结合，保证和提高教学质量。这些要求本是正确的，但在当时"左"的思潮影响下，把学术问题与世界观、政治立场等问题混淆，伤害了中老年教师的积极性，课程改革没有达到提高教学质量的目的。在此之后，哈军工领导在中央"调整、巩固、充实、提高"方针的指引下，深入教研室、毕业班，对如何组织学生毕业设计进行了专题调查，组织召开了专题座谈会、老教师座谈会和学生座谈会，举办了大规模的教学代表会议，解决人才培养当中的具体问题。这些调查和会议对提高教师业务水平、提高学生学习质量，培养又红又专的国防科技人才起到了重要作用。

在这困难的一年里，哈军工不仅克服了苏联专家撤走、国家严重经济困难，还面临着学院分建后师资队伍严重缺乏的困难局面，但通过"拔青苗"边教边学的方式使得那些从学员中拔出来的年轻教员"在战斗中成长"起来。同时，哈军工还大力开展科学研究，仅这一年完成的重点项目就有超音速风洞、跨音速风洞、57毫米海军双管自动炮、非触发沉底水雷、水冷电机、自动测距仪、Ⅴ－8 发动机、超轻型坦克、导弹自动跟踪超高频超低频讯号产生器、三峡防空问题的研究等①。从 1960 年起的三年时间里，完成重点科研任务 400 多项，其中相当一部分用于教学，产生了一批具有理论独创性的高质量学术论文，对提高教师队伍学术水平和教学质量起到了重要作用。通过开展科学研究，哈军工的整个教学质量得到明显提高，这主要体现在："学员技术知识和设计水平有提高，不但懂理论而且能实际设计、制造，提高了独立工作能力；从研究实践中，教员编写出了不少教材和技术资料；技术革命推动了教学方法改革，将学员的毕业设计改为任务设计，将过去单纯验证理论的实验改为设计和实验；由于重视实验、试制，带动了科学实验设备的建设；教学工作发生了深刻变化，改变了过去重理论轻实际的现象，促进了理论与实践的结合，教学、科学研究和劳动生产相结合。"②

3. 坚持在逆境中办学

1966 年的哈军工，成为发展历史上厄运的开始。这一年，哈军工改制，与西北军电、南京炮工两所军校一起，莫名其妙地脱下了军装，退出了军队序列。无论这一决策是因何原因做出，也无论这一决策是由何人做出，如今已不重要，但这一决策从此彻底改变了哈军工的命运，使哈军工从此走上了一条不归路。还是这一年，一场长达十年、给党和人民造成严重灾难的"文化大革命"爆发了，还没从改制的艰难中完全走出来的哈军工遭到了前所未有的严重破坏。尽管如此，哈军工仍然以顽强的毅力挺立着，在第二次分建到来的 4 年时间里，无论是教学还是科研都为国家做出了应有的贡献。

一是哈军工虽然退出了军队序列，但学院的教学、科研工作仍然正常进行，干部、教师、学生、职工的思想基本稳定，没有因为改制而受到更多干扰和影响，各项工作都按计划顺利推进，体制改变后的各种关系逐步

---

① 《哈尔滨工程大学 50 年通鉴（1953—2002）》，哈尔滨工程大学出版社（内部发行）2003 年 8 月第 1 版，第 89 页。

② 《国防科技大学校史》，国防科技大学出版社（内部发行）1993 年 8 月第 1 版，第 108 页。

理顺。时任院长刘居英要求全体哈军工人要正确处理革命利益和个人利益的关系，服从革命需要，听从组织安排。"改体制不减斗志，脱军装不丢传统""穿军装是为了革命，脱军装也是为了革命""党叫转业就转业，党叫干啥就干啥"……这些口号都是当时的报告中呈现出来的。这就是哈军工人的作风和精神，不管思想上通不通，不管心里多难受，但是以国家需要为第一需要的使命感从来没有丢，无论什么时候都始终坚持服从国家需要、服从组织安排。在当时的困难条件下，以时任院长刘居英为代表的哈军工领导者们，凡事都事必躬亲，苦苦支撑着哈军工的危局，面对着一个又一个坎坷和挑战，毫不畏惧，也绝不退缩，成为哈军工在逆境中得以发展的重要核心力量。

二是哈军工虽然遭到了"文化大革命"的严重破坏，但学院的教学工作仍在尽力地支撑着，从1966年到第二次分建的1970年，共为国家输送了近6000名毕业生。这些哈军工毕业生，后来许多都成为我国国防科技战线的优秀人才，有的还成长为共和国的将军、政要等。"文化大革命"的到来，以时任院长刘居英为代表的哈军工各级领导干部普遍受到批判和斗争，广大党员被迫停止组织生活，大多数职工先后被卷进斗争的旋涡，造成革命队伍的严重分裂，不少人遭受到不同程度的迫害。遭到批斗的哈军工干部占56%，被斗争的正、副教授达87%，被省市公安机关拘捕46人，非正常死亡34人，其中，"著名空气动力学和风洞工程技术专家马明德教授、毫微秒脉冲技术专家吴守一教授、最年轻的副教授之一曹昌佑等被迫害致死，罗时钧、曹鹤荪、谭自烈、赵伊君等优秀科研骨干身陷冤狱，遭到刑讯逼供，慈云桂、柳克俊等正在主持国防科研任务的技术人才也被关进'牛棚'，接受审查和批斗"①。但就是在这样的情况下，哈军工依然坚守着，为国家培养了大量人才。

三是哈军工在最为艰难的"文化大革命"高潮时期，仍能不断延续和发展，为国家出色地完成了一批重点科研项目。就是在这样极端苦难的逆境中，按照国防科委"导弹、原子弹、核潜艇等研制任务不能停，部队的武器、装备研制任务也不能停，要尽快拿出科研成果，为国家安全、

---

① 《国防科学技术大学科学研究史（1953—2013）》，国防科技大学出版社2013年8月第1版，第39页。

部队和国防现代化建设做出贡献"① 的要求，哈军工的广大科研人员以拳拳赤子之心、殷殷报国之志，一心扑在国防科学研究上，许多教师在接受群众组织的审查、批斗后就摘掉大高帽走进实验室，努力减少"文化大革命"对科研工作的冲击和破坏，自觉完成生产建设和国防尖端技术迫切需要解决的科研课题。在那样一个时期，许多工厂、研究院所停工停产，给科研工作带来很大困难，哈军工的教师们就自己购买设备、器材，自己当工人、联系试验场所，各个研制组及时派人参加有关科研任务的协调会、方案论证会、生产加工会、任务总结汇报会，参加陆军、空军、海军的有关科研试验。哈军工人就在那样的环境下，大家心往一处想，劲往一处使，千方百计完成党和国家交给的科研任务，科学研究在那个打倒一切、怀疑一切的时局下取得了许多重大成果。从1966年到1970年哈军工第二次分建，哈军工承担各种国防战备科研任务130多项，完成100余项，科研经费700多万元，主要成果有："901鱼雷艇指挥仪、核动力潜艇水声通讯识别机、歼-6飞机平尾根部的应力分析计算、海军潜艇远航性能改进研究、单水翼快艇的阻力计算方法、441-B晶体管通用电子计算机、海军62护艇防摇自动装置、轰-5飞机火力综合电子数字计算机、海军544导弹制导雷达抗干扰设备、543地空导弹制导雷达抗干扰设备、09工程核潜艇火药紧急吹除压载水舱研究、030潜艇鱼雷攻击指挥仪、反坦克40复合火箭弹、核武器爆炸光辐射最小照度时间测试、核武器爆炸冲击波压力自记仪、441C数字模型等"②。哈军工人在这一过程中所表现出来的忘我精神、奉献精神是值得今天的后继者们学习的，以慈云桂教授刚被解除"隔离审查"后，抛弃个人恩怨得失，毅然接受国家718工程研制任务说的一段话最能表达哈军工人的那种气度、那种胸怀、那种精神，"受迫害、挨批斗，是个人小事，把关系国威军威的重要科研项目搞上去，为国防和社会主义建设做出贡献才是大事"③。

---

① 《国防科技大学校史》，国防科技大学出版社（内部发行）1993年8月第1版，第160页。

② 同上书，第161页。

③ 同上书，第160页。

二　哈军工第一次分建

　　哈军工的第一次分建是自觉的，也是主动的。这一次分建，既是为了满足各常规军兵种不断增加的维护使用工程师的培养要求，更是为了哈军工能够集中精力培养研究设计制造工程师和国防尖端技术领域的高级人才。这一次分建，既体现了哈军工为国防科技事业更快发展的前瞻思维，也体现了哈军工这颗种子为国防现代化开花结果的博大胸襟。这一次分建，为中国高等军事技术教育体系的形成起到了奠基性作用，在中国高等军事技术教育发展史上具有划时代意义，这是哈军工真正的"大"结局。

1. 构建高等军事技术教育体系

　　哈军工建设之初，全军集中力量建设一所综合性的军事工程学院，是当时我国经济实力和技术实力都不够的情况下，各军兵种没有条件分别建立高等技术院校所采取的举措，所以在哈军工筹建方案中即明确了各系应尽量包括未来各军兵种教学组织的基本雏形，在条件基本具备时单独成立学院。

　　在陈赓给中央军委的分建报告中指出，由于我军技术装备和科学研究工作的迅速发展，工程技术干部的需要量日益增大，哈军工的发展已不能满足各军兵种的需要，只有"把维护使用工程师的培养任务移交各军兵种"，"适当扩大招生名额"，才能"迅速满足各军兵种维护使用方面的大量需要"。陈赓提出，将哈军工的炮兵工程系、装甲兵工程系、工程兵工程系和防化兵专业移交有关兵种，并入指挥学院，其余各系仍留在哈军工。按照这一思想进行调整建设后，中国高等军事技术教育的格局变为：培养研究、设计、制造工程师的学院一所，即哈军工；为导弹技术培养维护使用工程师的学校三所；为空军、海军培养飞机、舰艇维护使用工程师的学校二所；为炮兵、装甲兵、工程兵培养维护使用工程师的学校三所；为防化兵培养维护使用工程师的学校一所。

　　哈军工的这一次分建，对军队的现代化建设具有十分重大的意义，自然得到了中央军委和各军兵种的赞同。当初，哈军工人在冰天雪地的北国哈尔滨筹建全军第一所军事工程技术院校是为了国防现代化的使命使然，今天，哈军工人将自己辛辛苦苦建立起来的几大工程系，一下子都分给各军兵种独立建院，这也是国防现代化的使命使然。时任哈军工副院长刘居英在回答各军兵种领导"心痛不心痛"时说，"哈军工的成立是依靠全军、全国的支持，现在哈军工已有了相当的规模，我们有条件回报全军，帮助各军兵种建立各自的高等技术院校，理所当然，义不容辞啊。炮兵、装甲兵、工程兵三个工程系分出后，全套教学设备统统移交给新建的兵种工程学院使用，教材我们也全部供给"①。

在分建过程中，哈军工明确了几条原则：人员设备属于哪个系，就由哪个系全部带走；人才培养不能受影响，学员和专业课教师全部跟着分出的系和专业；基础课教师支持最急需的，以后再为分出单位培训等。要求各系领导以大局为重、搞好团结，尽量考虑各军兵种院校的困难，在师资、设备等方面尽量满足需要。从这些细节可以看出，哈军工的第一次分建，就"像一个充满生命活力的母体，把她的能量分给即将离开她的新的子体"②。不仅处处体现出哈军工的高姿态、高风格，更是体现了哈军工以祖国需要为第一需要、国防需求为第一使命的大气度、大胸襟和崇高精神。这次分建，是哈军工"大"结局的开始。

按照分建方案，哈军工炮兵工程系及系属军械研究所迁往武昌，与武昌高级军械学校合并，建立炮兵工程学院。由于种种原因，炮兵工程学院在经历了"西安基建、武昌落脚、沈阳上课"三地办学的两年多艰难过渡期后，东迁南京孝陵卫，才逐渐进入平稳发展期，现为南京理工大学。

按照分建方案，哈军工装甲兵工程系迁往西安，成立装甲兵工程学院。虽然学习、生活和工作的条件极为艰苦，但哈军工人依然乐观、以苦为荣、坚守岗位，为了保证教学工作不中断，由于房子不够用学员分布在多个地方，教师每天骑着自行车在黄沙飞扬的土路上奔波数公里给学员上课，始终坚持"艰苦奋斗、团结建院、边建边训"的方针办学。后迁往北京，现为解放军装甲兵工程学院。

按照分建方案，哈军工工兵工程系迁往西安，与长沙迁去的工程兵学校合并，建立工程兵工程学院。由于教学大楼尚未动工、学员宿舍尚未封

---

① 滕叙兖：《哈军工传》（上卷），湖南科学技术出版社 2006 年 7 月第 2 版，第 612—613 页。
② 同上书，第 614 页。

顶，学员睡课桌、教员睡牛棚马棚，没有教室、桌椅就在树林里上课，但始终坚持"艰苦奋斗、自力更生、团结一致、勤俭办院"的方针办学。后迁往南京，现为解放军理工大学工程兵工程学院。

按照分建方案，1960 年 6 月，在炮兵工程系迁出后留下的防化兵专业的基础上，哈军工防化工程系正式成立，设化学战剂、化学兵器、化学防护、剂量探测、原子防护 5 个专科。1961 年 8 月，按照中央军委的要求，防化工程系迁往长春，成立防化兵学院。后迁往北京，现为解放军防化指挥工程学院。

在上述四个系分建的同时，哈军工还帮助空军、海军、炮兵各筹建了一所培养维护和使用技术人才的工程学院。1962 年初，海军工程系的海军炮、舰炮指挥仪、鱼雷、水雷、舰船消磁 5 个专业和空军工程系的机场建筑、气象 2 个专业分别调整到海军和空军。这次分建，哈军工先后"共分出 27 个专业、541 名教师、282 名实验室人员及全部教材设备"①。这次分建，"哈军工只剩下 23 个专业，教师由原来的 1300 名左右减少到700 名"②。这次分建，使我军培养技术干部的体制形成三级：中级技术学校培养一般技术干部，分建后成立的军兵种工程学院培养维护、使用工程师，哈军工专门培养研究、设计、制造工程师。至此，中国高等军事技术教育的完整体系基本形成。

2．坚持尖端集中的分建理念

作为哈军工的领头人，陈赓时刻关注着国外军事科技发展的动态，一直在冷静思考哈军工办学的发展方向、培养目标等重大问题。面对日益复杂的国际形势，面对日新月异的科技发展，面对西方现代化的军事步伐，如何集中精力办好尖端专业，如何实现培养目标从维护使用工程师向研究设计制造工程师的转变，这是哈军工在历经六七年的发展后必须解决的根本问题，这不仅关系到哈军工未来的发展方向，更关系到哈军工能否肩负起实现国防现代化的历史使命。

---

① 《哈尔滨工程大学 50 年通鉴（1953—2002）》，哈尔滨工程大学出版社（内部发行）2003 年 8 月第 1 版，第 97 页。

② 滕叙兖：《哈军工传》（上卷），湖南科学技术出版社 2006 年 7 月第 2 版，第 685 页。

在陈赓给中央军委的分建报告中指出，"今后无论尖端或常规，所需工程技术干部数量都会增长很快，全军只办一所综合性学院无论如何不能满足需要，势在必分"①。从国防现代化的长远目标出发，哈军工在尖端技术人才方面的培养任务必须不断扩大。如果继续按照现有办学方向发展，既要培养各军兵种需要的维护使用工程师，又要培养研究设计制造工程师，就一定会削弱哈军工在尖端技术领域的发展。只有把维护使用工程师的培养任务分出去独立办学，哈军工才有能力去发展尖端技术，专心培养研究设计制造工程师。由此，陈赓提出了"尖端集中，常规分散"的分建理念。这一分建理念，无论是对于构建全军高等军事技术教育体系，还是对于发展尖端国防科学技术，实现国防现代化，都具有重要的战略意义。分建后，"可以把提高和普及结合起来，既能迅速满足维护使用方面的大量需要，又可以培养一批基础理论较为雄厚的较高级的研究设计人员，作为今后继续发展尖端技术的骨干"②。这就是当时陈赓对于哈军工分建的战略思考和战略设计。

按照"尖端集中，常规分散"的分建理念，哈军工将保留空军工程系、海军工程系和刚刚成立半年多的导弹工程系，新建原子工程系和电子工程系。关于尖端集中的问题，陈赓早就有打算。在1955年冬天钱学森回国后第一次访问哈军工时，陈赓便已定下设置导弹专业进而建系的决心，"我回国搞导弹，第一个跟我说这事的是陈赓大将"③。于是，1956年夏末，哈军工就开始招收导弹专业的学生，该专业暂时置于炮兵工程系。1957年夏末，哈军工就向中央军委提交了《关于军事工程学院导弹专业组织计划的报告》并很快获得中央军委批复，同意建立导弹专业。1958年3月，哈军工在空军工程系设第7科，即导弹原子科，作为正式成立导弹系和原子系的过渡。1958年秋，哈军工正式从全国招收第一批导弹和原子弹专业学生。1959年1月23日，著名科学家钱学森第二次专程来到哈军工，为导弹工程系成立后同五院的合作问题交换意见，并为空军工程系7科的教员和学员做《火箭技术的发展》专题学术报告。他说，

① 滕叙兖：《哈军工传》（上卷），湖南科学技术出版社2006年7月第2版，第611页。
② 同上。
③ 钱学森：《"中国"两个字最重要》，《神剑》2001年第6期。

五院是一翼,哈军工的 7 科也是一翼,"有这两翼,中国的导弹一定会很快飞起来的"①。1959 年 2 月 15 日,中央军委批准哈军工正式成立导弹工程系,下设弹体发动机、自动控制、无线电遥控遥测、飞行力学和射击原理、特种武器 5 个专科。

按照"尖端集中,常规分建"的分建理念,1961 年秋,在刚成立不久的导弹工程系原子科的基础上,合并海军工程系的核动力专业,成立了原子工程系;集中空军工程系、海军工程系、炮兵工程系中的雷达、无线电专业,成立了电子工程系,包括雷达、导航、无线电、电子计算机等专科。在哈军工的分建过程中,钱学森曾建议再设一个技术数学或工程数学系,下设计算数学专业和运筹学专业,计算数学专业主要为国防科学技术培养使用电子计算机的程序设计人员和战术计算机械化人员,运筹学专业主要为国防科学技术培养武器使用理论、战术计算理论、后勤物资调度理论人员。这一建议得到了陈赓的认同,并要求哈军工着手建设,1966 年,哈军工成立了电子计算机系。此时的哈军工,真正成为我军尖端科学技术人才培养的摇篮。但是,这样大规模的调整分建,对哈军工而言是"伤筋动骨"的,尤其是在各种"运动""斗争"依然严峻的形势下。哈军工号召"老系帮新系""老系带新系",时任哈军工副院长刘居英指出,"这是学院的非常时期,是决定性时刻,成败在此一举"。要求全体师生员工务必自力更生、发奋图强,以艰苦创业的精神和开天辟地的干劲,千方百计完成哈军工的新建任务。

按照"尖端集中,常规分撤"的分建理念,哈军工新扩大 64 个专业,需要教师 1600 名,学院缺额 900 多名。师资严重缺乏成为哈军工新建扩建后的最大困难,请求国家调拨 559 名大学毕业生作为师资培养,但只批准了 140 名,实到 120 名。为了解决新建扩建中的这一极端困难,哈军工经中央军委批准,从第三、第四、第五、第六期学员中选拔了 432 名优秀的"青苗",分到各系的专业教研室和教务部所属各基础课教研室培训,边学边教。对于新建的尖端专业,教材极度缺乏成为摆在哈军工人面前的又一大困难。由于没有技术资料,有的教师在图书馆蹲点半年,从大量国外期刊中"淘金",点点滴滴收集公开资料,集腋成裘,才编写出原

---

① 滕叙兖:《哈军工传》(上卷),湖南科学技术出版社 2006 年 7 月第 2 版,第 590 页。

子工程的专业教材；有的教师从研究苏联卖给我们的地对空导弹无线电控制系统说明书和线路图开始，最终编写出无线电控制系统的专业教材。无论怎样艰难，哈军工没有退缩，按照新的为国防现代化培养研究、设计、制造工程师这一目标和定位，在新的历史起点上开始了新的伟大征程。

三　哈军工第二次分建

哈军工的第二次分建是被动的，也是迫不得已的。这一次分建，是在中国与苏联发生黑龙江珍宝岛军事冲突使得两国关系彻底决裂的背景下进行的，也是在"文化大革命"如火如荼之时林彪下令全军进入紧急战备状态的背景下推进的。这一次分建，使哈军工成为了历史，所以在对这一历史进行描述解析的过程中，不同的人从不同视角会使用不同的术语，包括分建、解体、肢解、变迁，等等。这一次分建，虽有壮士断腕的凄凉，但哈军工已出色地完成了自己的历史使命，由她所孕育的高等军事技术教育的种子从此在祖国各地开花结果，这就是哈军工真正的"大"结局。

1. 坚持服务国防现代化的追求

哈军工在第一次分建后，很快面临几次大的变化。一是领导体制发生改变，脱了军装，这对哈军工人而言是怎么也想不通的，但哈军工依然不改为国防现代化服务的本色；二是"文化大革命"到来，一大批哈军工干部、教师、学员受到迫害，这对哈军工人的伤害是永远也无法抹去的，但哈军工人依然在艰辛的道路上践行着为国防现代化做贡献的诺言；三是第二次被迫分建，是在当初的创建决策者们都不知情的情况下做出的，这对哈军工人而言是一个永远也说不清的谜，但哈军工人却始终没有放弃服务国防现代化的追求。

在林彪下令全军进入紧急战备状态后不久，当时的"军委办事组"就做出哈军工分建并从哈尔滨搬走的决定。1969 年 12 月 4 日，国防科委副主任罗舜初向时任哈军工革委会负责人郑锡伍传达分建搬迁指示："根据毛主席的思想，东北是前线，哈尔滨是重工业区，交通枢纽，是第一线。为了防止敌人的突然袭击，军委决定学院要内迁，到三线去办学"①，"根据军委办事组的决定，学院要分开，有的归机部，有的归总参，有的归科委，原子、导弹归科委。不要思想不通，这是国家需要"②。12月20日，国防科委再次传达中央军委批示："根据尖端集中、常规分散和实行三结合的原则，一批院校要分建。"③ 最后经国防科委和军委各总部、军兵种协商，决定哈军工主体，包括教务部、政治部、院务部、基础课部、院办公室等院直领导机关，电子工程系、导弹工程系、电子计算机系、外国留学生系4个系，综合实验工厂及基层单位内迁长沙，归七机部领导；空军工程系迁往西安，并入西北工业大学，归三机部领导；原子工程系迁往重庆，同哈尔滨工业大学的原子专业合并，组建重庆工业大学，归二机部领导；舰船工程系内迁独立办一所船舶工程学院，内迁地点未定，归六机部领导；空气动力风洞实验室，改名"风动研究所"，留哈归三机部领导。

　　根据当时哈军工给黑龙江省革委会的报告，虽然哈军工的办学体制发生了根本性的调整，大多划归国务院有关部委领导，而且搬迁和建设的任务十分繁重，但国家对哈军工为国防服务的要求和哈军工为国防服务的追求却没有改变，"迁到内地要进行建设，科研任务也不能停，要边迁边建，边迁边搞科研生产"④。空军工程系最先搬往西安，共发出"三列火车，120多节车皮"；主体"内迁长沙共发出10列火车，550节车皮⑤。在半年多的搬迁过程中，哈军工人虽然极不情愿，但服从"国家需要"的思想，使得哈军工人又不得不搬。无论怎样，哈军工人在搬迁中所表现出来的吃大苦、耐大劳、顾大局、识大体的精神，是值得今天哈军工的后继者们学习的。"他们夜以继日地精心包装，精心运输，时时处处爱护国家的财产，表现出哈军工人高度的组织纪律性和责任感。"⑥ 这就是哈军

---

① 王春晖：《走进哈军工纪念馆，走近哈军工》，哈尔滨工程大学出版社2013年7月第1版，第226页。

② 滕叙兖：《哈军工传》（下卷），湖南科学技术出版社2006年7月第2版，第1055页。

③ 《国防科技大学校史》，国防科技大学出版社（内部发行）1993年8月第1版，第162页。

④ 滕叙兖：《哈军工传》（下卷），湖南科学技术出版社2006年7月第2版，第1061页。

⑤ 同上书，第1062页。

⑥ 同上。

工，无论到什么时候，哈军工的精神都在！

在这样一个大搬迁、大调整的过程中，哈军工人始终不忘自己的使命。尽管条件十分艰苦，哈军工人仍然坚持奋斗在国防科研第一线。南迁到长沙的哈军工人克服实验场地缺乏、气候不适应等困难，克服"文化大革命"的不利影响，大多数教师和干部都想着如何发挥自己的特长为国家多做工作，改变"文化大革命"造成的科技落后状态，加速南迁后实验室和科研基地的建设。"许多教研室在野草丛生的荒地上架竹棚、盖'干打垒'简易实验室，在困境中艰苦创业，一边进行基本建设，一边开展科学研究。"① 1970 年南迁后在长沙奋战的哈军工人，不仅在艰苦条件下自制了许多科研设备，还承接和完成了 441B–III 型计算机、激光陀螺、718 工程中心计算机、七四式火箭布雷车、多目标数字控制抗干扰接收系统、计算机图形显示器、导弹射击诸元专用计算机、导弹称重测重心设备、透射率反射率测量仪、导弹再入机动飞行、导弹地面雷达静态测试设备、远距离核爆电磁脉冲探测等重大国防科研成果 138 项，科研经费达 8600 多万元。内迁地点未定留守哈尔滨的舰船工程系的哈军工人不等不靠，坚持自力更生，仅 1970 年分建时仍继续进行研制的国防科研项目就有高速非金属艇消摇鳍、09 火药吹除压载水舱、09 平台罗经、自然水洞、718–27 水声测量分系统、707 航空用吊放式声呐、潜艇用电动反水面自导鱼雷、自动上浮水雷等，后来不仅主动承担了海军深潜救生艇这一赶超世界前沿科技水平的国防科研任务，还承担了喷气鱼雷的改进、707 空对舰导弹、707 情报中心计算机、707 惯性导航设备等科研任务。可见，无论在什么情况下，无论哈军工怎样变迁、怎样分建，哈军工人服务国防现代化的追求始终没有改变，这就是哈军工的"大"结局。

2. 坚持服务军队发展的理想

1966 年，哈军工改制脱下军装，但哈军工人没有忘记自己服务国防现代化的使命，一直期待着什么时候再穿上军装名正言顺服务军队发展。1970 年，哈军工第二次分建，无论迁往哪里的哈军工人，依然没有忘记

---

① 《国防科学技术大学科学研究史（1953—2013）》，国防科技大学出版社 2013 年 8 月第 1 版，第 48 页。

自己肩负的历史使命和崇高责任，仍然期待着何时能够再穿军装堂堂正正地服务军队发展。这样的情节，是哈军工人所独有的。服务军队发展，始终是哈军工人共同的理想。

南迁长沙的哈军工主体，更名为长沙工学院。此时所面临的困境是令人难以想象的，但哈军工人没有被困难所吓倒，干部教师空前团结，下定决心在湘江之畔把哈军工的事业继续推向前进。曾任哈军工副教育长、1966 年后任副院长的张文峰，被任命为长沙工学院的临时党委副书记，实际主持长沙工学院的建设工作。1971 年"九一三"事件后，张文峰成为长沙工学院的真正一把手，全力为学院的生存四处奔波，不仅要钱要物，更重要的是希望重返军队，重振哈军工当年的雄风。要求恢复哈军工的激情，就这样无止境地在哈军工人中传递着。为此，长沙工学院曾向中共湖南省委、湖南省军区、七机部呈送报告，要求恢复"军事工程学院"的名称[1]；紧接着又向党中央呈送新的报告，恳切请求毛主席、党中央、中央军委，根据全军技术院校的现状和部队建设的需要，恢复中国人民解放军军事工程学院[2]。然而，这些报告都石沉大海。"文化大革命"被迫害出狱的刘居英以及谢有法、徐立行、李懋之等许多哈军工的老领导，无不尽己所能多方奔走呼吁，希望恢复哈军工。后来，张文峰等领导又直接向毛主席、党中央、中央军委呈送言辞恳切的报告要求恢复哈军工[3]。依然没有任何消息，但张文峰等哈军工人没有气馁，又再次向毛主席和中央军委呈送报告[4]。一年内从春到秋连续四份报告要求恢复哈军工，由此可见，哈军工人对党和人民的忠诚之心，对服务军队发展的赤诚之心。由于"文化大革命"的影响，这些报告有没有送到毛主席那里，我们不得而知，事实是哈军工人的这个愿望没有实现。

1975 年，邓小平曾在一次关于教育工作的会议上提出："哈军工要恢复，在长沙不行，可搬到北京东郊的管庄，这所学校可以叫国防科技大

---

① 《请示恢复伟大领袖毛主席授予的"军事工程学院"名称》，长沙工学院，1972 年 2 月 5 日。

② 《关于军事工程学院的变迁及其现状的报告》，长沙工学院，1972 年 3 月 22 日。

③ 《关于请求恢复军事工程学院的报告》，长沙工学院，1972 年 11 月 13 日。

④ 《关于请求调查并处理原哈尔滨工程学院的问题的报告》，长沙工学院，1972 年 11 月 28 日。

学，要穿军装，要招高中毕业生。"① 这一消息给南迁的哈军工人带来的喜悦是不言而喻的，可很快由于邓小平再次被打倒，恢复哈军工的愿望也再次化为泡影。这一年，原搬迁到重庆的哈军工原子工程系回归长沙工学院。"文化大革命"结束后，1977 年初，长沙工学院再一次向主持中央军委工作的叶剑英呈送报告，请求恢复哈军工或成立国防科技大学。1977年 7 月 23 日，再次复出的邓小平会见了张文峰等人，同意在长沙工学院的基础上组建国防科技大学，回归军队序列。9 月 1 日，邓小平在《关于组建中国人民解放军国防科技大学的意见》的报告上正式签字"同意"。1978 年 6 月 6 日，国务院、中央军委发文，"决定将长沙工学院改建为中国人民解放军国防科学技术大学，列入解放军序列，归国防科委建制领导"。文件明确，"国防科大的任务是为国防尖端技术培养高质量、高水平的研究、设计、生产、试验、使用的人才；同时担负战略武器试验、使用部队各级技术指挥干部的轮训，和在职技术干部的进修任务，其专业根据需要设置"②。接下来，中央军委又任命原哈军工政治部主任张衍将军为国防科技大学第一任校长。至此，南迁的哈军工人服务军队发展的理想终于得以实现，再次"名正言顺"地肩负起为发展国防尖端科学技术事业做贡献的历史使命，再次"名正言顺"地站上了促进国防尖端科学技术发展和军队现代化建设的历史舞台。

原定内迁武汉或南京独立办一所船舶工程学院的哈军工人，最终留在了哈军工原址，成为唯一守着"祖庙"的哈军工人。第二次分建开始后，无论是西迁的还是南迁的都已搬走，不管多么艰难总还有个地方，唯独舰船工程系（即哈军工海军工程系）内迁地点未定，这拨哈军工人的心里早已是七上八下，前面的路在哪里？转眼到了秋天，1966 年哈军工改制后任学院党委副书记的卓明才临危受命，与时任舰船工程系主任冯捷等人一起组成五人小组并任副组长，按照六机部的要求全面筹办船舶工程学院，到了年底国务院和中央军委才下达文件，明确由哈军工海军工程系和西北工业大学的水中兵器系合并组建武汉船舶工程学院。后来，西工大的

---

① 滕叙兖：《哈军工传》（下卷），湖南科学技术出版社 2006 年 7 月第 2 版，第 1070 页。
② 《国务院、中央军委关于成立中国人民解放军国防科学技术大学的通知》（国发［1978］110 号文件），1978 年 6 月 6 日。

水中兵器系并没有迁来。此时摆在哈军工人面前的困难是可想而知的，基础薄弱、班子不定、校址不定、体制不定、编制不定，继而影响到人心不定，如何在千里之外的武汉办一所没有地盘的大学？哈军工人没有被困难吓倒，而是知难而进，提出"想海军之所想，急海军之所急""不搞等、靠、要，要搞抢、闯、干"①，主动依靠"两老"，与老教授们商量如何办学。1971 年 9 月初，海军和六机部调原海军第三研究院院长林毅来学院主持筹建工作，提出"立足原地办学，着眼当年招生"，并要求做到"四定"，即定人头、定任务、定计划、定教材，做好招生准备工作。按照六机部要求，船舶工程学院"应重点培养海军武备、核动力潜艇，兼顾培养船、机、电、水声等方面又红又专的工人阶级技术人员"②。在林毅的带领下，留守哈尔滨的哈军工人先是解决了校舍问题，国务院、中央军委"同意从原哈军工校舍中拨 19 万平方米给船舶工程学院"③，这是办学的第一步；然后重点解决了师资问题，通过落实知识分子政策重用老教师，将南迁长沙时因"政治审查"不合格"不要"和"不愿"去的教师招贤"上船"，将哈军工时期被"降级分配"散落于黑龙江各地的大学生召回，对因"文化大革命"冲击所学不够的青年教师进行"回炉"培训等举措，"教职工队伍从 400 余人迅速增至 1200 余人"④，这是办学的关键；同时，抓住国内部分高校开始恢复招生的契机，实现了当年招生，首届工农兵学员于 1972 年 7 月 1 日开学，实现了真正意义上的办学；1975 年 8 月，六机部正式下文同意校名为"哈尔滨船舶工程学院，领导体制实行黑龙江省和六机部双重领导"⑤。

哈军工人重返军队的愿望是一致的，留在哈尔滨就地办学的哈军工人，有着很深的海军情结。尽管学院的领导体制从归属六机部起，此后无论怎样变迁，并没有实现回归军队的愿望，但学院于海军始终有一种解不开、拆不散的内在联系，学院为归属海军曾做出了长久的努力。1970 年，

---

① 滕叙兖：《哈军工传》（下卷），湖南科学技术出版社 2006 年 7 月第 2 版，第 1077 页。

② 《哈尔滨工程大学 50 年通鉴（1953—2002）》，哈尔滨工程大学出版社（内部发行）2003 年 8 月第 1 版，第 195 页。

③ 同上书，第 205 页。

④ 同上书，第 193 页。

⑤ 同上书，第 230 页。

哈军工第二次分建时，海军工程系就曾向海军党委提出创办海军技术学院，并考虑了两个具体办学方案，这是学院为归属海军提交的第一份报告①。1972年8月，学院向海军及中央军委建议将船舶工程学院划归海军领导②；1973年2月，根据中央正在考虑重建军事工程学院的有关情况，学院又向叶剑英副主席及中央军委提出《关于重建军事工程学院的建议》③；1977年11月，学院向海军呈送了关于恢复海军对船舶工程学院领导体制的请示报告④；1978年1月，学院出国留学人员顾懋祥教授回国后进行汇报时，再次向时任国务院副总理王震提出学院归属海军。王震指出："你们的专业不要变了，服务方向为海军服务，不能拆散。体制问题可以研究，是否（搞成）海军和科委双重领导。"⑤ 1978年12月，海军党委向叶剑英、邓小平、王震报告，请示将学院划归海军管理⑥。但此事经国务院国防工办再三研究，并报中央军委审定，决定学院的隶属关系不变。至此，学院结束了长达八年的海军梦，没有南迁的哈军工人那么幸运，可以"名正言顺"地站在服务军队发展的历史舞台上。尽管学院后来更名为"哈尔滨工程大学"，但一直都把服务海军作为自己的主业，几十年来为海军的现代化发展做出了不可替代的历史性贡献，始终把服务海军的发展建设作为自己应有的神圣使命，这就是哈军工人坚持服务军队发展的理想。

　　哈军工尽管历尽坎坷，走过曲折荆棘，在经过两次大的调整和分建后，这颗新中国高等军事技术教育的种子如今已在祖国各地全面开花结果。哈军工的传人们在各自的栖息之地秉承哈军工精神，历经磨难而不衰，饱尝艰辛而不屈，千锤百炼而愈强，哈军工之火生生不息，哈军工之魂念念不忘，哈军工之子誉满神州。无论是仍在军队序列的国防科学技术大学、解放军装甲兵工程学院、解放军理工大学工程兵工程学院、解放军

---

　　① 《哈尔滨工程大学50年通鉴（1953—2002）》，哈尔滨工程大学出版社（内部发行）2003年8月第1版，第170页。

　　② 同上书，第204页。

　　③ 同上书，第217页。

　　④ 同上书，第257页。

　　⑤ 同上书，第260页。

　　⑥ 同上书，第278页。

防化指挥工程学院，还是归属国家部委的国防工业院校哈尔滨工程大学、南京理工大学、西北工业大学航空学院，乃至今天的中国航空工业空气动力研究院，这颗种子都已深深地埋在每一个哈军工传人的心里。历史的哈军工，今天已成为新中国国防科技事业高层次人才的发源地。这，就是哈军工的"大"结局。

可以说，哈军工的"结局"虽不是我们想要的，但也是令人欣慰的。今天再来回味这段传奇的历史，如果哈军工没有经受那么多政治运动、没有经历那么多办学困难、没有经历"文化大革命"的各种磨难，或许哈军工取得的办学成就会更加辉煌；如果哈军工没有第一次的分建、没有退出军队序列、没有第二次分建，或许哈军工也能发展成为中国的"西点"军校，其结局或许更"大"。但是，也正因为哈军工经历了诸多磨难，才形成了哈军工"历经磨难而不衰、饱尝艰辛而不屈、千锤百炼而愈强"的文化意志和文化精神。也正是哈军工的两次分建与退出军队序列，才使得哈军工的种子撒播各地开花结果，才使得哈军工的故事得以一代代地传颂，哈军工的文化得以更广泛地传承，哈军工的精神得以更全面地弘扬。

第四章　哈军工人才培养中的文化

哈军工的人才培养，有着她所处的那个时代的烙印。因为哈军工人才培养的理念、模式和要求与众不同，造就了学风优良的哈军工；因为哈军工人才培养的定位、宗旨和规格与众不同，形成了又红又专的哈军工。因为哈军工英才辈出，使哈军工成为一段永唱不衰的神话、一部永生不朽的传奇、一个永不落幕的故事。

一　学风优良的哈军工

哈军工的人才培养，是值得今人称道和感叹的，是值得今人思考和研究的，也是值得今人学习和效仿的。哈军工的人才培养，坚持以培养目标为导向构建培养模式，坚持既教书又教人的培养理念，坚持严谨严格严密的"三严"作风要求。哈军工的人才培养过程，是一个目标明确、理念科学、思路清晰的办学实践过程。

1. 坚持目标导向的培养模式

哈军工人才培养模式的形成是一个渐进的过程，这一模式是由哈军工人才培养目标所导向的，而哈军工明确的人才培养目标也是逐步形成的。最早对哈军工人才培养目标进行明确表述的是在 1952 年 3 月 18 日聂荣臻、粟裕呈送给毛泽东、朱德、周恩来、林彪的《关于成立军事工程学院的报告》中："从建设国防工业、培养自己的技术人才上着手，求得逐渐能够自己修理与装配，以至于将来培养起军事工业设计工程人才。"①
这里对哈军工人才培养目标的考虑是分两步，第一步是培养修理与装配的
技术人才，即培养能够使用和维修现代化武器装备的工程师；第二步是培
养军事工业的设计工程人才，即培养设计、制造现代化武器装备的工程
师。1952 年 6 月 23 日，毛泽东在授命陈赓创建哈军工时，把哈军工人才
培养目标描述为"掌握军事技术的干部"和"技术军官"②。1952 年 6 月
初，周恩来在给苏联部长会议副主席兼国防部长布尔加宁《关于军事工
程学院聘请苏联顾问》的信函中把哈军工人才培养目标描述为"培养我
国人民解放军各特种部队的军事工程的高级工程人员"③。苏联领导人斯
大林把哈军工人才培养目标直接定义为"军事工程师"④。而 1952 年 9 月
1 日陈赓在哈军工筹委会第一次会议上讲话时把哈军工人才培养目标进一
步阐释为"为各军兵种培养军事技术和装备的工程师"⑤，掌握新式武器
装备的复杂技术，会管理、维护和修理，最终会设计和制造。后来，在周
恩来主持政务院及各军兵种负责人会议研究哈军工筹建事宜等多种场合，
以及哈军工最初的筹建方案中，均把哈军工人才培养目标简述为"军事
工程师"。时任苏联驻中央军委顾问团总顾问科托夫上将 1952 年 10 月在
听取哈军工筹委会副主任李懋之汇报筹建工作后表示，首先要明确哈军工
"是军事性质的，是培养军事工程师的"，要求哈军工学员要"成为一个
体魄健壮的士兵，一个热爱祖国的技术军官"，"必须能忍受一切艰难困
苦，不怕流血牺牲，有铁的军事纪律观念，一丝不苟的工作作风和主动承
担责任的精神"⑥。这应该是在哈军工筹建过程中对人才培养目标比较系
统的一次阐释。陈赓及其哈军工筹委会对科托夫上将关于哈军工人才培养
目标的这一阐释非常重视，要求按照科托夫的意见研究制订教学计划、教
学组织、教学管理以及队列训练、行政管理、物质保证等办学制度，这充
分说明哈军工在筹建过程中人才培养模式的形成过程是受培养目标所明确

① 滕叙兖：《哈军工传》（上卷），湖南科学技术出版社 2006 年 7 月第 2 版，第 28 页。
② 同上书，第 37 页。
③ 同上书，第 46 页。
④ 同上书，第 47 页。
⑤ 同上书，第 69 页。
⑥ 同上书，第 119 页。

导向的。

1952 年 12 月初，哈军工筹委会结束在北京的筹备工作移师哈尔滨。陈赓在哈军工组织召开了有 80 多位教师参加的第一次教学座谈会，他对哈军工人才培养目标又有了更深的理解，"把学员培养成为具有高度军事素养的、有严格纪律性和高度技术的干部"，"不但要培养有高超技术的专门人才，还要培养师资人才和技术领导者"①。哈军工的招生工作就是在这一培养目标的导向下进行的，中央军委在向全军下达哈军工招生工作的指示中再次强调"培养各军兵种高级军事工程师和技术人员"②，要求招生要进行文化考试、政治审查和体格审查，并明确进哈军工的学员必须政治思想、学习成绩、军事素质、身体状况都得合格。1953 年初制定出台的哈军工早期最重要的纲领性文件《关于执行教育任务中几个主要问题的决定》，进一步明确了"培养各军兵种高级技术人员"这一目标的基本要求，首先是"对党高度忠诚""有高度的组织性、纪律性""工作积极、英勇顽强"，然后才是"精通技术"③。同时，这一决定还涉及哈军工的中心任务、学习苏联、知识分子工作、干部工作、党的建设、工作作风等 7 各方面的工作。从对这些具体工作的原则性规定中，可以看到一条清晰的思路，不仅把人才培养目标作为首要问题来论述，而且这些具体工作都是以哈军工人才培养目标为明确导向的。1953 年 8 月，哈军工制定的《第一期教学计划说明》进一步将人才培养目标明确为："培养政治上坚定，无限忠于党和人民，忠于祖国，具有高度爱国主义与国际主义精神的军事工程师；精通并善于使用本兵种技术兵器，能够独立完成工程任务，并具有高度组织性、纪律性、较高文化程度和一定军事素养的军事工程师；忠诚老实、勇敢顽强，富于主动性、警惕性，不怕困难并善于克服困难的军事工程师；能够教育与培养部属，体格坚强，能忍受军事勤务中一切艰难困苦的军事工程师。"④ 这是哈军工对人才培养目标第一次最完整、

---

① 滕叙兖：《哈军工传》（上卷），湖南科学技术出版社 2006 年 7 月第 2 版，第 135 页。

② 同上书，第 152 页。

③ 《军事工程学院党委关于执行教育任务中几个主要问题的决定》，哈军工史料，1953 年。

④ 《国防科技大学校史》，国防科技大学出版社（内部发行）1993 年 8 月第 1 版，第 25—26 页。

最系统的表述，这一教学计划一年后经毛泽东亲自审阅后由中央军委印发。可见，哈军工人才培养目标对哈军工人才培养各项工作必然具有很强的统领性和导向性。

为了确保人才培养目标的实现，尽管此后无论是主动还是被动，哈军工对教学计划进行过多次修改和调整，但这一目标的总要求并没有发生改变。这一目标的总要求被贯穿于哈军工制定的《教学组织工作条例》《教学方法指导委员会工作条例》《科学研究工作条例》等办学制度性文件中，贯穿于哈军工从招生、教学计划、教学组织、教学方法、教学实施、教学实习、毕业设计等教学实践活动的全过程中。在哈军工办学实践过程中出台的《加强军人教养》《在讲课中贯彻政治思想性》《组织学员自学及培养学员独立工作能力》《组织与进行教学实习》《考试及测验实施办法》等文件，也都十分清楚地表明是为了实现哈军工的人才培养目标，由此，哈军工逐步形成了由"又红又专的军事工程师"这一人才培养目标导向的人才培养模式。

2. 坚持教书教人的培养理念

哈军工的人才培养在清晰明确的目标导向下，逐渐形成了"教书教人"的人才培养理念，这一理念从建院初期一直贯穿哈军工办学全过程，成为哈军工办学理念体系的重要组成部分。"教书教人"的人才培养理念，就是要求教师既要管教又要管学，向学员传授知识的同时要帮助学员把知识真正学到手；就是要求教师既教书又教人，不仅向学员传授科学技术知识，还要培养学员的思想政治素质和革命品质；就是要求教师既要言教更要身教，不仅要在课堂上向学员传授马克思主义的立场、观点和方法，还要在日常的工作和生活中、实践中成为学员的表率，"身教言教一起抓，身教重于言教"[1]；就是要求全体干部教师不仅要坚持以教学为中心，还要全方位为学员的成长成才服务。

1952 年 12 月，哈军工筹委会结束工作移师哈尔滨后，陈赓在哈军工第一次办公会议上就特别要求全体干部教师，要"为教学服务，为教好

---

[1]　滕叙兖：《哈军工传》（上卷），湖南科学技术出版社 2006 年 7 月第 2 版，第 202 页。

学员服务"①。1953 年初，中央军委批准哈军工成立临时党委。陈赓在第一次临时党委会上再次强调"树立以教学为中心的思想"，"加强对教学工作的保证，应成为各部门的中心任务"②。1953 年 3 月，陈赓在哈军工干部大会上号召全体教师要以自己良好的教风去影响学员的学风。1953 年 4 月，陈赓在学员补习教育检查总结会议上指出，哈军工"所有的工作部门，都要为学员服务。要向全院的一切人，包括家属、保姆，灌输关心学员的思想"③。陈赓还有一个更形象的比喻，"学员是吃菜的，教员是炒菜的，而干部是端盘子的"④。其中心思想就是哈军工的干部教师都要以教学为中心，全心全意为学生的成长成才服务。多年来，哈军工的广大教师忠诚于党的教育事业，满腔热忱地投入教学工作之中，体现出对国防科技教育工作高度负责的精神和全心全意为学员服务的精神。广大教师全面关心学员的成长，主动细致地做学生思想政治工作，既教书又育人，寓德育于智育之中，用优良的教学作风和严谨的治学态度，潜移默化地影响学生、感染学生、教育学生。广大教师平易近人、和蔼可亲，使学生感受到了良好师德师风的巨大力量，哈军工所建立起来的那种水乳交融的良好师生关系，至今仍为健在的哈军工人以及哈军工的后继者们津津乐道。多年后，曾经的哈军工学员仍十分感慨自己不仅从老师那里学到了科学知识，学到了为人民服务的本领，还得到了做什么人和如何做人的思想启迪。广大教师渊博的学识、优良的教风以及热爱学生、关心学生、对学生高度负责的精神，深刻地影响着哈军工学员的人生成长轨迹。

1953 年 9 月，哈军工公布的《教学过程组织基本条例》中规定，"所有的教学人员都是学员的教养者，他们应该以对党、对人民的无限忠诚及高度的爱国主义精神教育学员"⑤。哈军工海道测量教授会主任、著名的留英学者刘恩兰教授，不仅认认真真备课，认认真真修改上课讲义，课余时间大多都与学生在一起促膝谈心、交流思想，对学生的日常生活问寒问暖，对学生像母亲一样爱护有加，同学生一起上舰实习，指导学生完成了

---

① 滕叙兖：《哈军工传》（上卷），湖南科学技术出版社 2006 年 7 月第 2 版，第 133 页。
② 同上书，第 162 页。
③ 同上书，第 168 页。
④ 同上书，第 282 页。
⑤ 《军事工程学院教学过程组织基本条例》，1953 年 9 月 5 日。

我国第一幅万分之一比例尺的水深测量报告图。刘恩兰以自己的一言一行影响和感染着学生，她不仅是哈军工言传身教、教书育人的楷模，可以说也是今天所有大学教师们"教书育人"的楷模，值得哈军工后继者们骄傲和学习。哈军工数学教授会主任、著名数学家卢庆骏教授要求担任教学工作的教师必须系统了解学员，和学员交朋友；数学教授会孙本旺教授提出教师要对教学工作有强烈的责任感，要发挥教师的创造性和教师集体的智慧才能教好学生；数学教授会罗时钧教授与助教一起深入学员班，耐心细致地启发、指导学员提出的问题，经常找学员班长商讨改进学习的方法和帮助学习困难同学的"脱困"办法。教师们处处为学员着想，不仅是学生的教师，也是学生的兄长和朋友，还是学生的思想政治课教师。哈军工的教师们严格按照《教学过程组织条例》中的"教养者"要求自己，既要"教"好学生，也要"养"好学生，努力成为教书育人的典范。

1955 年 1 月底，哈军工召开了第二次教学方法研究会议。会议明确"教学人员不仅要传授学员科学技术知识，而且要把学员培养成为具有高贵品质和有教养的军事工程师；不仅在课堂上讲授马列主义或以马列主义的立场、观点、方法阐述科学发展的辩证过程，揭露、批判资产阶级反科学的反动本质，而且要在思想、工作、生活方面对学员起到表率作用"①。这一会议要求迅速得到哈军工教师的响应，教师们在教学工作中经常深入学员班，有计划、有目的地到学员班了解、检查学员的学习情况，帮助学员学好科学文化知识，帮助解决学员的思想问题和生活问题，努力做到"管教又管学"。不管是政治课教师，还是自然科学技术课教师，都不只是"教书匠"，单纯地传授学生知识，而且逐渐在教书过程中和日常生活中，教给学生辩证唯物主义的立场、观点和方法，培养学员的共产主义道德品质。无论是哈军工对教师"教书教人"的要求，还是哈军工教师"教书教人"的实践，在今天看来都具有极其重要的现实意义。事实上，2014 年中共中央办公厅、国务院办公厅印发的《关于进一步加强和改进新形势下高校宣传思想工作的意见》，其实质就是要解决广大教师既教书又育人的问题。如果我们今天的广大教师每一个人都能够像哈军工教师一

① 《国防科技大学校史》，国防科技大学出版社（内部发行）1993 年 8 月第 1 版，第 60 页。

样做到既教书又育人，我们今天所培养的大学生就一定都能够成为中国特色社会主义的合格建设者和可靠接班人。

1964 年春，哈军工再次涌现出了张金槐式的"教书育人"典范。作为一名基础课教师，在哈军工导弹工程系成立时服从组织安排被调任导弹飞行原理、设计原理与飞行试验等课程的专业课教师。为了做一名优秀的专业课教师教好学生，张金槐下决心学好工程技术专业，通过挤时间跟着高年级学生听课、自学、向专业教师请教，先后学习了无线电电子学、自动控制、计算机、飞行原理、设计原理等 7 门专业课，使自己的专业基础不断拓宽、不断扎实。张金槐时刻注意身教与言教相结合，一方面教育学生树立全心全意为人民服务的人生观，另一方面努力使自己成为全心全意为学生服务的榜样。在为学生授课期间，到学员班蹲点，与学生同吃、同住、同活动，利用点滴课余时间了解每一个学生的情况，再针对学生班的实际情况备课、讲课。通过批改作业、与课代表联系等，了解学生的思想情况，对学生进行分类指导，组织有潜力的学生开展课外自学活动增长知识、开阔眼界，给中上等学生出思考题引导他们深入钻研，指导学习吃力的学生改进学习方法、进行细心的个别辅导。张金槐被学员们评价为"既善于教书，又善于教人；既重于言教，又重于身教；既当好教员，又乐于当学生"①。张金槐的教学经验在哈军工普遍开花结果，教师的主导作用得以充分发挥，教师们在教学过程中，"普遍注意在政治上培养学员具有无产阶级革命者的品质，在业务上培养学员具有科学工作者的品格"②。数学教师刘建统从培养每个学生良好的学风入手做好学员的思想工作，每次上课都会早去 20 分钟，了解学员的学习情况和学习中存在的问题，课间休息或者路上碰到学员都会有意识地询问学员学习上的困难，处处关心学员，急学员之所急，学生都愿意把自己学习和思想上的问题与他交流。他坚持多年通过在学生作业上写批语来做学生的思想工作深受学生欢迎，针对学生学习上不细心、不耐烦的情况，他在批语中写道，"同志，你将来是军事工程技术干部，这样粗心大意怎么行？这种粗枝大叶的作风不克服，将来会给党、给人民的事业带来多大损失呀！弄不好会有多

① 滕叙兖：《哈军工传》（下卷），湖南科学技术出版社 2006 年 7 月第 2 版，第 817 页。
② 同上书，第 819 页。

少人头落地的!"像刘老师这样，及时抓住学生的学习问题和思想情绪开展思想政治教育，在哈军工已经成为老师们的一种习惯。"教书教人"既是哈军工坚持多年的人才培养理念，也是哈军工留给后继者们的宝贵财富，是值得哈军工后继者们大力传扬的优秀文化传统。

3. 坚持三严作风的培养要求

哈军工的人才培养始终坚持高标准、严要求，"严"成为哈军工人才培养的一大特色，逐渐形成了"严谨、严格、严密"的"三严"作风。正是因为有这样的"三严"作风要求，哈军工培养的人才素质是过硬的，是经得住历史检验的。

哈军工人才培养的"三严"首先体现在学校领导的战略认识与教学计划层面。哈军工创建伊始，陈赓就认识到要把一个普通学员培养成一个合格的军事工程师绝非一日之功，而是要通过长期的教育训练，形成有哈军工特色的优良校风，并把这种校风一代一代传下去，让学生带到工作岗位上去，打上哈军工学生的烙印。首席顾问奥列霍夫认为，要把一个青年学生培养成一个合乎标准的军事工程师，"不严格要求，不养成集体主义思想和一丝不苟、步调一致的优良作风是不行的，必须在日常生活中养成严谨认真的作风"①。领导层的这些战略认识被贯穿到哈军工各个时期的教学计划中。哈军工的教学计划曾按照教育部的要求明确提出"三严"作风的培养。哈军工的教学时数最高时达到 5300 学时，几经调整后最低时也达到 3400 学时；周学时平均普遍超过 40 学时，最高曾达到 60 多学时。无论是在平稳发展时期还是"政治运动"频繁时期，哈军工的教学计划都是一个十分严密的正规计划，各门课程的设置既符合培养目标的需要又比较科学，课程内容衔接紧密，时间计算精准，无论讲课、讨论、练习课、作业，还是实验、实习、课程设计、测验、考试，一直到毕业设计各个教学环节，既符合认识论的学习规律又环环相扣、合理结合。也无论是教学计划相对稳定时期还是教学计划不断调整时期，哈军工教学计划的实施都是十分严格的，教学大纲、教学日历和课程表都必须严格执行。计划的周密与执行的不可随意性，都体现了哈军工人才培养的严谨、严格、

---

① 滕叙兖：《哈军工传》（上卷），湖南科学技术出版社 2006 年 7 月第 2 版，第 205 页。

严密性特征。

哈军工人才培养的"三严"还体现在规章制度的制定与规章制度的执行层面。哈军工有关人才培养的制度十分细致，从指导教学工作的根本性文件《教学工作暂行条例》《教学过程组织基本条例》，到《保证学员学习时间的规定》《实验、作业和课堂纪律》等具体规定，覆盖了人才培养的方方面面，从学生入学到学生毕业，整个系统构成了一个完整的闭环。这一系列制度的及时制定与严格执行，对哈军工的人才培养工作起到了重要的保证作用。如《教学工作暂行条例》对教学工作的组织与领导、教学方式、学生自学与教师辅导、生产劳动、科学研究、学习成绩考核、学籍管理、教学保证等各方面都做了详尽的规定和要求；《教学检查制度》规定在院、系两级教务部门均设专职教学检查人员，经常深入教学第一线进行全面或专题检查，及时反映教学中存在的问题并提出改进办法；《教学过程组织基本条例》规定主管教学工作的院长、系主任、教研室主任及其他有关领导必须定期听课，听完后还要进行讨论研究进一步明确什么应该讲、什么可以不讲、什么应该重点讲、什么应该先讲、什么应该后讲等，这项制度在今天依然深刻地影响着哈军工的传承者，许多学校领导坚持经常深入课堂听教师讲课，听取学生对教学工作的意见；《学籍管理规定》对每一个学期、每一学年几门课程不及格可以补考、几门课程不及格必须退学、几门课程补考不及格必须降级等规定得十分明确，还明确规定"思想反动、道德败坏或有严重违法乱纪行为而又屡教不改的学员应开除学籍"①。为了保证毕业学生的质量，哈军工对学籍管理制度的执行十分严格，每学期都有相当数量的学生因考试成绩不合格、身体有病或政治思想方面的原因被降级或退学。第一期学员从预科升入本科时淘汰近 20%，第一、第二期学员从入学到毕业淘汰率分别为 16.6% 和 17.5%，从 1953 年到 1960 年，包括预科、入伍教育与本科阶段学习共减员 1880 名，1962 年和 1963 年因"泻大肚子"② 退学 628 名、降级 877

---

① 《国防科技大学校史》，国防科技大学出版社（内部发行）1993 年 8 月第 1 版，第 40 页。

② 笔者注：在"大跃进"时期，中国的高等教育争办万人大学，哈军工于 1959—1961 年扩大招生，学生人数急剧膨胀，超过培养能力。后根据上级指示和哈军工实际，按照学籍管理制度对考试成绩差的学生分别作退学和降级处理。

名。这些数据充分反映出哈军工对人才培养的"严"要求，这种"严"要求不仅反映在淘汰率高上，还反映了"严在平时"。"严在平时"体现了哈军工对学生的爱护和高度负责精神，是哈军工"治学从严"要求的核心，只有"严在平时"才能把大多数学生培养成合格的军事工程师。

哈军工人才培养的"三严"还体现在对青年教师的培养和教师试讲制度层面。哈军工对青年教师的培养主要采取由中国专家向苏联顾问学习，再由中国专家带青年教师，许多青年教师在老教师的带领帮助下迅速成长并走向讲台，在比较短的时间内把苏联军事技术院校的专业技术和教学经验学到手。哈军工在第一次党代会上提出，每一个有教授学衔或博士学位的老教师和经委派的讲师，要完成带 4—5 个青年教师的任务，帮助青年教师提高业务水平，培养青年教师独立工作能力，带出好的教学作风，使青年教师能够达到独立开课的水平，以获得良好的教学效果。许多老教师热情关心青年教师的成长，把自己的科学知识和而多年积累起来的教学经验毫无保留地传授给青年教师，严格要求、热情帮助、具体指导，传经验、授知识、带作风，给青年教师排难解惑，帮助改进教学方法。哈军工还要求每个青年教师都要制订进修计划，并认真落实，"各个教研室结合青年教师政治思想、教学能力、学术水平、实际知识、基本技能、外语水平等，给每个教师定课程、定任务、定方向并制定出 3—5 年培养提高规划和实现规划的具体措施"[①]。广大青年教师虚心向老教师学习科学知识、治学作风、教学经验，一批青年教师迅速成长，逐步成长为深受学生欢迎的教学骨干。哈军工还派出青年教师到国内外有关单位进修、参加研究生班学习、到苏联高等军事工程技术院校攻读博士学位等，大多数教师的业务水平通过边工作边学习得到了提高。哈军工还号召广大教师积极参加科学研究，在科研中提高水平，许多教师"通过科学研究和任务设计，讲课中既有理论又有实际内容，生动充实，普遍受到学员欢迎"[②]。为了保证授课质量，哈军工建立了严格的试讲制度。无论是老教师开新课，还是新教师首次开课，都必须先在教研室进行试讲，试讲没有通过的老师不得上讲台，一直到通过为止。即使像孙本旺、沈正功这样从名牌大

---

① 《国防科技大学校史》，国防科技大学出版社（内部发行）1993 年 8 月第 1 版，第 89 页。
② 同上书，第 90 页。

学来的名教授屈尊讲中学的平面几何、投影几何课，同样要先通过试讲。对于青年教师，上讲台前必须过教学的"三关"，"第一'关'是用较短的时间熟悉教学内容，找到课程的重点，并写出教学日历；第二'关'是完整地写出教案和试做全部作业；第三'关'是通过试讲"①。在这三个环节中，只要有一个环节不符合要求都必须重来。对于试讲，不但要求教学内容的完整性、系统性、逻辑性和趣味性，而且要求口齿清晰、语言准确、板书清楚、版面布局合理。听课的老教师从讲课思路、教学内容组织、时间分配、是否重点突出，到讲课态度、讲课姿态、语病、错别字等都会一一指出，帮助青年教师练好基本功，培养青年教师严谨、严密、严格的"三严"作风。哈军工就是这样通过对教师的培养带动人才培养质量的提高，通过教师"三严"作风的养成促进对人才培养的"严"要求。

哈军工人才培养的"三严"还体现在对学生的培养训练和干部子弟的教育层面。哈军工对学生培养训练的"严"要求体现在方方面面。陈赓曾指出，哈军工要成为锻造军人作风、锤炼军人品德、培养千万个过硬的军事工程师的熔炉，学员在五年的整个学习过程中要始终接受正规化的教育和训练，"在每一个生活细节的具体行动中符合条令要求，在日常生活与工作的言谈举止中都能表现出一个正规军人的形象"，"令行禁止是军人的灵魂，是军人高度组织性纪律性的表现，是完成一切任务的基础"②。哈军工从一开始就十分重视学生正规军人生活的养成教育，苏联顾问团要求学生军装一穿就必须做到"立如松、坐如钟、行如风"；陈赓要求学生的早操和每天下午一个小时的体育活动都必须在作息时间里固定下来、坚持下去。哈军工对教学规定十分严格，无论学生还是教师，上课迟到、早退都要受到纪律处分；上实验课前"必须按实验讲义认真准备、弄懂实验原理和操作方法，否则不准参加实验；实验中违反操作规程或实验结果有严重错误必须重做"③。在严格的规章制度面前，哈军工学员普遍学习刻苦、认真努力。哈军工一期学员，入学时只有初中二年级文化程

①　《国防科技大学校史》，国防科技大学出版社（内部发行）1993年8月第1版，第36页。
②　滕叙兖：《哈军工传》（上卷），湖南科学技术出版社2006年7月第2版，第203页。
③　《国防科技大学校史》，国防科技大学出版社（内部发行）1993年8月第1版，第36页。

度的谭国玉不怕困难，以"人在阵地在"的顽强精神攻克了一个又一个文化堡垒，从最初的预科考试 5 门功课按 5 分制计算一共得了 7 分，面临上课听不懂、下课看不懂、作业不会做、处处是难点的严峻局面，到第三学年下学期时各科成绩已全部都是 5 分，毕业时还获得了在军旗前照相的荣誉。谭国玉不仅成了哈军工学员学习的先进典型，也是哈军工后继者们多年来一直学习的榜样。哈军工学员视学习为战斗，把学院当阵地，百折不挠、忘我拼搏，不仅谭国玉如此，哈军工的所有学员都如此。谭国玉后来成长为我军的高级将领、工程兵指挥学院院长，为我国工程兵现代化建设做出了突出贡献。

　　在哈军工学员中，有一支特殊的队伍就是干部子弟，先后有 300 余名国家高级干部、名人、烈士的子女在此求学。哈军工对干部子弟的教育同样坚持"严"要求。1959 年 12 月，周恩来第一次到哈军工视察时就提醒时任哈军工副院长刘居英要防止干部子弟的特殊化，要求哈军工对干部子弟与工农子弟要一视同仁，在干部培养上要走"工农路线"，要注意干部子弟普遍存在的优越感和脱离群众的毛病。1962 年 6 月，周恩来第二次到哈军工视察专门与烈士子弟和中央领导同志子弟座谈，了解干部子弟在哈军工的表现情况，并特别叮嘱干部子弟要珍惜学习机会，"严格要求自己，遵守纪律，千万不可以脱离群众，搞特殊。你们正处于精力最旺盛的青年时代，要好好学习，多增长才干，这样才能成为对国家有用的人才"[1]。陈赓曾明确要求，教育干部子弟一是一视同仁，不要让他们养成优越感；二是有所不同，要经常找他们谈话沟通，对的接受，不对的要进行解释和批评教育。哈军工在干部子弟的教育上，一是坚持正面教育为主，教育干部子弟珍惜家庭和革命前辈的荣誉，把自己培养成有真才实学的人，注意在群众中锻炼提高，做革命的好后代，优秀的接班人；二是坚持学校教育与家庭教育相结合，定期向干部子弟家长介绍子女的思想学习情况，请家长协助学校对子女进行教育和鼓励；三是要求基层干部要正确认识干部子弟的优缺点，经常了解干部子弟的学习和思想情况，既要严格要求、大胆管理，又要耐心说服、注意方法，并一视同仁，原则问题不能迁就；四是教育群众正确认识干部子弟的缺点，既不能对干部子弟有过高

---

① 　滕叙兖：《哈军工传》（下卷），湖南科学技术出版社 2006 年 7 月第 2 版，第 728 页。

要求，也不要把干部子弟的缺点与家庭联系起来看，对干部子弟是党员的就按党员要求，是团员的就按团员要求，是一般学员的就按一般学员要求。通过对众多干部子弟学员严格、耐心、细致的教育培养，使他们中的许多人后来都成长为国家和军队的栋梁之材。

严格治校是哈军工创建伊始就一直坚持的优良传统，体现在领导干部身上首先是以身作则、严于律己，体现在教师身上则是一丝不苟、精益求精，体现在治学上可以说是"三严"作风深入人心。人才培养上的"三严"，称得上有严密的教学计划、严谨的教学组织、严肃的教学态度、严格的教学管理、严整的教学秩序、严明的教学纪律。无论是干部、教师还是学生，在这样一个时时、处处、事事都"严"要求的环境里，潜移默化地逐渐养成了"严"要求的习惯和意识，"三严"作风慢慢地融进了哈军工人的血脉里，成为一种优秀传统，成为哈军工文化的重要基因。

二 又红又专的哈军工

哈军工的人才培养，与其他高校不同，有其独特性和特殊性。哈军工人才培养的独特性体现在培养定位上，就是坚持红专结合，二者不可偏废；哈军工人才培养的特殊性体现在培养宗旨上，就是坚持服务国家使命、服务国防使命、服务军队使命是一刻也不可忘记的。哈军工的人才培养，强调德、智、军、体全面发展。

1. 坚持红专结合的培养定位

哈军工在人才培养的定位上，一直坚持红专结合、又红又专。第一次提出这一培养定位是在 1953 年 2 月，哈军工第一次党委会讨论并通过的《关于执行教育任务中几个主要问题的决定》中明确，"政治上好，技术上好，'又红又专'才是合格人才"[1]。1953 年 4 月，陈赓在听取哈军工首期学员补习检查汇报时再次强调指出，"我们的一切工作，都是为了让

---

① 王春晖：《走进哈军工纪念馆，走近哈军工》，哈尔滨工程大学出版社 2013 年 7 月第 1 版，第 25 页。

学员学好，把他们造就成又红又专的第一流工程师"①。这一培养定位对哈军工的人才培养起到了重要的方向指引作用。1958 年 3 月，哈军工第一期学员毕业，经过 5 年的培养，学员的政治思想取得明显进步，党员人数从入学时的 7.3% 增加到 54.9%，在当时的中国高校中，这一比例是相当之高，即使是在今天，这一比例也是很高的。哈军工时任副院长刘居英在毕业典礼上讲话指出，"毕业学员在专业知识水平、军事素养和政治觉悟各方面都基本上达到了预定的培养目标，完成了国家给予的学习任务"。希望毕业学员在各自工作岗位上"进一步加强锻炼，使自己成为又红又专、更红更专的革命干部"②。可以说，在这一时期，哈军工严格按照教学计划执行人才培养工作，坚决贯彻"以教学为中心"的办学思想，红专结合的培养定位得以落实，又红又专的军事工程师这一培养目标得以实现。

　　1958 年初，"社会主义教育"运动开始，"突出政治"成为这一时期的主旋律，红专结合的培养定位受到影响。在哈军工一期学员即将毕业的紧张日子里，开展了史无前例的"红专大辩论"。学校领导奉命将学员分为三类，一类是又红又专，只有极少数学员属于这一类；二类是重专轻红；三类是只专不红；大多数学员都属于二、三类，认为绝大多数学员的世界观还是资产阶级的、是只专不红，今后在工作岗位上要努力改造世界观，争取"红透专深"。《工学》报头版整版篇幅套红彩版刊出了国防部长彭德怀签署批准学员毕业的命令和毕业学员名单，名单旁是套红口号"决心做一个又红又专的技术兵，为加速建设现代化的革命军队而斗争！"③ 前来参加毕业典礼的国防部副部长李达在讲话中殷切希望毕业学员"又红又专"，保持并发扬军队艰苦奋斗的光荣传统。陈赓院长在病中写给毕业学员的信中再次强调，"我们的目标是'又红又专''红透专深'，今后仍应继续鞭策自己，加强思想改造，明确树立人民服务的人生

① 滕叙兖：《哈军工传》（上卷），湖南科学技术出版社 2006 年 7 月第 2 版，第 162 页。

② 《国防科技大学校史》，国防科技大学出版社（内部发行）1993 年 8 月第 1 版，第 58 页。

③ 王春晖：《走进哈军工纪念馆，走近哈军工》，哈尔滨工程大学出版社 2013 年 7 月第 1 版，第 118 页。

观，不断提高业务水平，真正成为一个又红又专的技术军官"①。

1959年5月，根据党的"教育为无产阶级政治服务，教育与生产劳动相结合"的教育方针，哈军工对教学计划进行了修订。修订后的人才培养定位调整为"培养具有共产主义觉悟的、有一定军事素养的、有高度科学技术水平的又红又专、全面发展的研究设计和维护修理的军事工程技术干部"②。这一人才培养定位的变化主要体现在三个方面：一是对又红又专做了明确的限定，既要求学员具有共产主义觉悟，又要求学员具有一定军事素养，还要求学员具有高度的科学技术水平；二是把研究设计作为业务方面的主要培养目标，而不仅仅是原来的维护修理；三是把原来的培养军事工程师改为了培养军事工程技术干部，这说明更加强调培养人才的政治素质了。1961年，哈军工第一次分建后，人才培养定位只是将维护修理去掉了。1961年11月，哈军工连续召开党的教学工作会议和教学代表会议，时任院长刘居英做报告，对1958年以来教学工作的成绩与失误进行了全面评估，指出"在处理红与专的关系上，对自然科学工作者从红的方面要求偏高偏急，而对专的方面要求却忽视放松，有些同志把红与专分割和对立起来，不适当地批评别人走'白专道路'，结果挫伤了教师、学员钻研学术的积极性"。"把红闹得高不可攀，搞专又怕说'白'，结果是既不能红又不敢专。""政治毕竟不能代替技术，自然科学家要取得成就，除了有正确的政治方向和科学的研究方法外，还必须在具体的业务上苦心钻研，勤奋劳动，只有这样，才能出成果，出人才。"③ 这个报告对"大跃进"以来产生的对红专结合的一些错误认识给予澄清，对如何正确理解红与专的关系、如何正确处理红与专的关系、如何培养红专结合的研究设计军事工程干部具有划时代的重要意义。

1962年底，总参谋长罗瑞卿主持中央军委办公会议专门听取哈军工的工作汇报。在听完时任院长刘居英的汇报后，罗瑞卿对哈军工的人才培养工作做出明确指示，"总之，我们提倡'又红又专'。红是政治挂帅，

---

① 王春晖：《走进哈军工纪念馆，走近哈军工》，哈尔滨工程大学出版社2013年7月第1版，第117页。

② 《国防科技大学校史》，国防科技大学出版社（内部发行）1993年8月第1版，第27页。

③ 滕叙兖：《哈军工传》（下卷），湖南科学技术出版社2006年7月第2版，第697页。

真正的红，就专得好。红和专不是对立的，如果做片面了解，又偏到另一边去，也不对"①。罗瑞卿特别强调哈军工要有读书的风气，红与专不能分裂开，"'五好'首先是学习好，不能搞成空头政治家"，要培养合乎规格的学生，学员年轻的时候要学好专业，"不是要脱离政治，而是要培养有用的人才"②。对于哈军工人才培养定位的问题，中央军委十分重视，元帅、将领们大多做出过相关指示，也包括在对自己子女的教育上，非常重视"红专结合"的问题。如罗荣桓元帅希望长子罗东进在哈军工接受严格的军事教育和正规的军事科学技术教育，将来为国防建设做贡献，做有益于人民的事，要求罗东进"学习专业与学习政治相结合，政治是确定方向，没有方向的航行，是会误入迷途的"③。针对哈军工在红专大辩论中出现的不正确苗头和做法，罗荣桓指出，"红不是空洞的东西，而是要落实到实际工作和斗争中，对学习国防科学技术的人来说，就是要落实到专业上。谁要是真正的红，谁就应该成为一个真正的又红又专的专家，为国防工业做出贡献"。"哈军工是搞尖端技术的，红要落实在对那个尖端的学习上。"④ 并叮嘱罗东进要避免空谈政治的倾向："你们学不成专业，你们就没有实现党和国家的期望，有负党和国家的期望。"⑤

　　1963 年 9 月 1 日，在哈军工十年校庆纪念大会上，时任院长刘居英在大会报告中总结了 8 条办院经验，其中一条就是"正确处理政治与技术、红与专的问题，努力培养'又红又专'的干部是长期的工作重点"。张爱萍上将在纪念大会上讲话号召哈军工学员"专心向学，发奋读书"，"一定要全心全意地学习，要把科学技术学到手，以祖国的利益为重，为祖国、为人民、为世界革命服务，为共产主义事业服务，为担负祖国国防现代化建设的重大任务而感到光荣和自豪"⑥。中央军委在贺词中要求哈军工进一步树立以教学为中心的思想，"发扬刻苦钻研的学习风气，不断提高教学质量，为培养忠于共产主义事业、掌握现代科学技术的、'又红

①　滕叙兖：《哈军工传》（下卷），湖南科学技术出版社 2006 年 7 月第 2 版，第 743 页。
②　同上书，第 744 页。
③　同上书，第 768 页。
④　同上书，第 773 页。
⑤　同上书，第 774 页。
⑥　同上书，第 802 页。

又专'的军事工程技术干部而奋斗"①。可见，哈军工"红专结合"的培养定位是一以贯之的，从中央领导层、中央军委与军队领导层、学校领导与学校执行层在对"又红又专"的认识上是一致的，这在哈军工的人才培养史上产生了极其重要的影响。正是因为有"又红又专"这样的人才培养定位，才会有用人单位对哈军工毕业生"政治思想好，业务很扎实，特别能吃苦，讲团结守纪律，事业心强，顽强的干劲……"② 这样的高度评价。

2. 坚持服务使命的培养宗旨

在第一章中笔者已经分析了创建哈军工的"高"使命，这种崇高的使命也就自然成为哈军工人才培养的根本宗旨。在哈军工的人才培养过程中，始终坚持保家卫国、服务国防现代化这一神圣使命。在毛泽东等中央领导人决策创建哈军工时就指出，"我们不能长期处于武器装备的落后状态，一定要在战争中不断改善，所以迫切需要大量的技术干部。国防现代化建设也需要大批技术军官"③。毛泽东在为哈军工颁发的训词中再次明确指出，哈军工的创办对国防事业具有极重大的意义，"为了建设现代化的国防，我们的陆军、空军和海军都必须有充分的机械化的装备和设备，这一切都不能离开复杂的专门的技术。今天我们迫切需要的，就是要有大批能够掌握和驾驭技术的人，并使我们的技术能够得到不断的改善和进步"④。朱德给哈军工的题词是"努力学习近代科学技术，为建立巩固的国防，保卫祖国而奋斗"。周恩来给哈军工的题词是"努力学习，建设现代化的国防军"⑤。彭德怀第一次视察哈军工时指出，我军在朝鲜战场以落后的劣势装备同最现代化的美国军队作战付出了血的代价，"所以我们必须办学校，培养技术人才"⑥。决定创建哈军工的中央决策层领导人的训词、题词、讲话，都充分说明哈军工的人才培养必须以服务国防现代化

---

① 滕叙兖：《哈军工传》（下卷），湖南科学技术出版社 2006 年 7 月第 2 版，第 803 页。

② 同上书，第 746 页。

③ 滕叙兖：《哈军工传》（上卷），湖南科学技术出版社 2006 年 7 月第 2 版，第 38 页。

④ 同上书，第 234 页。

⑤ 同上书，第 235 页。

⑥ 同上书，第 231 页。

为根本宗旨，哈军工学员的学习必须以服务国防现代化为根本目的。

陈赓在很多场合多次强调，为了保卫祖国的安全和建设，必须加快国防现代化建设，这就需要哈军工加快培养技术军官去驾驭现代化的武器装备。"这是党中央、毛主席给我们的紧迫任务，一分一秒也松懈不得。"① 在哈军工办学的全过程中，始终不忘服务国防现代化这一人才培养宗旨。1953 年 11 月，陈赓在哈军工第一次入伍宣誓大会上致训词时要求广大学员，"必须做一个忠于祖国、忠于人民、忠于党的优秀的革命战士。要忠诚、正直、沉着、勇敢、忠实地和善于执行自己的职责，要保持与发扬我军的光荣传统与优良作风；要严格地遵守纪律，服从命令，克服松懈散漫的作风和自由主义的现象；要团结一致，提高警惕，严守国家和军事机密，爱护武器、公物和维护国家人民的一切利益"。"必须具有终生献身军事科学工作的坚强意志和孜孜不倦的刻苦钻研精神，不怕一切艰难困苦，坚决向科学堡垒进攻，并占领它。"② 这是对哈军工学员践行使命的基本要求，是培养哈军工学员献身国防科技事业的使命要求。在哈军工《第一期教学计划说明》中，将人才培养目标具体诠释为 "四个必须的军事工程师"③，就是对服务国防现代化使命这一培养宗旨的具体落实。

哈军工服务国防现代化使命的人才培养宗旨，体现在哈军工办学的各个环节中，经常对哈军工学员进行服务使命教育和培养宗旨教育。1954 年 9 月 1 日，在哈军工庆祝建院一周年暨第二期开学典礼上，陈赓再次强调："教员务求教好，学员保证学好，加紧学习军事科学技术，加强我们的军事力量，坚决打击任何敢于向我国挑衅的侵略者，以此保卫祖国的领土、领海、领空，保卫祖国社会主义建设和东方与世界和平。"④ 这是对哈军工在人才培养上如何满足服务使命、如何践行培养宗旨提出的具体要求。笔者在第二章中论述了朱德、周恩来、邓小平、彭德怀、刘伯承、陈毅、贺龙、聂荣臻、叶剑英等党、国家和军队领导人到哈军工视察时的情况，他们在讲话中都会强调哈军工在人才培养中肩负的服务国防现代化的

① 滕叙兖：《哈军工传》（上卷），湖南科学技术出版社 2006 年 7 月第 2 版，第 198 页。
② 同上书，第 248—249 页。
③ 笔者注：参见本章第一节第一目 "坚持目标导向的培养模式" 第二自然段。
④ 滕叙兖：《哈军工传》（上卷），湖南科学技术出版社 2006 年 7 月第 2 版，第 300 页。

崇高使命。1957 年，时任中共中央书记处书记、国防部副部长的黄克诚大将到哈军工视察，开展了 20 多天的调查研究。他在给党员干部做报告时指出，党中央、中央军委花这么多钱来建设哈军工，是因为哈军工与国防现代化有着重大关系，哈军工办好了，国防就有所巩固，实现军队现代化，"就要求我们培养人才，训练指挥军官，培养工程技术军官。优良的武器和具有高度政治觉悟的人结合起来，就会发挥无比的力量，哈军工是担负后一个任务的"。"既然担负这个任务，就应当搞好，搞不好就是犯罪，就要亡国。""必须明确哈军工对军队的重要性，学院工作的好坏与否，是关系到整个国家安危的。"① 可见，哈军工肩负的人才培养使命多么崇高，肩负的人才培养任务多么艰巨，肩负的人才培养责任多么重大，这些都是由哈军工人才培养的宗旨决定的。

1958 年 3 月，哈军工第一期学员毕业。陈赓在病中给哈军工毕业学员的书面指示中强调："处在今天的原子、火箭时代，我们就有可能，而且必须积极地运用各种科学技术成就，以加速我军的现代化建设。""我们要继续培养我军的技术干部，加强军队的技术力量，使我军的科学技术水平也来一个大跃进。""各种先进的科学技术，必须由忠于社会主义事业的人来掌握。我们的技术军官，不仅要精通业务，而且必须具备为社会主义、为人民服务的思想品质。"② 从陈赓的这些指示中可以清楚地看到，哈军工在人才培养过程中是如何践行服务国防现代化使命这一培养宗旨的，哈军工在人才培养过程中始终没有忘记自己身上肩负的光荣使命和神圣职责。在纪念哈军工校庆十周年之际，中央军委在贺词中再次强调了服务国防现代化的人才培养宗旨，"哈军工是我军培养军事科学技术工程干部的新型大学，学院的创建和发展，对于我国国防事业和我军的现代化建设，具有极重大的意义"。并要求哈军工学员"必须树雄心、立壮志，自力更生、奋发图强，努力攀登军事科学技术高峰，把我军建设成一支优良的现代化的革命军队"③。由此可见，哈军工的人才培养始终围绕着服务国防现代化使命这一培养宗旨。服务国防现代化，不仅是哈军工人才培养

① 滕叙兖：《哈军工传》（上卷），湖南科学技术出版社 2006 年 7 月第 2 版，第 427 页。
② 同上书，第 489 页。
③ 滕叙兖：《哈军工传》（下卷），湖南科学技术出版社 2006 年 7 月第 2 版，第 802 页。

的宗旨，这一崇高使命已经为一代又一代的哈军工人所传承，成为今天所有哈军工后继者人才培养的宗旨，激励着哈军工后继者们不断为国防现代化而努力奋斗。

3. 坚持全面发展的培养规格

哈军工在人才培养的规格上坚持德、智、军、体全面发展。德，就是要政治上坚定，树立革命的世界观和共产主义的远大理想，忠于祖国、忠于人民、忠于党，全心全意为人民服务，坚定为国防事业献身的意志和决心；智，就是要具有较高的科学文化素养，扎实的国防科技基础理论和专业技能，基础课和专业课水平不低于国内高水平重点大学，较强的自学能力、独立工作能力和分析、解决问题能力；军，就是要掌握必要的战略、战术思想和军事知识，具有高度的组织纪律观念，养成军人特有的生活习惯和思想作风，继承和发扬军队光荣传统，时时处处表现出军人风范；体，就是要具有强健的体魄和一定的体育技能，具有坚忍不拔、勇往直前的精神，能够忍受一切艰难困苦，勇敢顽强。

哈军工德、智、军、体全面发展的人才培养规格，是从哈军工建院伊始就已经明确了的，在以后多次的教学计划调整中，这一培养规格得以不断强化；在哈军工人才培养过程中，这一培养规格得以不断实践。1953年哈军工《第一期教学计划说明》中，提出了"四个必须的军事工程师"培养目标，这"四个必须"就是对德、智、军、体培养规格的一个具体化理解。1958年3月哈军工颁布的《毕业班优秀学员标准及评奖办法》中，规定了评选优秀学员的四条标准："一是思想改造好，立场坚定，阶级观点明确，能开展批评与自我批评，同不良倾向作斗争，组织性、纪律性强，并能团结群众，在各种活动中起模范作用；二是学习成绩优秀；三是坚决执行命令，模范地遵守各种条令、条例和各项决定；四是积极进行各项体育锻炼。"这四条标准充分体现了哈军工德、智、军、体全面发展的人才培养规格的要求。1959年，哈军工修订完成的教学计划中，虽然培养目标中没有对德、智、军、体分别进行规定，但特别强调了"全面发展"的人才培养规格。1961年初，在贯彻《高教六十条》《科学十四条》的大背景下，哈军工对教学计划再次进行调整，调整后的教学计划继续强调了"全面发展"的人才培养规格。

1962 年 6 月，根据上一年先后召开的教学工作会议和教学代表会议精神，哈军工制订了新的教学计划，这个新的教学计划对"德、智、军、体全面发展"做出了更为明确、具体的解释。德，要求学生"具有爱国主义和国际主义精神，具有共产主义道德品质；拥护党的领导，拥护社会主义制度，自觉地为国防现代化建设服务；通过马克思列宁主义、毛泽东著作的学习和一定的生产劳动、实际工作的锻炼，逐步树立无产阶级的阶级观点、劳动观点、群众观点和辩证唯物主义观点"。虽然关于"德"的这一具体解释，带有 20 世纪 60 年代的明显印记，但也充分说明在哈军工人才培养规格中"德"的极端重要性。智，要求学生"具有比较宽广而巩固的基础理论知识和为深入掌握本专业所必需的专业知识与基本技能；至少掌握一门外国语，达到比较熟练地阅读专业书刊的程度；能够初步担负本专业技术兵器与装备的研究设计任务"。关于"智"的这一具体解释，十分清晰地表达了哈军工学员毕业时应达到的基础与专业水平及其实际工作能力。军，要求学生"具有军事工程技术干部所必需的军事知识和良好的军人素养，继承并发扬我军的光荣传统，体现'三八'作风"。体，要求学生"具有健全的体魄"①。可见，德、智、军、体全面发展的人才培养规格在这一新的教学计划中得到了全面、具体的体现。但遗憾的是在课程设置上加重了学生的学习负担，军政教育时间大为减少，课程的实际安排没有达到促进学生德、智、军、体全面发展的目的。

1963 年 6 月，根据教育部《修订教学计划的规定》以及贯彻"少而精"教学原则的要求，哈军工对一年前通过的教学计划进行了修订，在有效减轻学员学习负担的同时，加强了实验、练习课、课程设计、课程作业、实习及专业工艺等实践性教学环节。总的看，哈军工教学计划的调整是为了培养德、智、军、体全面发展的军事工程师，教学时数分配比例大致上是"政治课占 10%—15%，军事课占 4%—6%，体育课占 2%—3%，业务课占 80%。理论课程与实践性教学环节时数分配对多数专业来说是理论占 80%，实践占 20%"②。哈军工的教学计划虽然几经调整修订，但始终把坚持正确的政治方向放在首位，同时坚持政治与军事相结

---

① 《国防科技大学校史》，国防科技大学出版社（内部发行）1993 年 8 月第 1 版，第 28 页。
② 同上书，第 33 页。

合，政治、军事与技术相结合，理论与实际相结合，坚持正确处理基础与专业的关系、劳与逸的关系，保证学员能够德、智、军、体全面发展。

哈军工在具体办学实践中，始终致力于培养德、智、军、体全面发展的军事工程师。为了实现"德"的目标，哈军工主要依托于政治理论课。政治理论课是哈军工进行德育的重要内容，主要设马列主义基础、中共党史、政治经济学和政治工作四门课，后来改为一、二年级讲中共党史，三年级讲社会主义建设，四、五年级讲马克思列宁主义哲学。除此之外，还根据形势与任务的需要，穿插时事和路线、方针、政策教育。在"政治运动"较多时，政治理论课的系统教学中断，主要进行社会主义和共产主义教育。哈军工对政治理论课教学十分重视，始终坚持高标准、严要求，教学成效明显，学员思想作风好，树立起了革命的人生观和科学的世界观，提高了分析问题和解决问题的能力，能够深刻理解党的路线方针政策。为了实现"智"的目标，哈军工主要依托于公共课、基础课、专业基础课和专业课程的学习。哈军工特别强调厚基础，所有专业的学生都要学习高等数学、普通物理、普通化学等基础课，都要学习投影几何及制图、机械原理及机械零件、机械工艺学、理论力学、材料力学、电工原理等专业基础课，不同专业还有不同的专业基础课和专业课。专业课教学主要有课堂讲授、实验、实习和课程设计、毕业设计等。为了实现"军"的目标，哈军工主要依托于专门的军事教育。军事教育包括军事理论课、野营教育和军人养成教育。军事理论课的内容有军事思想、合同战术、军兵种性能、军事地形学等。野营教育是在接近实战的情况下，使学员把课堂学习的理论原则与实际紧密结合起来，巩固和提高理论知识，培养学员准确、迅速、机动、灵活、勇敢、顽强、协同一致的战斗作风，加强正规军人的军事生活锻炼，加强组织性和纪律性。军人养成教育贯穿于学员在校学习和生活的全过程和所有环节，是军事教育中最经常、最基本的教育内容。在军人养成教育过程中，强调严格贯彻条令、条例和各种规章制度，通过日常严格的军事生活使学员逐步养成严整的军容风纪、严格的队列生活和军人礼节等军人素质。哈军工通过系统、全面、严格的军事教育，培养了学员良好的军人素质，深刻地影响了学员政治立场、思想感情、性格作风、治学态度、业务能力、组织能力等的形成和发展。为了实现"体"的目标，哈军工主要依托于体育课和各种体育活动。通过体育课使学员掌握必要的体育知识、基本的运动技能，通过体育锻炼培养学员的组织纪律性和集体主义观念，培养学员吃苦耐劳、勇敢顽强的拼搏精神，增强学员机动灵活的应变能力，使学员能够适应在战争和其他恶劣条件下的工作环境。

哈军工学员在德、智、军、体全面发展人才培养规格要求下，综合素质全面提升。仅以哈军工一期学员在毕业实习中表现出来的过硬的政治思想素质和专业技能为例，1957 年 4 月，学员杨斌、胡学美、彭风绍、鲍世期以他们敢于担当、敢于负责任的思想品质和顽强的拼搏精神、过硬的专业本领，在沈阳空军机场用雷达准确预测了苏联最高苏维埃主席团主席伏罗希洛夫访华时的天气情况；学员李世彤在北京南苑机场观测到冷风切面，当即向机场建议停飞，保护了飞行员的安全。这样的案例还有很多。1958 年 3 月，哈军工第一期学员毕业，陈赓在病中写信要求毕业学员要学会运用理论去解决各种实际问题，并向毕业学员强调"要重视体力劳动和感性认识，要虚心向广大官兵学习"。他还指出，"只有精通理论，并具有丰富实践经验的干部，才能称得起精通某项业务的专家"。这是陈赓以德、智、军、体全面发展的人才培养规格对毕业学员再次提出的具体要求。多年来，哈军工毕业生在工作岗位上以"政治觉悟高，组织纪律观念强，技术上比较过硬，组织领导能力较强，有相当的军事素养，工作中能做到技术和战术相结合，政治、军事、业务三方面综合素质较好"①著称，这正是哈军工德、智、军、体全面发展的人才培养规格在办学实践中对学员进行高标准、严要求的综合培养的结果。

三 英才辈出的哈军工

哈军工培养的人才，是值得今天的后继者们骄傲和自豪的。20 世纪 90 年代，江泽民主席写下"哈军工桃李满天下"的赞誉。从 1953 年到 1966 年脱下军装，再到 1970 年第二次分建，虽然只有短短的十几年，但哈军工为国家培养了一万两千多名合格毕业生，他们有的成长为共和国的党政军高级领导人，有的成长为科学技术领域的高端领军人才，有的成长

---

① 《国防科技大学校史》，国防科技大学出版社（内部发行）1993 年 8 月第 1 版，第 33 页。

为高等学校、研究院所的负责人，为国家建设特别是国防现代化建设做出了重要贡献。

1. 培养院士比例最高的学府

哈军工的十七年，人才培养可谓硕果累累。据不完全统计，这十七年中在哈军工工作过的教师和在哈军工学习过的学生，有 39 人成长为中国科学院和中国工程院的院士。他们有些长期致力于国防科技教育事业，他们治学严谨、基础深厚、工作踏实，他们勤于研究、善于思考、勇于创新；他们有些长期工作在工程建设实践领域，他们展现了创造性、先进性、实用性的工程设计思想，他们为中国特色社会主义现代化建设奉献了青春和热血；他们有些长期服务于国防和军队现代化建设，他们攻克了一系列国防重大工程项目的技术难题，他们为实现我国国防现代化奉献了智慧和力量。这里，笔者仅记录这 39 名院士的名字和基本状况，以此彰显哈军工的人才培养成果之一——培养院士比例最高的高等学府。

任新民，航天技术和液体火箭发动机技术专家。1952 年调入哈军工炮兵工程系任教授，历任哈军工教务处副处长、火箭武器教研室主任、炮兵工程系副主任。1980 年当选中国科学院院士（时称学部委员），1999 年获"两弹一星"功勋奖章。

梁守槃，导弹技术和发动机技术专家。1952 年调入哈军工空军工程系任教授，曾任哈军工空军工程系教授会主任。1980 年当选中国科学院院士（时称学部委员），1994 年获"求是"科学基金会杰出科学家奖。

庄逢甘，空气动力学家。1953 年调入哈军工空军工程系任教授。1980 年当选中国科学院院士（时称学部委员），1995 年获首届"何梁何利基金科学与技术进步奖"。

慈云桂，计算机专家。1954 年调入哈军工海军工程系任教授。历任哈军工雷达教研室主任、电子工程系副主任、计算机系主任。1980 年当选中国科学院院士（时称学部委员），他创建、领导的计算机研究所 1993 年获中央军委"科技攻关先锋"称号。

文圣常，物理海洋学家。1953 年调入哈军工空军工程系任教。1993 年当选中国科学院院士，1999 年获"何梁何利基金科学与技术进步奖"。

朱起鹤，物理化学家。1952 年调入哈军工物理教研室任教，历任哈军工物理教研室主任、教授、原子工程系副主任。1995 年当选中国科学院院士。

顾懋祥，船舶性能研究和设计技术专家。1952 年调入哈军工海军工程系任教，历任哈军工舰船科主任、海军工程系副主任、副教授、教授。1995 年当选中国工程院院士。

杨士莪，水声工程专家。1952 年调入哈军工海军工程系任教，历任哈军工讲师、副教授。1995 年当选中国工程院院士。

徐滨士，装备维修工程、表面工程和再制造工程专家。1954 年调入哈军工装甲兵工程系任教，后任讲师。1995 年当选中国工程院院士。

高伯龙，理论物理学家和激光陀螺专家。1954 年调入哈军工物理教研室任教，历任哈军工讲师、副教授。1997 年当选中国工程院院士。

赵伊君，激光技术专家。1954 年调入哈军工海军工程系任教，后任原子工程系讲师。1997 年当选中国工程院院士。

李坪，地震构造专家。1954 年调入哈军工工兵工程系任讲师。1999 年当选中国工程院院士。

郑颖人，岩土工程与地下工程专家。1956 年调入哈军工工兵工程系，后转入空军工程系任教，后任讲师。2001 年当选中国工程院院士。

陆埮，天体物理学家。1958 年调入哈军工炮兵工程系任教，后任防化兵工程系讲师。2003 年当选中国科学院院士。

臧克茂，电气自动化专家。1955 年调入哈军工海军工程系任教，历任助教、讲师。2007 年当选中国工程院院士。

钟山，制导系统工程专家。1953 年考入哈军工空军工程系 1 期学习。1999 年当选中国工程院院士。

邢球痕，固体火箭发动机技术专家。1953 年考入哈军工炮兵工程系 1 期学习。2003 年当选中国科学院院士。

郭桂蓉，通信与电子技术专家。1959 年解放军通信工程学院毕业后入导弹工程系 2 期学习一年。1965 年入哈军工导弹工程系任讲师。1995 年当选中国工程院院士。

宋文骢，飞机总体设计专家。1954 年考入哈军工空军工程系 3 期学习。2003 年当选中国工程院院士。

王泽山，含能材料专家。1954 年考入哈军工炮兵工程系 3 期学习。

1999 年当选中国工程院院士。

钱七虎，防护工程与地下工程专家。1954 年保送入哈军工工兵工程系 3 期学习。1994 年当选中国工程院院士。

李鸿志，弹道学专家。1955 年考入哈军工炮兵工程系 4 期学习。1994 年当选中国工程院院士。

马远良，水声工程专家。1956 年考入西北工学院，1958 年被选派到哈军工海军工程系 4 期插班学习。2003 年当选中国工程院院士。

王景全，桥梁工程专家。1955 年考入哈军工工程兵工程系 4 期学习。2003 年当选中国工程院院士。

周兴铭，计算机专家。1956 年考入哈军工海军工程系 5 期学习。1993 年当选中国科学院院士（时称学部委员）。

宫先仪，水声工程专家。1956 年考入哈军工海军工程系 5 期学习。2001 年当选中国工程院院士。

王哲荣，坦克车辆设计专家。1956 年考入哈军工装甲兵工程系 5 期学习。2001 年当选中国工程院院士。

王兴治，制导技术专家。1956 年考入哈军工炮兵工程系 5 期学习，1959 年导弹工程系成立后转入该系。1995 年当选中国工程院院士。

黄瑞松，飞航导弹技术专家。1956 年考入哈军工炮兵工程系 5 期学习，1959 年导弹工程系成立后转入该系。2003 年当选中国工程院院士。

李明，飞机自动化专家。1958 年推荐入哈军工空军工程系 6 期学习。1995 年当选中国工程院院士。

杨凤田，飞机总体设计专家。1959 年考入哈军工空军工程系 7 期学习。2007 年当选中国工程院院士。

刘怡昕，武器系统与运用工程专家。1959 年考入哈军工炮兵工程系 7 期学习。2003 年当选中国工程院院士。

彭先觉，原子核物理专家。1959 年考入哈军工导弹工程系 7 期学习，1961 年原子工程系成立后转入该系。1999 年当选中国工程院院士。

李钊，地雷爆破工程专家。1959 年考入哈军工工兵工程系 7 期学习。1999 年当选中国工程院院士。

卢锡城，计算机系统结构和计算机网络专家。1965 年考入哈军工电子工程系 13 期学习，1966 年计算机系成立后转入该系。1999 年当选中国工程院院士。

顾金才，岩土工程与防护工程地质力学模型试验研究专家。1960 年保送入哈军工工兵工程系 8 期学习。2001 年当选中国工程院院士。

徐玉如，智能水下机器人专家。1961 年考入哈军工海军工程系 9 期学习。2003 年当选中国工程院院士。

丁伯南，加速器物理与应用专家。1962 年考入哈军工原子工程系 10 期学习。2007 年当选中国工程院院士。

刘永才，飞航导弹武器系统技术专家。1960 年考入哈军工导弹工程系 8 期学习。2009 年当选中国工程院院士。

2. 培养出上百位将军的学府

哈军工的十七年，不仅成功培养了一批科学与工程技术领域的高端领军人才，还培养了一大批国防和军队系统的高级将领。创办哈军工的开国将领除院长兼政委陈赓大将外，还有 1955 年授衔的政委谢有法中将和院长刘居英少将、副政委刘有光少将、空军工程系主任唐铎少将、工兵工程系主任唐凯少将、副政委李开湘少将、炮兵工程系政委贺振新少将、学员孙三少将，1961 年授衔的副院长李懋之少将、政治部主任张衍少将、副政委张子明少将、装甲兵工程系主任徐介藩少将、工程兵工程系主任薛克忠少将、工程兵工程系副主任吴振挺少将，1964 年授衔的徐立行少将等。据不完全统计，哈军工在这十七年培养的学员中，有 6 位上将、17 位中将、126 位少将。他们为我国的军队建设和国防事业做出了重要贡献。这里，笔者仅记录 6 位上将和 17 位中将的基本状况，以此彰显哈军工人才培养的又一成果——培养上百位将军的高等学府。

唐天标，上将。1960 年考入哈军工工兵工程系 8 期学习。历任解放军总政治部干部部副部长，海军政治部副主任，总政治部主任助理兼干部部部长，总政治部副主任、党委副书记等职。2000 年晋升上将军衔。

彭小枫，上将。1963 年考入哈军工导弹工程系 11 期学习。历任陆军第 40 集团军政治部主任、副政委、政委，兰州军区副政委，国防大学副政委兼纪委书记，第二炮兵政委、党委书记等职。2006 年晋升上将军衔。

徐才厚，上将。1963 年考入哈军工电子工程系 11 期学习。历任陆军第 16 集团军政治部主任、政委，总政治部主任助理，解放军报社社长，总政治部副主任，济南军区政委、党委书记，总政治部常务副主任、主任、党委书记，中央军委委员、副主席等职。1999 年晋升上将军衔，后因犯罪，2014 年中央军委决定取消其上将军衔。

黄献中，上将。1964 年考入哈军工导弹工程系 12 期学习。历任陆军第 16 集团军 47 师政委、党委书记，第 64 集团军副政委，国防科技大学政治部主任、政委、党委书记，沈阳军区政委、党委书记等职。2008 年晋升上将军衔。

李安东，上将。1965 年考入哈军工空军工程系 13 期学习。历任解放军总参谋部装备部副部长、部长，总装备部部长助理兼综合计划部部长，总装备部副部长、科技委主任等职。2010 年晋升上将军衔。

迟万春，上将。1965 年考入哈军工空军工程系 13 期学习。历任解放军太原卫星发射基地政委，国防科技大学政委、党委书记，总装备部政委、党委副书记等职。2006 年晋升上将军衔。

陈启智，中将。1953 年调入哈军工空军工程系航空发动机教研室任教，导弹工程系成立后在该系火箭发动机教研室任教研室主任、副教授。历任长沙工学院火箭发动机研究室主任，国防科技大学教授、训练部部长、副校长兼研究生院院长、校长等职。1993 年晋升中将军衔。

谢光，中将。1953 年考入哈军工空军工程系 1 期学习。历任哈军工空军工程系助教，国防部第六研究院研究室主任、研究所副所长，国防工业办公室副局长，国防科工委科技部副部长、国防科工委副主任等职。1990 年晋升中将军衔。

杨桓，中将。1953 年考入哈军工海军工程系 1 期学习。历任哈军工海军工程系助教、电子工程系讲师，解放军酒泉卫星发射基地副参谋长、副司令员，第二炮兵技术装备部部长、副司令员等职。1990 晋升中将军衔。

沈椿年，中将。1953 年考入哈军工装甲兵工程系 2 期学习。历任解放军第 27 试验训练基地司令员，国防科工委副参谋长、副主任等职。1994 年晋升中将军衔。

郭桂蓉，中将。1959 年解放军通信工程学院毕业后入导弹工程系 2 期学习一年。1965 年入哈军工导弹工程系任讲师。历任国防科技大学副校长兼研究生院院长、校长，国防科工委科技委副主任，解放军总装备部科技委主任等职。1995 年晋升中将军衔。

陈达植，中将。1955 年考入哈军工炮兵工程系 4 期学习，1959 年导弹工程系成立后转入该系。历任国防科工委综合计划部部长、副主任，解放军总装备部副部长。1997 年晋升中将军衔。

栗前明，中将。1955 年考入哈军工炮兵工程系 4 期学习，1959 年导弹工程系成立后转入该系。历任解放军第二炮兵副参谋长、参谋长、副司令员等职。1993 年晋升中将军衔。

臧穗，中将。1959 年考入哈军工导弹工程系 7 期学习。历任解放军某师政治部主任，乌鲁木齐军区副政委、政委，兰州军区空军副政委、政委等职。1995 年晋升中将军衔。

罗东进，中将。1959 年考入哈军工导弹工程系 7 期学习。历任解放军第二炮兵技术装备部政治部主任，第二炮兵某基地副政委，第二炮兵后勤部政委，第二炮兵副政委等职。1999 年晋升中将军衔。

金矛，中将。1960 年考入哈军工海军工程系 8 期学习。历任解放军海军装备部副部长、部长，海军副司令员等职。2002 年晋升中将军衔。

周友良，中将。1960 年考入哈军工工兵工程系 8 期学习。历任解放军第二炮兵基建营房部部长、后勤部部长，总后勤部基建营房部部长，总后勤部部长助理、副部长等职。1995 年晋升中将军衔。

粟戎生，中将。1961 年考入哈军工导弹工程系 9 期学习。历任解放军步兵第 200 师师长，第 67 集团军参谋长，总参谋部军务部副部长，第 24 集团军军长，北京军区副司令员等职。1999 年晋升中将军衔。

张翔，中将。1961 年考入哈军工原子工程系 9 期学习。历任解放军第二炮兵装备技术部副部长，第二炮兵副参谋长、副司令员等职。2001 年晋升中将军衔。

李凤洲，中将。1962 年考入哈军工电子工程系 10 期学习，1966 年计算机系成立后转入该系。历任解放军酒泉卫星发射基地总工程师、主任，总装备部科技委副主任。1998 年晋升中将军衔。

张建启，中将。1964 年考入哈军工原子工程系 12 期学习。历任国防科工委作试部部长兼航天员选拔办公室副主任，解放军酒泉卫星发射基地副主任、主任，载人航天工程发射场总指挥，总装备部副部长等职。2005 年晋升中将军衔。

卢锡城，中将。1965 年考入哈军工电子工程系 13 期学习，1966 年计算机系成立后转入该系。历任国防科技大学计算机学院院长、国防科技重点实验室主任、副校长、总装备部科技委副主任等职。2007 年晋升中将军衔。

Truong Khanh Chau，中将。1965 年第四批越南留学生到哈军工空军工程系 13 期学习。曾任越南国防部副部长。

3. 培养几十位院校长的学府

哈军工的十七年，还为共和国培养了一批高等学校的校长（党委书记）、研究所的所长。据不完全统计，哈军工仅培养的校长（党委书记）就有 39 位，副校长、副书记等更是上百位。他们大多工作在军队院校和国防工业院校，不仅为培养我国军队建设和发展的专门人才做出了重要贡献，还为国防科技工业的发展、实现国防现代化培养了大批高层次人才。他们如今都已年过花甲，大都已颐养天年，但他们为国防教育事业所做出的奠基性贡献是哈军工的后继者们所不能忘记的。这里，笔者仅记录这 39 位校长（党委书记）的基本状况，以此彰显哈军工人才培养的又一重要成果——培养几十位院校长的高等学府。

冯捷，1980 年至 1983 年任哈尔滨船舶工程学院院长，1983 年至 1984 年任哈尔滨船舶工程学院党委书记。1952 年随第二高级步兵学校迁哈尔滨筹建哈军工，历任哈军工海军工程系专科主任、政委，海军工程系教务处处长，海军工程系系主任等职。

黄绍，1987 年至 1991 年任哈尔滨船舶工程学院党委书记。1952 年调入哈军工政治部，历任政治部宣传部长，政治部副主任，哈尔滨工程学院党委副书记等职。

冯缵刚，1983 年至 1988 年任华东工学院院长。1953 年调入哈军工炮兵工程系，曾任哈军工 206 教授会副主任。

邓三瑞，1983 年至 1987 年任哈尔滨船舶工程学院院长。1953 年调入哈军工海军工程系任教，历任助教、讲师、副教授。

陈宽，1983 年至 1989 年任华东船舶工业学院院长。1953 年调入哈军工海军工程系，曾任潜艇动力研究室主任、副教授。

黄庆华，1988 年至 1990 年任装甲兵工程学院院长。1952 年调入哈军工装甲兵工程系任教，曾任坦克汽车发动机教研室副主任。

张良起，1983年至1990年任国防科技大学校长。1952年调入哈军工任教，历任院务部电工教授会副主任、空军工程系103教授会主任、导弹工程系505教研室主任、导弹工程系副主任等职。

陈启智，1990年至1994年任国防科技大学校长。1953年调入哈军工空军工程系航空发动机教研室任教，导弹工程系成立后在该系火箭发动机教研室任教研室主任、副教授。

谭国玉，1986年至1990年任工程兵指挥学院院长。1953年入哈军工工兵工程系1期学习。

王成科，1986年至1988年任石家庄军械工程学院院长。1953年入哈军工炮兵工程系1期学习。

郭桂蓉，1994年至1996年任国防科技大学校长。1959年解放军通信工程学院毕业后入导弹工程系2期学习一年。

陈大炎，1991年至1994年任哈尔滨船舶工程学院党委书记，1994年至1995年任哈尔滨工程大学党委书记。1953年入哈军工空军工程系2期学习。

侯勉，1989年至1994年任西安空军导弹学院院长。1953年入哈军工空军工程系2期学习。

陈荣乡，1992年至1996年任国防科工委指挥技术学院院长。1953年入哈军工装甲兵工程系2期学习。

蔡康生，1990年至1996年任装甲兵工程学院院长。1954年入哈军工装甲兵工程系3期学习。

钱七虎，1983年至1996年任解放军工程兵工程学院院长。1954年入哈军工工兵工程系3期学习。

戴冠中，1992年至2001年任西北工业大学校长。1956年入哈军工空军工程系4期学习。

吴德铭，1988年至1994年任哈尔滨船舶工程学院院长，1994年至1997年任哈尔滨工程大学校长。1955年入哈军工空军工程系4期学习。

李鸿志，1988年至1993年任华东工学院院长，1993年至2000年任南京理工大学校长。1955年入哈军工炮兵工程系4期学习。

丁育钟，1989年至1996年任华东船舶工业学院院长。1955年入哈军工海军工程系 4 期学习。

吴立人，1996 年至 2004 年任华东船舶工业学院院长，2004 年至 2007 年任江苏科技大学校长。1955 年入哈军工海军工程系 4 期学习。

刘世参，1994 年至 1998 年任装甲兵工程学院院长。1955 年入哈军工装甲兵工程系 4 期学习。

施元龙，1996 年至 1999 年任工程兵工程学院院长、党委书记。1956 年入哈军工工兵工程系 5 期学习。

孙旅师，1990 年至 1992 年任石家庄军械工程学院院长。1958 年入哈军工海军工程系 6 期学习。

钱秋珊，1984 年至 1987 年任哈尔滨船舶工程学院党委书记，1987 年至 1988 年任哈尔滨船舶工程学院院长。1958 年入哈军工海军工程系 6 期学习。

王锡仁，1990 年至 1996 年任防化指挥工程学院院长。1958 年入哈军工空军工程系 6 期学习，1959 年导弹工程系成立后转入该系。

邵子钧，1995 年至 1999 年海军工程学院院长，1999 年至 2001 年任海军工程大学校长。1960 年入哈军工海军工程系 8 期学习。

金春斌，1997 年至 2001 年徐州工程兵指挥学院院长。1960 年入哈军工工兵工程系 8 期学习。

李秉桥，1992 年至 2001 年任海军航空工程学院院长。1960 年入哈军工导弹工程系 8 期学习。

常显奇，1996 年至 2003 年任国防科工委指挥技术学院院长，兼任总装装备技术学院院长。1960 年入哈军工导弹工程系 8 期学习。

刘凤山，1997 年至 1999 年任西安空军工程学院院长。1961 年入哈军工空军工程系 9 期学习。

包富红，1999 年至 2003 年任第二炮兵工程学院院长。1961 年入哈军工导弹工程系 9 期学习。

董钢铁，1993 年至 1999 年任空军第二航空学院院长。1964 年入电子工程系 112 期学习。

王克曼，1993 年至 1997 年任空军高炮学院院长。1965 年入哈军工导弹工程系 13 期学习。

高学敏，2003 年至 2006 年任海军工程大学政治委员。1965 年入哈军工导弹工程系 13 期学习。

可以说，哈军工的人才培养取得了十分丰硕的成果。这些成果，既包括哈军工人经过十七年办学实践培养出的几十位两院院士、上百位共和国将军、几十位大学院、校长，更包括哈军工人经过十七年实践探索形成的以人才培养目标为导向的培养模式，以既教书又教人为目的的培养理念、以严谨、严密、严格为基本要求的"三严"作风，还包括哈军工人在十七年办学实践中始终坚持的"红专结合"人才培养定位、服务国防现代化使命的培养宗旨、德智军体全面发展的培养要求。哈军工在人才培养中所形成和展示出来的文化，蕴含着丰富的办学思想和办学理念，闪耀着哈军工办学者智慧的光芒，是需要我们在今天的高等教育发展中认真学习和积极借鉴的重要历史办学经验。

第五章　哈军工科学研究中的文化

哈军工的科学研究，从无到有，但始终紧围人才培养、紧贴国防使命、紧跟时代步伐。因为哈军工的科学研究坚持服务人才培养，所以哈军工拥有一大批杰出的军事科学家和国防工程技术人员。因为哈军工的科学研究坚持服务军队建设，所以哈军工结出一大批国内首创和填补空白的国防科技成果。哈军工，是我国实现国防现代化的战略起点。

一　服务人才培养的科研

哈军工的科学研究，定位是准确的，思路是清晰的，结果是理想的。哈军工，坚持促进教学的科研定位，提升了人才培养的质量；哈军工，坚持问题导向的科研原则，解决了人才培养中的实践锻炼问题与国防建设中的具体实际问题。哈军工的科学研究，成为哈军工人才培养的重要支撑。

1. 坚持促进教学的科研定位

哈军工"科研促进教学"的定位首先体现在顶层设计和办学谋划上。1952 年 12 月，陈赓在哈军工筹建初期与专家教授座谈时曾指出，"要把学员培养成为具有高度军事素养的、有严格纪律性的和有高度技术的干部"，"学院是国家最重要的培养军事工程人才的学校，是军委军事学术研究机关"①。陈赓的这些思考和意见，明确了哈军工培养军事工程人才和开展国防科学技术研究的双重使命，而且这两者是紧密联系在一起的、

①　《陈赓在教师座谈会上的讲话记录》，哈军工档案，1952 年 12 月 11 日。

不可分割的，这对进一步明晰科研促进教学的定位奠定了重要基础。1953年2月，经总参谋部批准，哈军工就在科学教育部下设立了科学研究处。从这一机构设置来看，就是把科学研究置于教育之下，置于人才培养这一大的框架之中，说明在当时的办学谋划上，就是强调科研为教学服务的。

科学教育部在关于第一学期教学及考试工作的总结报告中提出，"教学工作与科学研究工作是两件并重的事情，缺一不可"。哈军工关于科学研究服务教学的顶层定位思考，得到了教师们的热烈响应。在科学教育部组织的关于开展科学研究工作的座谈会上，教师们一致认为，由于"培养具有独立工作能力的工程师和研究人才是哈军工的根本任务"，那么"组织学员进行科学研究就是培养学员独立工作能力的重要途径"；教师要更好地完成教学任务，不仅要改进教学方法，还必须不断提高自身的业务水平，而"进行科学研究是达到这一目的的最好方法，开展科学研究工作对编写教材、实验室建设都有利"①。这样，哈军工科研促进教学的顶层设计就得到了教师们的认可和支持，一些老教师在完成教学工作后，带头开展科学讲座、实验设备研制以及专题研究等科学研究活动。哈军工苏联首席顾问奥列霍夫认为，学员的科学研究应以自愿、现有知识基础和不妨碍正常学习为原则，这都说明哈军工的科学研究一开始的顶层设计就是为教学服务的。《工学》报还发表了《紧密结合教学，积极开展科学研究工作》的社论，大力倡导科学研究，促进教学质量的提升。

1954年6月，哈军工正式颁布了《科学研究工作条例》，明确科研工作的基本任务之一就是"培养能为先进科学而斗争的具有高度技术水平的工程技术干部和科学教育人员"②。1954年9月，哈军工党委在年度学期工作指示中明确提出，科学研究要以结合教学为主。科学教育部在学年总结中再次强调，"教师只有从事科学研究，才能不断提高科学水平，从而提高教学质量"。1955年初，科学教育部在《关于学院开展科学研究中几个问题的报告》强调，在第一期学员毕业之前，科学研究只能结合教学，有重点地在部分教研室开展。这说明"科研促进教学"的定位得到

---

① 《国防科学技术大学科学研究史（1953—2013）》，国防科技大学出版社2013年8月第1版，第4页。

② 《军事工程学院科学研究工作条例》，哈军工史料，1954年6月。

进一步强化。1955 年 8 月，中央军委批准哈军工成立了科学研究部，进一步加强科学研究工作的组织管理。可见，哈军工坚持在科研为教学服务这一问题上的顶层设计和办学谋划是一贯的，态度是十分明确的。

哈军工坚持"科研促进教学"的定位还体现在教学实践和科研实践上。1953 年初，以马明德为代表的哈军工人开始了风洞实验室的建设，到 1954 年底已经建成了两座风洞。1955 年 3 月，风洞实验室的两座风洞就开始投入到教学实践当中，准备好为学生开设空气动力学课程的 8 项实验。1956 年初，哈军工召开了第一届科学技术研究会议，时任科学教育部部长徐立行在《关于开展科学研究工作问题》的报告中，再次强调哈军工科学研究工作的基本任务是"培养能为新的、先进的军事技术科学而奋斗的教学人员，大力鼓励教学人员结合巩固国防和发展科学技术开展科学研究工作，使学员熟悉科学研究工作的选题和先进方法，并吸收优秀学员参加科学研究工作"[①]。在接下来的哈军工临时党委第二次党员代表会议上，时任党委副书记刘有光在报告中提出响应党中央"向科学进军"的号召，要在高年级学员中广泛开展科学研究。随后，哈军工成立了学员军事科学技术协会，颁发了《学员军事科学技术协会条例》，明确协会的基本任务是："培养学员阅读教材和科技文献的能力，培养学员对各种科学资料的独立总结能力，培养学员准备学术报告和读书报告的能力，引导学员以批判的态度对待各种学术问题的研究并进行广泛的讨论，吸收学习最好的学员进行科学研究工作，加深所学专业知识，培养他们在科学研究和实验方面的独立工作能力。"同时，还要求教授会要"组织学习成绩优良、学习课程有余力、对研究问题有兴趣的学员参加科学研究小组，研究选题要与课程内容密切结合，还要组织研究能力强的学员参加教授会的科学研究工作，充当教员的助手，并参加课题设计、计算、绘图、实验，使学员在实际科学研究中得到锻炼"[②]。在哈军工顶层设计和党委要求下，在这样一种向科学进军的大氛围中，哈军工"参加科研的学员 503 名。空军工程系学员组成 34 个科研小组，炮兵工程系学员组成 25 个科研小

①　《军事工程学院关于开展科学研究工作问题》，哈军工史料，1956 年 3 月 1 日。

②　《国防科学技术大学科学研究史（1953—2013）》，国防科技大学出版社 2013 年 8 月第 1 版，第 10 页。

组，海军工程系学员组成 17 个科研小组，装甲兵工程系学员组成 6 个科研小组，工兵工程系学员组成了 16 个研究小组"①。哈军工党委反复强调，"开展科学研究是提高教学质量的根本环节"②，是提高教学水平的重要手段。

哈军工坚持科研促进教学的办学实践效果，在一期学员的毕业实习和毕业设计中得到了充分体现，"他们在部队、工厂实习以及在见习期间和毕业设计中的表现显示出了哈军工的教学质量是过硬的"③。在实习过程中，不仅学员鲍世期、彭凤绍、杨斌、胡学美等在沈阳空军机场实习期间，用雷达准确预测了苏联最高苏维埃主席团主席伏罗希洛夫访华的天气情况；学员李世彤还在北京南苑机场实习期间观测到天气图上不容易看到的冷锋切面，向指挥员建议立即停止飞行训练，保护了飞行员的安全。不仅学员刘尚清等在 618 厂实习期间，为工厂解决了"束机焊条焊接""多孔镀铬""汽缸体冷焊"等技术难题；学员孙英华还在工程兵某部实习期间编制出新的爆破施工作业方法，解决了爆破"留底"问题；海军工程系学员也在刘恩兰教授的带领下承担了国家下达的测量海岸线地形、水深任务，完成了万分之一比例尺的水深测量报告，质量优良。在毕业设计中，学员黄刚强设计的航空雷达识别系统，提高了我军当时同类设备的战术性能和保密性能；学员郭安礼设计出无线电罗盘检查仪、学员梅硕基设计出中心陀螺仪，分别为空军和海军增添了新设备；学员王成科设计的 100 毫米无后坐力炮由 701 厂专家评定后，认为设计思想先进，有创造性，答辩委员会建议供国家设计部门参考；学员谢群设计的 180 毫米舰炮，操作系统全部实现自动化，解决了海军当时亟须解决的问题……可见，坚持"科研促进教学"的定位，在办学实践中不仅开了花还结了果。

哈军工坚持科研促进教学的办学成效得到了时任装甲兵司令员许光达的肯定，1958 年 11 月他到哈军工视察，在看完当时的年轻教员徐滨士等

---

① 王春晖：《走进哈军工纪念馆，走近哈军工》，哈尔滨工程大学出版社 2013 年 7 月第 1 版，第 84 页。

② 滕叙兖：《哈军工传》（上卷），湖南科学技术出版社 2006 年 7 月第 2 版，第 389 页。

③ 同上书，第 478—485 页。

研制成功的国内第一台振动电弧堆焊设备时指出，"要设计制造与维修使用并重，不能截然分开，学习和实际必须结合起来"①。但由于当时政治运动频繁，科研促进教学的定位后来在办学实践中受到影响。1960 年，尽管在"反教条主义"运动中因为大抓教学科研而受到错误批判的时任哈军工教育长徐立行，在被安排到高等军事学院学习期间仍给陈赓院长写信强调科研对于促进教学、提高教学质量的重要性，"如果不靠任务带动，不争研究任务，不论教师培养，学员锻炼，实验设备，机密资料以及教学质量的切实提高等，都会受到很大的影响"②。1961 年 11 月，哈军工时任院长刘居英在教学工作会议上总结教学与科研工作的经验时，再次明确提出"以教学为中心，积极开展科学研究"，指出"教师是科学研究工作的主力"，要求在"定方向、选课题时都要注意教学需要，强调与专业建设相结合"③。

　　总之，哈军工坚持科研促进教学的定位在办学实践中是一贯的，并且在这一定位指导下的教学实践取得了明显成效，推动了教学质量的提高。一是提高了学员的技术知识和设计水平，不但掌握了基本理论，而且能够动手设计和制造，增强了独立工作能力，这在前面关于一期学员毕业实习和毕业设计时已经做了论述，在此不再赘述。二是教师在科学研究实践中积累和整理了大量的技术资料，充实了课堂教学内容，编写出了一批高水平的教材，这在下一节关于坚持问题导向的科研原则中将有具体例证。三是促进了教学方法的改革，为了进一步提高学员的科研实践能力，哈军工将第二期学员的毕业设计改为任务设计，将过去单纯验证理论的实验转变为设计与实验，更加贴近"实战"。四是带动了科学实验设备建设，改善了科研条件，既为建立新专业创造了条件，更是加强了学员的实验教学环节。五是促进了理论教学与实践教学以及教学、科研与生产劳动的紧密结合，改变了过去重理论轻实践的现象，在提高教师队伍学术水平和解决实际问题能力的同时，也提高了教师队伍整体的教学能力和教学水平。

---

①　滕叙兖：《哈军工传》（上卷），湖南科学技术出版社 2006 年 7 月第 2 版，第 566 页。

②　同上书，第 644 页。

③　滕叙兖：《哈军工传》（下卷），湖南科学技术出版社 2006 年 7 月第 2 版，第 871 页。

2. 坚持问题导向的科研原则

哈军工的科学研究坚持以问题为导向，是在科学研究的起始阶段就已经明确了的。1954 年初，奥列霍夫在给哈军工领导的建议中，提出关于科学研究的选题范围，一是围绕上级的定位，二是教授主动提出。这一建议，要求教师们一方面要围绕上级的定位来选择科研问题并开展研究，即紧紧围绕军队建设和国防现代化的需求寻找科研课题；另一方面要根据世界科学技术发展的趋势，主动去探寻有关的科学问题。1954 年 5 月，哈军工制定了《紧密结合教学，适当解决国防工业生产中的技术问题》，不仅强调了科学研究工作要为教学服务，更要坚持问题导向，着力解决国防建设中的具体问题。1954 年 6 月，哈军工颁布了《科学研究工作条例》，明确要求学院的科学研究要与各军兵种司令部和部队紧密联系，与专门科学研究所、实验室、射击场、工业企业部门合作，以此来确定科学研究的课题和项目，这是典型的面向实际需求所要解决的问题开展科学研究的思路。1954 年 9 月，哈军工在年度学期工作指示中进一步明确提出，科学研究要坚持"联系解决国防生产中的某些技术问题"为原则，把专业建设和教学工作中遇到的难题作为科研课题。在科研实践中，各教授会按照学院党委的要求，纷纷把专业建设与教学中遇到的问题作为科研课题展开研究，并制订了专门的科学研究计划。

从 1954 年到 1957 年，哈军工的科学研究紧紧围绕贯彻落实学院党委提出的"联系解决国防生产中的某些技术问题"这一方针，强调科学研究要注重"三结合一基础"，一是要结合教学实践中的重点、难点、疑点问题开展科学研究；二是要结合部队建设实际和发展需求中需要解决的武器装备问题开展科学研究；三是要结合工厂生产实践中提出的实际问题开展科学研究；四是要对科学技术发展的理论基础问题展开研究。这个"三结合一基础"的科研选题思路，充分说明哈军工几年来的科学研究始终是面向问题的，教师们始终是坚持以问题为导向的科研原则的。这一时期，哈军工把专业建设和教学实践中的问题作为科研课题进行研究取得了许多成绩，如炮兵工程系 209 教研室把设计教学模型和形象教具、建设高炮设计室和室外步枪射击场、编写《射击原理》和《公算原理手册》等作为科研课题，很快取得实效；再如空军工程系 103 教研室把集体备课中遇到的 11 个难题作为科研课题进行攻关，4 个月内全部得到解决。

哈军工学员在参加科学研究的过程中，在教室的带领和影响下，提出了许多有价值的科研选题。仅 1956 年，"空军工程系学员组成的 34 个科研小组，提出了 42 项科研课题；炮兵工程系学员组成的 25 个科研小组，提出了 37 项科研课题；海军工程系学员组成的 17 个科研小组，提出了 49 项研究课题"[①]；"装甲兵工程系学员组成的 6 个科研小组，提出了 23 项科研课题"[②]；"工兵工程系学员组成的 16 个科研小组，提出了 24 项研究课题"[③]。学员们提出的科研课题都紧密结合军队建设实际，如飞机火炮系统的老大难问题"为什么第一发炮弹射击行程所需时间比较长"？学员在参与科学研究的过程中，不仅拓宽了知识领域，在工艺改进、理论探讨等方面取得了许多有价值的科研成果，更为重要的是培养了学员如何去发现问题、如何正确地提出问题、如何科学地分析问题、如何结合实际需要解决问题的问题意识和独立思考能力、独立工作能力，这些不仅在学员的毕业实习和毕业设计中得到了充分体现，对学员毕业后在具体工作实践中如何分析问题、解决问题以及独立思考、独立工作都产生了重要影响。

哈军工坚持以问题为导向的科研原则，为军队建设和国防现代化解决了许多实际难题。1956 年，哈军工教师提出 "210 个科研课题，与全国 19 个工厂、8 所院校、3 个研究所签订科学研究协议和合同，帮助国防生产部门解决技术问题 58 个"[④]。1958 年，在陈赓 "一定要结合专业，不要忘记办学目标" 的要求下，哈军工师生 "勤工俭学" 的热情被引导到与专业相结合的科学研究，为地方工农业生产和国防建设解决实际问题，特别是改进部队的武器装备上。时任海军工程系主任黄景文到海军司令部争取海军最急需解决的科研课题，把 "真刀真枪" 的设计题目带回来让师生们进行研究。教师周福洪领导研制小组为解决海军建设急需的关键材料，试制成功铁淦氧电声转换器，改变了当时中国自己不能生产这种新型

①　王春晖：《走进哈军工纪念馆，走近哈军工》，哈尔滨工程大学出版社 2013 年 7 月第 1 版，第 84 页。

②　《国防科学技术大学科学研究史（1953—2013）》，国防科技大学出版社 2013 年 8 月第 1 版，第 17 页。

③　滕叙兖：《哈军工传》（上卷），湖南科学技术出版社 2006 年 7 月第 2 版，第 388 页。

④　同上书，第 389 页。

材料的落后状态。青年教师柳克俊带领平均年龄只有 25 岁的研制小组为解决鱼雷快艇问题，决心研制电子计算机，经过半年的刻苦钻研，中国历史上第一台军用电子计算机的科研样机在哈军工诞生。教师顾懋祥带领一群年轻人经过艰难试验提出的"顺浪与逆浪下水翼改角变化理论"，应用于海军鱼雷快艇的改装一次成功，提高航速 5 节，完成了新中国海军建设史上一个重要的科研难题。1958 年 11 月，装甲兵司令员许光达大将视察哈军工时强调指出，科学研究要从部队迫切需要解决的实际问题入手。如许光达提出："关于坦克的设计，一是要有火力，射击要准确，晚上运动要有红外线，现在的红外线还看不太清楚，如何提高？二是要有通行力，中国有三大河流，地形复杂，坦克要大还是要轻，这是矛盾，坦克人要少，目前的人员还能不能再减少？如何防原子、防导弹？坦克声音很大，如何隐蔽？"[1] 1960 年 11 月，中央军委副主席、国务院副总理贺龙元帅、总参谋长罗瑞卿大将视察哈军工时对哈军工结合部队实际需要开展科学研究给予充分肯定。时任海军工程系邓三瑞讲师带领科研小组研制的袖珍潜艇可以近海作战，能带两条鱼雷，还可航行至 200 海里以外打击敌人船只。罗瑞卿指出，这个项目的研制很好地解决了苏联专家提出的"沉下去上不来、不能在水下行驶、艇上的仪器不能用"[2] 三个问题。无论是许光达大将提出的坦克设计问题，还是罗瑞卿大将指出的潜艇研制问题，都是我国当时在军队建设和国防现代化过程中亟须解决的重大实际问题，攻克这些科研难题，成为当时哈军工科学研究的方向。这一科研方向的确立，成为哈军工后继者们矢志不忘的科研使命。60 多年后的今天，传承哈军工衣钵的所有院校，依然把为军队建设和国防现代化解决实际难题作为自己科学研究的根本职责，继续在实现国防现代化的道路上不懈奋斗。

二 服务军队建设的科研

哈军工的科学研究，是令人称奇的，也是令人赞叹的，更是令人仰

---

① 滕叙兖：《哈军工传》（上卷），湖南科学技术出版社 2006 年 7 月第 2 版，第 567 页。

② 同上书，第 666 页。

慕的。哈军工，在极其短暂的时间内就发展成为国家军事科学技术思想的中心；哈军工，在条件十分困难的情况下就发展成为国防武器装备研制的基地。哈军工的科学研究，凸显了为国防现代化服务的目标和宗旨。

1. 坚持打造军事科技思想中心

哈军工打造军事科学技术思想中心这一目标，是中央决策层建院伊始就在思考的重大战略问题。毛泽东在给哈军工颁发的训词中指出，"今天我们迫切需要的，就是要有大批能够掌握和驾驭技术的人，并使我们的技术能够得到不断的改善和进步"①。这里，培养能够掌握和驾驭技术的人，毫无疑问是创办哈军工的第一目的；同时，使我们的技术能够得到不断的改善和进步，同样也是创办哈军工的目的，而要达到这一目的，就是要把哈军工建设成为全军军事科学技术思想的中心。1952 年 12 月，陈赓在与专家教授座谈时指出，"将来这个学院还要成为国家的国防军事学术研究机构，做改良兵器和特种技术研究工作，例如发现敌人的新兵器，拿来加以研究，想出对策；在武器方面有新的创造发明，则由我们负责审查，然后交国家的制造部门去大量制造；在军事武器技术方面如有什么疑难的问题，则由我们研究解决，等等。总之，是运用我们的技术和智慧去解决问题"②。陈赓的这次讲话，十分明确地提出了哈军工要成为全国、全军军事科学技术思想中心的战略目标。1954 年 1 月初，苏联首席顾问奥列霍夫致信时任教育长徐立行，指出院首长的两个基本任务之一就是"使学院成为军事科学技术思想的研究中心"。并进一步对哈军工开展科学研究提出具体指导意见，"教学工作已经初步走上轨道，但是科学研究工作还没有开展"，虽然目前没有广泛开展科学研究的条件，但"应根据现有条件，规定可能开展的科学研究工作的范围和形式"③。这一建议与陈赓的办学定位不谋而合，得到了陈赓等哈军工创建者的高度重视，因为这与创建哈军工的根本目的是一致的。为了将哈军工的科学研究工作顺利开展起

---

① 《国防科技大学校史》，国防科技大学出版社（内部发行）1993 年 8 月第 1 版扉页。

② 《陈赓在教师座谈会上的讲话记录》，哈军工档案，1952 年 12 月 11 日。

③ 滕叙兖：《哈军工传》（上卷），湖南科学技术出版社 2006 年 7 月第 2 版，第 402—403 页。

来，科学教育部还专门组织教师召开了座谈会，广泛听取教师的意见。科学教育部指出，"只有开展科学研究，才能使学院成为军事科学技术的最高学府，教师如果不抓紧时间开展科学研究工作，很快就会成为时代的落伍者"①。学校领导层、执行层以及广大教师对科学研究的这些认识，不仅对哈军工科学研究工作的起步很重要，而且对哈军工逐步发展成为全国、全军的军事科学技术思想中心更重要。

哈军工经过卧薪尝胆、发奋图强逐渐发展成为全军的军事科学技术思想中心。1956 年 3 月，哈军工时任科学教育部部长徐立行在第一届科学技术研究会议上的报告进一步指出，哈军工的任务"是培养军事工程干部，发展军事技术思想"，"学院应当成为军事技术思想的研究中心，推动军事技术的发展"。这说明哈军工领导对成为军事科学技术思想中心在执行层面上已经有了更进一步的认识和理解，并且把实现这一目标与开展具体的科学研究工作紧密结合起来。1958 年 8 月，中央军委在北京举办军队院校科学技术成果展览会，包括陈赓在内的哈军工领导对此高度重视，这是奠定哈军工作为全军军事科学技术思想中心地位的重要契机，也是检验哈军工科学技术研究水平的重要时机。哈军工从上百项科研成果中精选了 36 项，其中有 12 项达到当时的国际先进水平。为了展示哈军工在全军军事科学技术研究中的地位，使哈军工早日成为全军乃至全国军事科学技术思想中心，陈赓逐一打电话邀请中央和军委领导来参观。周恩来、刘少奇、朱德、邓小平、陈云、林伯渠、彭德怀、林彪、陈毅、叶剑英、粟裕、黄克诚等中央领导和军委领导，以及中央军委各总部、各军兵种首长都来参观了哈军工的科技成果展览，对哈军工取得的科研成果给予高度赞扬。1958 年 11 月，哈军工海军工程系又在北京海军机关大院单独举办了一个科研展览，展品包括 901 计算机、水翼快艇、自航水滴形袖珍潜艇、铁淦氧电声转换器、声速梯度测量仪等国内首创且达到国际先进水平的军事科技成果 20 余项，陈赓再次请来周恩来、贺龙、陈毅、徐向前、罗荣桓等中央领导前来参观。哈军工在国防科学技术领域取得的这些科研成果，得到了中央领导和中央军委领导的充分肯定和高度赞扬，把哈军工

---

① 《国防科学技术大学科学研究史（1953—2013）》，国防科技大学出版社 2013 年 8 月第 1 版，第 4 页。

建设成为军事科学技术思想中心的目标得以基本实现。1958 年 9 月，时任国务院副总理、国防部部长彭德怀第二次来哈军工视察有十余天，在向党中央和中央军委提交的《视察军事工程学院等单位工作的报告》中指出，"哈军工树立了'以我为主''大胆创造'的思想，结合我国和我军实际，独立开展国防科学技术的研究设计，成功研制了一批新式武器和战斗器材，有的已经达到或超过国际先进水平，学院已经发展成为我国国防科学技术的综合型大学，各种技术力量、设备能力以及规模在远东可能是唯一的"①。这可以说是当时中央高层对哈军工作为全军军事科学技术思想中心地位的具体评价。同月，时任中共中央总书记、国务院副总理邓小平来哈军工视察时要求哈军工必须向高级走，"不搞出尖端，培养不出高级学员就不合格"②。

哈军工履行了作为全军军事科学技术思想中心的职责和使命。1955 年 12 月，哈军工教师任新民等在陈赓的支持下，向中央军委呈送了关于研制火箭武器和发展火箭技术的建议。这一建议得到了中央军委的高度重视，对党中央、中央军委后来迅速作出研制导弹的重大决策起到了重要的推动与咨询作用。1956 年初，党中央、国务院、中央军委决定组建导弹研究院，钱学森任院长。在钱学森开列的拟调 21 名高级专家名单中，"有哈军工的任新民、梁守槃、庄逢甘、罗时钧、卢庆骏、李宓等人"③。1956 年夏天，哈军工就开始招收导弹专业的学生（第三章关于哈军工第一次分建已论述过）。同时，以最快的速度建立起了中国第一支有较高水平的导弹和原子弹专业教师队伍。1958 年 3 月，哈军工第一期学员中"导弹专业毕业的 88 人全部分配到了导弹研究院"④。为了建立导弹、原子弹的试验靶场，哈军工工兵工程系主任唐凯被选调出任工程兵特种工程设计院院长兼政委，成为哈军工参加"两弹"上天任务的第一人。作为第一批调进导弹研究院的哈军工教师任新民教授，继钱学森之后，成为中

---

① 《视察军事工程学院等单位工作的报告》，军委文件，1958（082）号。

② 滕叙兖：《哈军工传》（上卷），湖南科学技术出版社 2006 年 7 月第 2 版，第 558 页。

③ 《国防科学技术大学科学研究史（1953—2013）》，国防科技大学出版社 2013 年 8 月第 1 版，第 15 页。

④ 《国防科技大学校史》，国防科技大学出版社（内部发行）1993 年 8 月第 1 版，第 58 页。

国航天科技的主帅，1999 年被授予"两弹一星"功勋称号。

国家《1956—1967 年科学技术发展远景规划纲要》中，将"原子能技术、喷气与火箭技术、半导体技术、电子计算机技术、自动控制技术等5 项尖端技术列为重点任务"[①]。哈军工作为全军军事科学技术思想中心，为完成上述尖端技术的重点研制任务，对国防科技的发展起着人才库和智力库的作用，一方面为国防科技事业源源不断地输送了大批科技人才，另一方面直接承担了大量国防科研任务。

1962 年 11 月，中国核武器试验研究所成立。"1963 年 3 月，国防科委紧急命令哈军工原子工程系核爆炸杀伤因素测试分析专业的 45 名学员提前毕业参与核试验，其中 38 人分配到核武器试验研究所，成为该所一支重要的科研力量。"同时，"国防科委给哈军工下达了参与第一次核试验的绝密科研任务，要求哈军工尽快完成研制冲击波压力机械式自记仪、冲击波压力电测试自记仪、光辐射最小照度到来时间测试仪、光冲量磁带式测试仪及标定设备、火球透明层高速摄影等任务"[②]。经过哈军工人的艰苦努力，圆满完成了研制任务。1964 年 4 月，10 余名哈军工教师带着研制的测试设备进入罗布泊核试验场，"教师傅信礼担任核试验力学测量队队长，赵伊君、花栅担任核武器试验研究所试验委员会委员"[③]。1964年 10 月，中国第一颗原子弹爆炸成功，哈军工输送的人才、研制的设备都经受住了考验，为中国国防科技事业的发展作出了不可磨灭的贡献。哈军工后来还参加了第二次、第三次核试验，原子工程系毕业生陆启生、李玉庆研制的光辐射磁带自记仪，教师王敬培、邱占武研制的核火球透明层测量仪参加了实验并取得成功。

为了使哈军工成为名副其实的军事科学技术思想中心，陈赓始终以战略家的敏锐眼光观察着国外军事科技发展的动态。1958 年 11 月，在参观海军工程系举办的科研成果展的过程中，当陈赓看到柳克俊等教师研制成功的 901 计算机这一科研成果时，就下定决心要在哈军工办电子

---

① 《国防科学技术大学科学研究史（1953—2013）》，国防科技大学出版社 2013 年 8 月第 1版，第 30 页。

② 同上书，第 31 页。

③ 同上。

计算机专业。1959 年，哈军工在"尖端集中、常规分散"的办学理念指引下，新建了导弹工程系、电子工程系、计算机系等"尖端"系及专业。如果当年没有以陈赓为代表的哈军工领导集体前瞻性的战略决策，设立这些"尖端"系和专业，哈军工就不可能为我国国防科技事业的发展培养大批急需的专业人才，就不可能承担起我国国防科技事业发展的一系列重大科研任务，就不可能有哈军工毕业生在我国"两弹一星"事业、国防航空工业、海防科技事业、航天科技事业、核电事业以及武器装备现代化中做出的杰出贡献，也不可能有后来国防科技大学在计算机研究领域的世界地位，也不可能有哈尔滨工程大学在海防研究领域的国际水平，这一切无不彰显着哈军工作为军事科学技术思想中心的成就与荣耀。

2. 坚持服务国防现代化的宗旨

服务国防现代化，不仅是哈军工科学研究要坚持的宗旨，也是创建哈军工的根本宗旨。毛泽东在给哈军工颁发的训词中十分明确地指出，"中国人民解放军军事工程学院的创办，对于我国的国防事业具有极重大的意义"①。周恩来、朱德在给哈军工开学典礼的题词中也明确表达了哈军工应肩负起"服务国防现代化"的历史使命。陈赓在主持创建哈军工的过程中，在各个场合的讲话中都在警醒哈军工人要时刻牢记"为国防现代化而奋斗"。哈军工人对实现国防现代化使命的理解是深刻的，坚持服务国防现代化的宗旨被贯穿于哈军工科学研究的决策、方向、组织、队伍、规划和实践的全过程中。1954 年 6 月，哈军工颁布的《科学研究工作条例》，明确提出科学研究的方向是解决对提高国防力量具有重要意义的科学技术问题，完成中央军委和各军兵种所提出的科学研究任务，给予他们科学和技术上的帮助。在科学研究的组织上，由教授会负责组织所属教师结合国防现代化与部队建设实际进行。1956 年 3 月，时任科教部部长徐立行在哈军工第一届科学技术研究会作报告时指出，哈军工科学研究工作的主要内容是"解决对提高国防力量具有重要意义的科学技术问题，完成军委和各兵种司令部及其他部门所提出的科学研究任务并给予应

---

① 《国防科技大学校史》，国防科技大学出版社（内部发行）1993 年 8 月第 1 版，扉页。

有的支持"。① 这就十分明确地回答了哈军工科学研究的方向、目标和重点应紧紧围绕国防现代化建设来确定。

由此，哈军工在这一时期的科学研究，以适应部队建设需求、结合部队实际开展科研为主，为推动国防现代化建设的步伐做出了重要贡献。1955 年至 1956 年主要完成了超音速风洞设计、枪架刚性测试仪、航路及测速器设计、橡胶火药、舰船原子防护、舰炮雷达自动跟踪系统、坦克振动测定仪、汽车转速试验台、野战筑城工事和障碍、起落架撞击实验、鱼雷回转性能试验、原子防护车设计、雷场中开辟通路器材等项目。1957 年主要完成了小展弦比机翼的空气动力、测量飞机操纵连杆自动频率、升降速度表延迟试验、扭转叠钣弹簧缓冲器的研究、空气粘性对弹道的影响、影响穿甲效应的研究、旋转弹丸围绕其质心运行的问题、登陆战役的航海水道保证、通信电缆的平衡、具有横向磁极的电机放大机、敌舰运动诸元及鱼雷射击诸元装置、坦克的液力传动装置、超音速发生器设计、力向传动试验台设计、海岸炮台基础的研究、防登陆地雷爆炸性障碍物等项目②。在这些研究项目中，海军工程系青年教师柳克俊关于改进快艇雷达性能并快速确定敌舰运动诸元及鱼雷射击诸元的装置这一研究成果，得到海军司令部的高度评价，认为这一研究成果"对海军兵器计算走向电子自动化、小型化具有重大意义"③。炮兵工程系浦发副教授关于旋转弹丸围绕其质心运动以及运动对散布和偏流的影响这一研究成果，得到苏联专家的高度评价，认为这一研究成果"具有重要应用价值，值得火炮与弹药设计专家们参考"④。空军工程系马明德教授领衔建设的全国高校第一个风洞实验室，当时已在国内率先建成两座 1.5 米级低速风洞和中国第一座 80 毫米 ×80 毫米、Ma 2.0 的超音速风洞，得到著名航天专家钱学森的称赞："了不起！你们的空气动力学研究已经走在全国的前列。"⑤ 为保证我国自行研制的第一架"歼教－1"飞机安全上天确定了所有气动数据。

---

① 《国防科学技术大学科学研究史（1953—2013）》，国防科技大学出版社 2013 年 8 月第 1 版，第 8 页。

② 同上书，第 13 页。

③ 同上书，第 14 页。

④ 同上。

⑤ 同上。

可见，这一时期的科学研究已经为国防现代化做出了重要贡献。

　　哈军工为了有效地进行常规武器的改革和研究，积极与有关部门协作研究某一项目，经常汇集部队的发明创造资料加以综合提高，还通过学员的部队实习协助部队进行技术革新等。在 1958 年到来的技术革命热潮与技术革新高潮中，哈军工始终坚持为实现武器装备建设现代化服务的科研方向，科学研究实现了全面、较快发展，进入以应用研究为主的新阶段，为我国常规兵器的现代化发展做出了重要贡献，仅 1958 年至 1961 年间完成的国防科研项目达 600 多项，重大项目 25 项。其中，海军工程系青年教师柳克俊紧紧瞄准海军现代化需求，提出并领导平均年龄只有 25 岁的青年教师团队，在盛夏又热又闷的实验室里昼夜苦干，通宵达旦地工作，经过顽强拼搏，最终研制成功我国历史上第一台自行设计、自行试制的舰用数字电子计算机，对提高海军战斗力、加快海军现代化步伐具有重要意义。海军工程系教授顾懋祥领先的科研团队为了解决鱼雷快艇安装艉水翼的试验问题，在松花江上露天宿营，克服了昼夜温差大、睡帐篷、打地铺、蚊虫咬等困难，在荒岛上度过了几个月的艰苦生活，完成了新中国海军建设史上一个重要的科研课题，为海军舰艇改装做出了重要贡献。

　　哈军工在这一时期成为了国防科学研究的试验田、根据地。时任空军工程系教授董绍庸提出要"为空军设计出具有当前世界先进水平的战机，而且新飞机要以美国的 F - 105 战斗机和 B - 58 轰炸机为作战对象"[1]。哈军工这一研制最大时速 2.5 倍音速、最大高度 22000 米歼击机的科研构想，被列为国家重点研制任务，得到了党中央和中央军委的高度重视。1958 年 10 月，中央军委专门成立了试制领导小组，搞全国大协作，集中兵力打歼灭战。哈军工"空军工程系参加'东风 - 113'设计的人员有300 多人，完成设计图纸 14500 张，对发动机进行了 91 项研究、800 多次试验，整理出设计报告 194 份，部分机载设备和试验取得可喜成绩"[2]。由于对"东风 - 113"设计和试制的复杂性、艰巨性认识不足等多方面原

　　① 滕叙兖：《哈军工传》（上卷），湖南科学技术出版社 2006 年 7 月第 2 版，第 568 页。

　　② 《国防科学技术大学科学研究史（1953—2013）》，国防科技大学出版社 2013 年 8 月第 1版，第 24 页。

因，并没有达到预期目的，但用周恩来总理的话讲，"通过试制'东风-113'，为我国研制现代化战斗机创造了条件，取得了经验"①。1961年6月，国防部成立了第六研究院即航空研究院。哈军工将已完成的"东风-113""全部设计任务的92%、设计好的338项任务奉命移交给六院"。哈军工教师谢光、宋文骢等与曾参加东风-113设计任务的部分学员一起调入六院，成为六院最早的创业者。在哈军工研制"东风-113"的基础上，以哈军工人为代表的我国航空研究人员终于战胜种种干扰和困难，研制出中国现代化的战斗机装备空军部队。哈军工6期学员沙伯南后来成为歼-7E的副总师，哈军工6期学员李明后来成为歼-8的总师，哈军工9期学员杨凤田后来成为歼-8D副总师、歼-8F总师，哈军工3期学员宋文骢后来成为歼-10总师，他们为我国战机研制、推动空军现代化建设做出了突出贡献。

哈军工在陈赓"尖端集中、常规分散"理念的引领下，1961年后的科学研究在直接为部队常规兵器服务的基础上，重点转向尖端兵器与尖端技术的研究，促进了科学研究工作的健康发展，科研成果中一多半是国防建设重点项目，在加速国防现代化进程中取得了引人瞩目的成绩，一大批国防科技成果相继问世。经过几年的努力，哈军工研究、设计、试制的一批重大成果装备部队，对改善部队装备发挥了重要作用。1963年在哈军工建院十周年纪念大会上，时任院长刘居英指出"理论密切结合实际，科研紧紧围绕国防建设"②。这一时期，哈军工的科学研究快速发展，大力加强尖端兵器技术理论研究，少数直接为部队常规武器服务，为国防和军队现代化做出了重大贡献，共完成科研项目800多项，仅1961年至1963年间完成的480多项科研任务中就有"国防科学技术重点项目20项，如弹道火箭陀螺平台设计、江南地区雷雨预报研究、气动轮机、导弹控制系统的舰用新型高速大功率柴油机、厘米波段行波参量放大器研究、圆筒稳定性研究、导弹地面引导站坐标测量系统小型化等"③。"文化大革

---

① 滕叙兖：《哈军工传》（上卷），湖南科学技术出版社2006年7月第2版，第576页。

② 《国防科学技术大学科学研究史（1953—2013）》，国防科技大学出版社2013年8月第1版，第29页。

③ 同上书，第32—33页。

命"后，尽管哈军工退出军队序列，但哈军工人仍然铭记使命、忍辱负重，始终坚持为国防和军队建设服务的科研方向，按照中央"当前生产建设和国防尖端技术迫切需要解决的科研课题必须保证按计划完成"和国防科委"导弹、原子弹、核潜艇等研制任务不能停，部队的武器、装备研制任务也不能停，要尽快拿出科研成果，为国家安全、部队和国防现代化建设做出贡献"[①] 的要求，在极其艰难的环境下坚守岗位，仅"1966年至1969年全国动乱高潮时期完成科研项目达100余项"[②]，为国防现代化建设作出了重要贡献，受到中央军委及总参谋部、国防科委、海军、空军、炮兵、装甲兵、工程兵司令部的高度赞扬，充分体现了哈军工"崇尚科学、追求真知，不畏艰难、发愤图强，敢于攻坚、善于创新，甘于奉献、忠心为国"的科研精神与科研作风，成为哈军工优秀文化传统的重要内容和生动体现，成为哈军工后继者的宝贵精神财富。

三　产出丰硕成果的科研

哈军工产出的科研成果，是我们站在今天这个时代回望时也该翘首仰望的。哈军工，在短短的十几年里形成了一大批具有鲜明国防特色、填补国内空白、接近或达到国际先进水平的重大科研成果，被称为"国内首创""国内首次""国内第一"或"共和国第一"。哈军工，在短短的十几年里奠定了国防科学技术研究的理论基础、实践基础和人才基础，为产出紧跟国际前沿、实现国防现代化、增强国防军事实力做出了重要贡献。

1. 服务国防需求的研究成果

哈军工的十七年，国防科研成果卓著。据不完全统计，这十七年哈军工共完成科研项目1800多项，科研经费2000多万元，解决了大量国民经济建设、国防和军队建设中的重大科学技术难题，许多成果在国民经济建

---

① 《国防科学技术大学科学研究史（1953—2013）》，国防科技大学出版社 2013 年 8 月第 1 版，第 39 页。

② 同上书，第 42 页。

设和国防现代化建设中发挥着重要作用。哈军工，由此成为国防和军队建设实现现代化的重要成果基地。这里，仅简单列举介绍哈军工时期若干服务国防需求的"共和国第一"的科研成果，以彰显哈军工的辉煌办学成就。

我国第一个大型风洞群——以马明德为代表的哈军工空军工程系科研人员立足我国航空工业发展实际，在既无经验可循，又缺乏技术保障的条件下刻苦攻关，历时十年，建成了从低速、跨音速到超音速，整体配套的8座风洞，形成了我国第一个大型风洞群。1954年，建成国内最早的两座1.5米级低速风洞；1956年，建成一座80毫米×80毫米的超音速风洞和两座木结构低速风洞；1959年，建成我国第一座大型吹气式超音速风洞；1963年，建成我国高校第一座大型跨音速风洞和我国最大的回流式大型低速风洞。雅克－18、初教－5、歼教－1、初教－6、轰－5、歼－6、歼－7、歼－8、歼－9、强－5等安全上天前在这里吹风确定气动数据。哈军工风洞群为我国航空工业现代化，为我国新型飞机和导弹研制做出了历史性的重大贡献。

我国第一艘水翼试验快艇——以顾懋祥为代表的哈军工海军工程系科研人员在条件极为艰苦的环境下，1958年9月在哈尔滨呼兰河首次试验获得成功。研制期间，1957年朱德元帅亲临哈尔滨参观模型试验。1958年，彭德怀元帅亲临呼兰河参观试航。1965年该艇正式定型、批量生产，装备海军。

我国第一台军用电子计算机——以柳克俊为代表的哈军工海军工程系青年教师科研团队，为解决海军部队急需，一个月设计出草图，经过四个月通宵达旦的研制工作，1958年9月，研制成功中国历史上第一台自行设计、自行试制的331型舰用数字电子计算机的科研样机。此后，以康继昌为代表的哈军工空军工程系科研人员研制成功我国第一台机载电子模拟计算机；以柳克俊为代表的哈军工海军工程系科研人员又研制成功我国第一台半导体舰载电子数字计算机901；1965年1月，以慈云桂为代表的哈军工海军工程系科研人员研制成功我国第一台晶体管电子数字通用计算机441B，为满足多家国防试验基地的需要做出了重大贡献，441B的技术负责人、哈军工4期学员康鹏在国产全晶体管化通用数字计算机、数字仿真、人工智能、集成电路和移动通信超前技术等科技领域占有五个国内第一，时任中央军委副主席聂荣臻亲笔签字，为康鹏颁发了"康鹏电路"发明证书。

铁淦氧磁体——以周福洪为代表的哈军工海军工程系科研人员，为解决海军建设急需的关键材料，1958 年 7 月，研制出过去认为高不可攀的铁淦氧磁体，为建立某噪音站提供了关键性材料，改变了当时中国自己不能生产这种新型材料的落后状态。对此表示怀疑的苏联专家，看到样品后也表示钦佩。当科研人员研制成铁淦氧电声转换器，在磁鼓伸缩率数方面超过荷兰同类产品时，国防部和海军首长致电表示祝贺。

我国首次水中爆炸试验研究——以夏剑晖为代表的哈军工海军工程系科研人员，1959 年完成了国务院长江流域规划办公室通过总参下达的关于在水中原子爆炸条件下大坝坝体选型及大坝防护问题研究。在确定方案、进行室内测试的阶段，测试仪器在室内的钢壁水池内进行了约上百次小型爆炸试验，在我国这种室内水池爆炸属首创。后又在武汉试验场的露天水池中反复进行了数百次中型爆炸试验，为后来三峡大坝设计中的原子防护问题提供了重要研究成果，这种野外模型试验的规模、所达到的技术水平及工作成果，均属当时国内首创。

我国第一艘小型水动力试验潜艇"032 艇"——以邓三瑞为代表的哈军工海军工程系科研人员，按照海军现代化建设的要求，由于当时缺少水池手段，为避免直接建造实艇导致高速稳定性、操纵性产生问题，1959 年，研制成功我国第一艘"水滴型"小型试验潜艇，并在旅顺基地海试获得成功。经试验，该艇静稳度、水下近水面操纵性等动力性能均达到设计要求。这是我国历史上第一次自行设计制造的潜艇，邓三瑞也是我国第一位常规潜艇总设计师。

我国第一艘核潜艇"长征一号"——哈军工海军工程系邓三瑞副教授是我国核潜艇工程、代号"09"的总顾问，海军工程系副教授雷渊超是导航分系统技术顾问。哈军工人最早参加了"09 工程"的科研工作，在整个"09 工程"设计组里，哈军工人占 30%。哈军工物理教研室主任朱起鹤教授带领舰船核动力专业全体教员 20 多人及学员参加了核潜艇方案的制定；哈军工海军工程系慈云桂教授、杨士莪副教授都承担了"09 工程"的科研任务。哈军工学员周圣洋、王大绪、董金荣、刘聚奎等成长为中国核潜艇工程的优秀专家。1970 年 12 月 26 日，中国自行研制的第一艘核动力攻击型潜艇下水，后被中央军委命名为"长征一号"，舷号401。

我国第一艘气垫船"33号艇"——以恽良为代表的哈军工海军工程系科研人员，为解决海军越滩登陆作战难题，1958年9月在哈尔滨呼兰河试航成功，彭德怀元帅、谭政大将亲临观看试航。1959年7月12日，该艇在旅顺基地进行长距离航行试验取得成功，并成功抢滩登陆，且以每小时69公里的速度航行了16海里，比英国某同类艇第一次横渡英吉利海峡早13天、速度快24公里，使我国成为世界上第一个在海上长航试验成功的国家，也是第一个独立掌握制造此种新型船舶技术的国家。

我国第一代水陆两栖坦克——在哈军工装甲兵工程系教师张克劝、杨楚泉的指导下，作为哈军工装甲兵工程系2期学员毕业设计任务研制的63式水陆两栖坦克，1959年6月完成样车在北京十三陵水库表演，中央军委首长朱德、贺龙、陈毅、罗荣桓、叶剑英、许光达、陈赓等亲临观看，对该成果给予极大肯定。该成果使我国步入自主研制水陆两栖坦克的国家行列。

2. 瞄准国际前沿的研究成果

哈军工的十七年，培养了一大批国防科研工作者，既有哈军工的教师，也有哈军工的学员，他们在大量的国防科研实践中成长，不仅继续在国防工业战线发奋图强，为国防和军队现代化建设服务，还瞄准世界军事科技发展前沿，为新中国研制出一大批具有国际先进水平的国防科技成果，为实现国防现代化做出了令世人瞩目的重大贡献。这里，仅简单列举介绍哈军工人瞄准国际前沿所创造的若干具有国际先进水平的科研成果，再次彰显哈军工的辉煌办学成就。

我国第一代"东风"系列战略导弹——以哈军工炮兵工程系任新民教授为代表的科研人员，卧薪尝胆、励精图治，研制成功我国第一枚导弹、第一代近程地地战略导弹"东风一号"、第一代中近程地地战略导弹"东风二号"、第一代中程地地战略导弹"东风三号"。任新民是"东风一号""东风二号""东风三号"导弹的副总设计师，"东风一号"导弹的发动机总设计师，"东风二号"导弹的新一代发动机研制负责人。"东风一号"导弹的研制成功，成为我国军事装备史上的一个重大转折点。

我国的"长征一号"运载火箭——以哈军工炮兵工程系任新民教授为代表的科研人员，自行设计研制成功"长征一号"运载火箭，把我国第一颗人造卫星"东方红一号"送入太空，使我国成为世界上第五个能够发射人造地球卫星的国家。任新民是"长征一号"运载火箭的技术总负责人，还是我国第一代太阳同步轨道气象卫星"风云一号"的总设计师。

我国的反舰导弹和第二代反坦克导弹——以哈军工空军工程系梁守槃教授为代表的科研人员，研制成功世界上第一个具有超音速飞行特性的反舰导弹"鹰击-8"，被誉为"中国飞鱼"。梁守槃是"鹰击-8"的总设计师。以哈军工导弹工程系5期学员王兴治为代表的哈军工人，研制成功我国第二代反坦克导弹"红箭-8"，使我国跻身世界拥有反坦克导弹的国家行列。王兴治是"红箭-8"的总设计师，哈军工学员何平伟、陈洪印、戴福民、高树桐是"红箭-8"的副总设计师。

我国第一台百万次集成电路计算机系统"151"——以哈军工海军工程系慈云桂教授为代表的科研人员，研制成功我国第一台百万次集成电路计算机系统，该系统用于我国首次洲际导弹试验中，安装于"远望号"上，圆满完成了导弹全程试验落点测量、导弹水下发射的落区测量任务。慈云桂是"151"的总负责人，哈军工学员陈福接、胡守仁等为主要研制成员。

我国第一台亿次计算机系统"银河-Ⅰ"——以哈军工海军工程系慈云桂教授为代表的科研人员，紧紧瞄准国际前沿，研制成功亿次计算机系统，填补了国内巨型计算机的空白，标志着我国进入世界研制巨型计算机的行列。慈云桂是"银河-Ⅰ"的总负责人，哈军工海军工程系5期学员周兴铭是"银河-Ⅰ"主机系统研制负责人。

我国首枚洲际弹道导弹试验——以哈军工海军工程系教师杨士莪、哈军工学员金士尧为代表的哈军工人，在我国首枚洲际弹道导弹在南太平洋试验中，圆满完成了导弹试验测量任务。金士尧任"远望一号"计算和控制部门业务长、试验试航领导小组成员，杨士莪等哈军工科研人员研制的深海海底应答机、深海声速-深度测量仪等在试验中运转正常，技术状态良好，为我国首枚洲际弹道导弹的试验成功做出了重要贡献。

我国第三代主战坦克——以哈军工炮兵工程系副主任祝榆生教授为代

表的科研人员，研制成功我国第三代主战坦克。该型坦克具有优异的防弹外形，炮塔和车体均采用复合装甲，抗弹能力成倍提高，成为我国陆军装甲师和机步师的主要突击力量，被人们称为"陆战之王"。祝榆生是该型坦克的总设计师。

我国第一台深潜救生艇——以哈军工海军工程系张诵尧为代表的科研人员，为解决深潜救生这一世界性难题，研制成功我国第一艘某型深潜救生艇，使我国跻身世界少数拥有深潜救生能力的国家行列。该艇主要负责营救失事潜艇艇员，它由母船放入水中快速下潜，自动搜寻失事目标并迅速靠近失事潜艇与其对接，将艇员接入救生艇中上浮，为潜艇保驾护航。张诵尧解决了对口救生系统、浮力调节系统等一系列技术难题，最终为国防科研显出了宝贵的生命。

我国第一代战略导弹——以哈军工炮兵工程系 1 期学员邢球痕为代表的哈军工人，经过艰苦努力研制成功我国中高领空的骨干武器"红旗-2号"地空导弹、装备核潜艇的我国第一代战略导弹"巨浪-1号"固体潜射弹道导弹，邢球痕是"红旗-2号"和"巨浪-1号"导弹的发动机总设计师。"巨浪-1号"采用的两级发动机，是我国固体火箭技术的一个重大突破，使我国运载火箭技术进入一个新的时代。

我国主力舰载防空导弹——以哈军工空军工程系 1 期学员钟山为代表的哈军工人，经过艰苦努力研制成功我国主力驱逐舰装备的舰载近程防空导弹"海红旗-7号"，以及取得我国防空导弹史上四项重大突破的低空导弹"红旗-7号"。钟山是"红旗-7号"和"海红旗-7号"导弹的总设计师。"红旗-7号"导弹试验中实现五发五中，击落 4 种 5 架靶机，且首次双发齐射同时命中两架靶机，成功摧毁超低空飞行目标，首次通过战术性能使用考核的试验成果。

我国第一架完全独立拥有自主知识产权的战斗机"歼-10"——以哈军工空军工程系 3 期学员宋文骢为代表的哈军工人，在一代又一代哈军工科研工作者奠定的研究基础上，1998 年 6 月，研制成功"歼-10"飞机飞上蓝天，这是我国航空事业发展史上的一个重要里程碑，是一个标志性重大事件。2005 年，"歼-10"正式装备部队，并在很短时间内成建制、系统地形成了战斗力。宋文骢是"歼-10"的总设计师。此前，哈军工 9 期学员李洪毅、陈昌林、阮仲良等研制的"歼轰-7"，是我国 20

世纪 70 年代开始自主设计研制的全天候多用途歼击轰炸机；哈军工 6 期学员沙伯南等研制的"歼 - 7E"战斗机，是"歼 - 7H"的改进型，是对米格 - 21 系列机动性能进行的成功改进，沙伯南是"歼 - 7E"的副总设计师；哈军工 6 期学员李明等研制的"歼 - 8"，是我国自行设计的第一架高空高速歼击机，开辟了我国航空武器自主研制的新纪元，李明是"歼 - 8"的总设计师；哈军工 7 期学员杨凤田等研制的"歼 - 8D"，是我国第一代受油机，杨凤田是"歼 - 8D"的副总设计师；杨凤田等研制的"歼 - 8F"，是我国第一型发射制导、导弹自主截获目标的飞机，杨凤田是"歼 - 8F"的总设计师。就是在这样一代又一代哈军工人科学研究工作奠定的深厚基础上，我国的航空事业才取得了如此辉煌的可喜成就。

我国第一套沉体探测打捞系统——以哈军工海军工程系 4 期学员杨彦生、8 期学员边信黔等为代表的哈军工人，研制成功我国第一套沉体探测打捞系统，其主要功能是对水下沉埋物进行探测与打捞，其功能属国内外首创，是世界上第一艘既可载人作业又可无人揽控的潜器。该系统的打捞能力达到世界先进水平。

我国第一台全数字仿真计算机系统"银河仿真 - Ⅰ"——以哈军工海军工程系 5 期学员周兴铭等为代表的哈军工人，研制成功我国第一台全数字仿真计算机系统，填补了我国全数字仿真机的空白。周兴铭是"银河仿真 - Ⅰ"的总负责人。

我国第一台通用十亿次并行巨型机"银河 - Ⅱ"——以哈军工海军工程系 5 期学员周兴铭等为代表的哈军工人，紧盯国际领先水平，研制成功我国第一台通用并行巨型机，进一步缩小了我国与国际先进水平的技术差距，打破了国外在巨型机技术上对我国的封锁。周兴铭是"银河 - Ⅱ"的总设计师，哈军工计算机系 13 期学员卢锡城是"银河 - Ⅱ"的副总设计师。

我国第一套六自由度深潜救生艇动力定位和集中控制与显示系统——以哈军工海军工程系 8 期学员边信黔为代表的哈军工人，为解决深潜救生的动力定位这一世界性难题，研制成功我国第一套六自由度深潜救生艇动力定位和集中控制与显示系统。该技术解决了深潜救生艇六自由度动力定位的技术难题，属国内独创，填补国际空白，对深水打捞、海洋空间对接等海洋开发活动具有广阔的应用前景。

我国第一座自行设计建造的核电站"秦山核电站"——以哈军工学员缪鸿兴为代表的哈军工人,在我国全面停止核武器试验后,投入和平利用核能的探索之中,于20世纪90年代建成我国第一座核电站"秦山核电站"。缪鸿兴是秦山核电站副总设计师,哈军工学员童鼎昌是反应堆设计室主任兼主任工程师。

我国的智能水下机器人技术——以哈军工海军工程系9期学员徐玉如为代表的哈军工人,在哈军工海军工程系邓三瑞教授的指导下研发的智能水下机器人技术,是一项研究水下浮游式自主智能机器人技术,是一项具有多学科、交叉学科特点的、紧跟世界先进水平的高科技课题。水池与湖中的试验在国内首次成功实现了自主导航、自主避障、自主简单作业等智能行为,在水下机器人智能化方面迈出了革命性的一步,对海军和国防现代化建设具有极重要的意义。

我国第一艘航空母舰"辽宁号"——哈军工导弹工程系13期学员高学敏曾任我国航母工程、代号"048工程"建设指挥部政委。我国从20世纪90年代开始航空母舰的预研工作,2004年中央军委正式立项,哈军工人参与了航母工程的预研、立项、论证、改造、设计等各个环节的工作,是"048工程"从顶层设计到宏观管理、再到工程审图的骨干力量。2012年9月25日,中国第一艘航空母舰"辽宁号"正式交接入列,交付海军,成为我国海军发展史上的重大标志性事件,具有重要里程碑意义,为进一步增强国防实力、加速国防现代化做出了重要贡献。

我国第一台万亿次超级并行巨型计算机——以哈军工计算机系13期学员卢锡城为代表的哈军工人,始终瞄准国际领先,于20世纪90年代中后期研制成功综合技术达到国际先进水平的并行巨型计算机"银河-Ⅲ",成功应用于国防现代化、核科学、气象等科学研究和国民经济建设领域。卢锡城是"银河-Ⅲ"的总设计师。后来,以卢锡城为代表的哈军工人在21世纪初又研制成功我国第一台万亿次银河超级并行巨型计算机。今天,在银河系列计算机基础上发展起来的"天河"系列计算机一直走在国际先进水平行列。

可以说,哈军工的科学研究取得了举世瞩目的重大成果。这些成果,既有哈军工十七年办学过程中广大师生紧紧围绕服务国防现代化需求耗费大量心血研制成功的一系列重大国防科技成果,以及广大哈军工师生紧紧瞄准国际军事科技前沿倾尽毕生精力研制成功的一系列重大国防科技成果；更有哈军工在十七年科研实践中始终坚持的以科研促进教学的科研定位，始终坚持的以问题为导向的科研原则，以及对哈军工科学研究目标、方向、重点的调整具有战略意义的"尖端集中、常规分散"科研工作理念；还有哈军工在十七年科研实践中始终坚持打造我国军事科学技术思想中心的科研目标不动摇，始终坚持服务国防现代化建设使命的科研宗旨不动摇等科技发展战略思想。哈军工在科学研究中所形成和展示出来的文化，深刻体现了哈军工"崇尚科学、追求真知，不畏艰难、发奋图强，敢于攻坚、善于创新，甘于奉献、忠心为国"的科研精神与科研作风，闪烁着哈军工师生的思想光辉，是哈军工后继者们前进的动力，是我们今天必须继承和发扬的文化精髓。

第六章 哈军工的思想政治教育（一）

哈军工的思想政治教育，紧紧围绕办学宗旨，坚持服务人才培养中心任务。哈军工的思想政治教育，目标是系统的、科学的。哈军工的思想政治教育，任务是明确的、重点是突出的、层次是清晰的。哈军工的思想政治教育，方法有多维，强调灵活运用。哈军工，思想政治教育成为人才培养的核心任务。

一 思想政治教育的目标

明确的目标，既是确保思想政治教育前进的方向，也是检验思想政治教育成效的标准。哈军工，坚持政治、思想、品德、作风"四位一体"的思想政治教育目标，确保了人才培养的高素质、高规格、高要求。哈军工思想政治教育的目标，为哈军工思想政治教育工作的实践发展指明了方向，是哈军工人才培养质量得以保证的根本要求。

1. "四位一体"教育目标的形成

哈军工思想政治教育的目标，是基于"又红又专的军事工程师"这一人才培养目标制定的，"红"就是要通过有效的思想政治教育来实现。在哈军工十七年的办学实践中，逐渐形成了"政治、思想、品德、作风""四位一体"的思想政治教育目标。

哈军工"四位一体"思想政治教育目标的形成是一个渐进的过程，这一过程与确定哈军工人才培养目标的过程是同步的。在哈军工的筹建过程中，最早在哈军工人才培养目标中提及思想政治教育目标的，是时任苏联驻中央军委顾问团总顾问科托夫上将。他在 1952 年 10 月听取哈军工筹委会副主任李懋之汇报筹建工作后，对哈军工人才培养目标提出了明确要求，概括起来有关思想政治教育的要求主要涉及"四个方面"① 的内容，一是要求在政治上要热爱祖国；二是要求在思想上要能忍受一切艰难困苦、不怕流血牺牲；三是要求在作风上要有铁的纪律、一丝不苟的工作作风；四是要求在品德上要有主动承担责任的精神。科托夫上将的这些要求，不仅是哈军工"四位一体"思想政治教育目标形成的认识论基础，也构成了这一目标体系的基本雏形。1952 年 12 月，陈赓在哈军工第一次教学工作座谈会上强调学员要"有严格纪律性"，这体现了哈军工人才培养中对人的思想政治教育素质从作风上的特别强调。据此，哈军工在招生中也特别强调了要进行政治审查，要求必须政治思想要合格。

在哈军工的办学过程中，最早将思想政治教育目标写入制度，是哈军工出台的第一个纲领性文件《关于执行教育任务中几个主要问题的决定》。1953 年 2 月，在哈军工出台的这个决定中第一次对人才培养目标做出了制度性规定，其中涉及思想政治教育的制度性规定概括起来有"三个方面"②：一是从政治上要求必须对党高度忠诚；二是从作风上要求必须有高度的组织性、纪律性、英勇顽强；三是从思想上要求必须工作积极。这些制度性规定，成为哈军工思想政治教育目标体系形成的制度性基础。1953 年 8 月，哈军工制定出台的《第一期教学计划说明》，明确了人才培养的目标，其中涉及思想政治教育的制度性规定概括起来主要有"四个方面"③ 的内容：一是从政治要求上，必须政治上坚定，无限忠于党和人民，忠于祖国，树立科学的世界观和革命的人生观；二是从思想要求上，必须具有高度的爱国主义和国际主义精神，忠诚老实，甘愿献身国防事业；三是从作风要求上，必须勇敢顽强，富于主动性和警惕性，不怕困难并善于克服困难，具有高度组织性、纪律性；四是从品德要求上，坚定全心全意为人民服务的信念。同时，这些规定得到了中央高层与党和国

---

① 滕叙兖：《哈军工传》（上卷），湖南科学技术出版社 2006 年 7 月第 2 版，第 119 页。

② 《军事工程学院党委会关于执行教育任务中几个主要问题的决定》，哈军工史料，1953 年。

③ 《国防科技大学校史》，国防科技大学出版社（内部发行）1993 年 8 月第 1 版，第 25—26 页。

家领导人的认可和肯定。1953 年 8 月，毛泽东在为哈军工颁发的《训词》中强调，要"保持和发扬中国人民解放军的光荣传统，特别是全心全意为人民服务的精神和自我牺牲的英雄气概"，这不仅是对哈军工学员、哈军工教师在作风、品德上的要求，也是对全体哈军工人在品德、作风上的要求。

在哈军工的发展过程中，对人才培养的思想政治教育要求也在不断地调整，思想政治教育目标体系的内涵也在不断丰富。1958 年 3 月，陈赓在给哈军工第 1 期毕业学员的信中指出，哈军工毕业生"必须具备为社会主义、为人民服务的思想品质"，这里特别强调了对哈军工学员思想、品德的要求。1959 年，哈军工第一期教学计划经过五年的教学实践循环后，对教学计划进行了调整和修订，对人才培养的思想政治教育目标做出了相应的修改，特别强调学员要"具有共产主义觉悟"，进一步丰富了品德要求的内涵。1961 年初，哈军工再次对教学计划进行了修订，特别强调要坚持"教育为无产阶级政治服务"的原则，这也是从政治上提出的明确要求，修订后的教学计划再次强调品德上要"具有共产主义觉悟"的思想政治教育目标。1962 年，在当时的国内大背景下又一次修订了教学计划，对人才培养的思想政治教育目标提出了更高的要求，明确从政治上强调要"拥护党的领导，拥护社会主义制度"；从思想上强调要"具有爱国主义和国际主义精神，自觉为国防现代化服务，树立无产阶级的阶级观、劳动观、群众观"；从品德上强调要"具有共产主义道德品质"；从作风上强调要"继承并发扬我军的光荣传统，体现'三八'作风"[1]。自此，哈军工经过近十年的发展，基本形成了"政治、思想、品德、作风""四位一体"的思想政治教育目标。

2."四位一体"教育目标的内涵

哈军工"四位一体"的思想政治教育目标体系，就是从政治、思想、作风、品德四个方面，分别对人才培养做出了十分严格的要求。这些要求是对哈军工"又红又专的军事工程师"这一人才培养目标中"红"的具体规定。哈军工正是通过实现人才培养目标"红"的规定性，构建了卓

---

① 《国防科技大学校史》，国防科技大学出版社（内部发行）1993 年 8 月第 1 版，第 28 页。

有成效的"四位一体"思想政治教育目标，这一目标的基本内涵主要体现在四个方面。

一是哈军工始终坚持把坚定正确的政治方向放在人才培养的首位，要求培养的学员必须在政治上合格、在政治上可靠，学员从招生到毕业的全过程必须过政治关，在政治上要坚定不移地信仰马克思主义，坚定不移地坚持社会主义制度，坚决服从中国共产党的领导，无限忠诚和热爱自己的祖国。这里，明确了人才培养的政治质量标准，如果培养的学员在政治上不合格，政治质量不达标，就意味着哈军工培养的人才不合格，人才质量不达标。可见，政治质量的高低，不仅决定了思想政治素质的高低，也决定了人才素质的高低。

二是哈军工始终坚持把过硬的思想素质作为人才培养的根本，要求培养的学员必须在思想上积极进取、忠诚老实，学员从入学到毕业的全过程必须过思想关，在思想上要牢固树立起科学的世界观、革命的人生观和进步的价值观，树立起共产主义的远大理想、献身国防事业的人生追求和为社会做贡献的价值取向，具有高度的爱国主义和国际主义精神。这里，明确了人才培养的思想素质标准，如果培养的学员在思想上不合格，思想表现不积极，同样意味着哈军工培养的人才不合格。可见，思想表现是否积极，决定了人才素质的好坏。

三是哈军工始终坚持把高尚的品德修养作为人才培养的重点，要求培养的学员必须在品德上甘于奉献、全心为民，学员从入学到毕业的全过程必须过品德关，在品德上要始终坚定全心全意为人民服务的信念，树立起自觉自愿为社会无私奉献的思想，培养高尚的共产主义道德品质。这里，明确了人才培养的品德修养标准，如果培养的学员在品德上不合格，品德修养不高尚，也会意味着哈军工培养的人才不合格，人才质量有缺陷。可见，品德修养问题不仅是思想政治教育的重要内容，也是人才培养的重点要求。

四是哈军工始终坚持把"三严"的作风要求作为人才培养的关键，要求培养的学员必须在作风上做到"严谨、严格、严密"，做到坚忍不拔、纪律严明，学员从入学到毕业的全过程必须过作风关，在作风上要具有高度的组织纪律观念，养成严格的军人作风，具有严整的军人风范，能够吃苦耐劳、不怕牺牲、英勇顽强。这里，明确了人才培养的作风标准，如果培养的学员在作风上不合格，作风表现不过硬，也同样意味着哈军工培养的人才不合格，人才质量不过关。可见，作风是否过硬，是否达到"三严"要求，是人才质量达标的关键。

这四个方面的内容不仅是哈军工思想政治教育目标的基本内涵，也是哈军工对人才培养的根本要求，这些目标要求被贯穿于哈军工人才培养的全过程，确保了哈军工人才培养的高素质、高规格与高要求。经过哈军工十多年办学实践发展，我们将"四位一体"的思想政治教育目标，进一步明确概括凝练为"在政治上，信仰坚定、对党忠诚；在思想上，积极进取、三观正确；在品德上，甘于奉献、全心服务；在作风上，'三严'要求、军人风范"。

哈军工"四位一体"的思想政治教育目标，不仅明确了哈军工人才培养的根本方向，是哈军工人才培养质量得以保证的根本要求，更为哈军工思想政治教育工作的实践发展指明了道路，成为哈军工检验思想政治教育工作成效的根本标准。哈军工"四位一体"的思想政治教育目标，不仅是与哈军工人才培养相一致的、符合时代要求的正确目标，还是一个具有系统性、科学性和前瞻性的可操作性目标，在整个哈军工的人才培养过程中发挥着极其重要的作用。这一目标与一般院校思想政治教育相比，在体系上突出了政治为先、军队特色，在程度上又比一般院校和普通军队院校有更高的要求，是确保哈军工培养的人才姓"社"、姓"共"、姓"军"的思想政治教育目标。这一目标，为我们今天构建高校大学生思想政治教育目标体系提供了重要借鉴、经验和启示。

二　思想政治教育的任务

明确的教育任务，是实现思想政治教育目标的根本要求，也是实现思想政治教育目标的必然选择。哈军工，坚持突出理想、信念、使命、责任为重点的思想政治教育，确保了人才培养姓"社"、姓"共"、姓"军"。哈军工思想政治教育的任务，成为实现哈军工思想政治教育目标的重要基础。

1. 突出理想信念的思想政治教育

哈军工的思想政治教育任务，是为了保证思想政治教育"四位一体"目标能够实现而确定的。要达到哈军工人才培养上"红"的目的，实现政治坚定、思想积极、品德高尚、作风过硬的思想政治教育目标，就必须突出以理想、信念为重点的思想政治教育任务。为此，哈军工对广大干部、教师和学员进行了系统的坚定马克思主义信仰、坚定社会主义信念与坚定中国共产党领导信心的教育。

干部、教师层面的理想信念教育。首先，进行以马克思列宁主义、毛泽东思想为主要内容的政治理论教育，从根本上提高广大干部、教师的政治思想水平，帮助广大干部、教师树立无产阶级的世界观，增强广大干部、教师分析和解决自然科学与社会现象中问题的能力，使广大干部、教师保持坚定正确的政治方向，保证广大干部、教师自觉执行党的路线、方针和政策。干部、教师政治理论教育的具体内容包括学习马克思主义哲学、政治经济学和科学社会主义，学习中共党史与毛泽东著作，学习苏联共产党党史、苏联社会主义经济问题等。

其次，结合国内外斗争形势与我国社会主义建设，结合哈军工办学的中心任务与具体工作以及干部、教师自身世界观的改造，学习马克思列宁主义和毛泽东著作，进行形势教育和爱国主义教育，培养广大干部、教师的爱国主义精神和国际主义精神，坚信社会主义道路和党的正确领导。

再次，通过对党的路线方针政策的宣传，进行时事政策与革命理想教育，如1954年进行的党在过渡时期总路线宣传，认真学习了中宣部编写的《为动员一切力量把我国建设成为一个伟大的社会主义国家而斗争——关于党在过渡时期总路线的学习和宣传提纲》，经过一年的学习，广大干部、教师包括学员对当时我国已进入社会主义革命新时期这一事实有了较为深刻的认识，普遍认识到新的历史时期的任务就是动员一切力量把我国建设成为一个伟大的社会主义国家而奋斗，提高了广大干部、教师包括学员的社会主义觉悟，明确了社会主义革命的方向。同时，通过对非社会主义成分的改造和粮食等统购统销政策的学习，使广大干部、教师包括学员提高了政策观念和政策水平，开始认识到学习党的各项方针、政策的必要性和迫切性，初步体会到只有正确领会和坚决执行党的政策，才能保证各项任务的完成，进而统一对党的路线、方针、政策的认识，提高贯彻执行的自觉性和坚定性。这对调动广大干部、教师进行社会主义建设的积极性和主动性，始终坚持以马克思主义为指导，始终坚信中国共产党的正确领导，为实现共产主义远大理想而不懈奋斗具有重要作用。

学员层面的理想信念教育。首先是通过规定的政治理论教育实现对学员的理想信念教育。哈军工对学员政治理论教育的重视程度相当高，在教学计划总学时中的占比达10%以上，最高时达到总学时的16.6%。政治理论教育的基本任务就是向学员灌输马列主义、毛泽东思想，帮助学员树立科学的世界观和革命的人生观，坚定全心全意为人民服务和献身国防事业的理想信念。政治理论教育的课程设置主要包括马列主义基础、中共党史、政治经济学和政治工作4门课，并根据形势和任务的需要，在实施中穿插时事和党的路线、方针、政策教育。在各种政治运动比较频繁的时期，尽管政治理论课的系统教学被中断，但要进行十分严格的社会主义和共产主义教育，目的是完全一致的，甚至更加强调纯洁思想、纯洁灵魂，更加强调树立起真正科学的世界观和绝对革命的人生观。

其次是通过规范不同年级不同时期的学习内容进行理想信念教育。一、二年级学员，主要学习中国共产党党史，包括武装斗争、军队建设以及党的建设、农民问题、统一战线问题等，帮助学员理解和领会毛泽东思想以及党的优良传统作风，加强思想修养。哈军工的三年级学员主要学习社会主义建设理论，包括中国社会主义革命和建设的理论、实践问题以及党的社会主义建设总路线、各项重要政策等，帮助学员理解和领会社会主义建设理论与社会主义建设时期的路线、方针、政策，加强理论和政策修养。哈军工的四、五年级学员，主要学习马克思列宁主义哲学的基本原理、毛泽东的《矛盾论》《实践论》《正确处理人民内部矛盾》等哲学著作，帮助学员理解和掌握唯物主义辩证法，学会运用唯物辩证法分析问题和解决问题，树立科学的世界观和方法论。1960年以后，哈军工的政治理论教育以毛泽东思想和毛泽东著作为基本内容。1960年10月1日，《毛泽东选集》第四卷出版，哈军工掀起了学习毛泽东思想的热潮，广大学生学习热情高涨，学习十分积极主动，带着问题学，学用结合，取得了明显的学习效果，涌现出一大批学习毛泽东著作的先进典型，各个层面还分别召开了学习毛泽东著作心得报告会和学习经验交流会，对提高广大学员的思想水平起到了重要的推动和促进作用。哈军工对学员的政治理论教育十分严格，政治理论课教学坚持高标准、严要求，学员政治理论课不及格不能升级，不能毕业，不能当工程师，要求教师要成为学员学习马克思列宁主义、毛泽东思想的榜样。

最后是通过党课、团课对广大学员进行以理想信念为核心的思想政治教育。1962 年 8 月以前，要求所有的党员都必须接受党课教育，一、二、三年级的团员必须接受共青团工作条例和团章教育，四、五年级的团员参加听党课。1962 年 9 月后，改为一、二年级以团课教育为主，三、四、五年级以党课教育为主。哈军工每个月用两个党日的时间进行党课教育，一般二、三年级进行党的性质和党的基本知识教育，四、五年级进行党员的修养教育；每个月用一个团日的时间进行团课教育，一、二年级团员进行团支部工作条例和团章教育，三年级以上的团员和青年群众听党课。无论是党课还是团课，始终坚持理论联系实际，每个党员或团员自己进行对照检查，自觉定期开展批评与自我批评，提高了广大党员和团员的共产主义觉悟，逐步树立起共产主义的远大理想。总之，对广大学员进行的以理想信念为核心的思想政治教育取得明显成效，通过用马克思列宁主义理论、毛泽东思想武装广大学员，使他们树立起科学的世界观和革命的人生观，使他们了解了党的性质、任务、作用，为始终坚持马克思主义的指导，坚持走社会主义道路，坚持社会主义制度，坚持中国共产党的领导，进一步深刻理解党的路线、方针、政策提供了理论依据和实践逻辑。

2. 突出使命责任的思想政治教育

要达到哈军工人才培养上"红"的目的，实现政治坚定、思想积极、品德高尚、作风过硬的思想政治教育目标，还必须突出以使命、责任为重点的思想政治教育任务，对广大干部、教师和学员进行全心全意为人民服务和献身国防事业、服务国防现代化建设的使命感和责任感教育。

哈军工的使命和责任在毛泽东主席为哈军工颁发的《训词》中十分明确地指出是为了建设现代化的国防，所以《训词》中要求哈军工人要有"全心全意为人民服务的精神和自我牺牲的英雄气概"①。陈赓在哈军

---

① 《国防科技大学校史》，国防科技大学出版社（内部发行）1993 年 8 月第 1 版，扉页。

工筹建时期对参与筹建任务的广大干部、教师讲得最多的就是哈军工所肩负的历史使命和哈军工人应承担的历史责任。在哈军工筹委会成立大会上，陈赓首先就对参加筹建工作的干部教师进行使命感和责任感教育，讲创建哈军工对于国防现代化建设的重大意义，讲国防现代化建设的紧迫性。对所有请来的参与哈军工建设的专家、教授，陈赓都要跟他们讲如何放下思想包袱为建设社会主义国家做贡献，如何担负国家使命为哈军工建设出谋划策。在哈军工筹委会移师哈尔滨后的第一次党员干部会上，陈赓对广大筹建干部讲，朝鲜战争使我们清醒地认识到要加强国防建设，要有现代化的武器装备，更要有能够掌握和使用现代化武器装备的人，"现代战争可以说是打技术的，没有足够数量和训练有素的技术干部和指挥干部就无法赢得胜利"。"所以要赶快建立军事工程学院，加快培养能掌握现代化武器装备的技术军官。"① 同时，陈赓又在第一次教学座谈会上对广大教师讲，"我们的国家要保卫国内建设的成果和亚洲及世界和平，没有一支强大的具有现代技术装备的武装力量是不行的"。在朝鲜战场上，"我们的志愿军以装备上的极大劣势，对付世界上最凶恶的，有高度现代化技术装备的美帝国主义"②。"我们今后要把自己的军队用技术装备起来，使其成为高度机械化、现代化的国防武装力量。这就是我们和在座的诸位同志们的共同任务、共同责任。""我们把诸位请到这里来，是为了共同办好这个学院，培养出大批国防建设人才。建设国防，保卫祖国不是要诸位亲自拿枪杆子，而是要求你们把自己的智慧、技术贡献给国家。"③ 陈赓这样直接面对面的对广大干部、教师进行使命感和责任感教育，使广大干部、教师逐步树立起献身国防事业的使命意识和责任意识。1953 年 8 月，哈军工开学前夕彭德怀来校视察接见团以上干部时强调，"志愿军在朝鲜战场作战，基本上还是小米加步枪，以这样劣势的装备，同最现代化的美国军队作战，是很困难的，我们付出了血的代价。所以我们必须办学校，培养技术人才"。这样的使命教育和责任教育在哈军工是经常的。

1953 年初，陈赓为首批到校的学员和助教们做形势报告时，讲得最

---

① 滕叙兖：《哈军工传》（上卷），湖南科学技术出版社 2006 年 7 月第 2 版，第 131 页。

② 同上书，第 133 页。

③ 《陈赓在教师座谈会上的讲话记录》，哈军工档案，1952 年 12 月 11 日。

多、强调得最多的是哈军工应肩负的国防现代化使命和哈军工人应献身国防事业的责任。"帝国主义欺负了我们一百多年，现在还在欺负我们，你们一定要立志改变我军技术装备的落后状态，下决心学好专业，为国防现代化贡献自己的力量。"[1] 共和国的许多将帅们在视察哈军工时讲得最多的也是国防现代化的使命问题和献身国防建设的责任问题。陈赓认为，哈军工要培养出合格的技术干部，最重要的就是政治上合格，"为革命事业，为人民的利益不怕流血牺牲"[2]。在对学生进行使命感和责任感教育过程中，哈军工通过组织新入学的学员认真学习毛泽东主席颁发的《训词》，要求每位学员必须将《训词》牢记于心，深刻领会《训词》的思想内涵和精神实质，让每位学员深入了解创办哈军工的重大意义，深刻理解哈军工肩负的国防现代化使命，深刻把握哈军工人才培养的目标要求，主动自觉地把国防现代化建设作为自己应肩负的神圣职责，进一步端正学习态度，进一步增强刻苦学习的动力，时刻以国防现代化使命与献身国防事业的责任要求自己，努力学好国防科学技术知识，掌握服务国防科技事业的本领。

　　哈军工的使命教育和责任教育贯穿于整个办学过程和人才培养全过程。1953 年 11 月，在哈军工第一次入伍宣誓大会上，所有学员和新入伍的教师一起面向军旗举起右手宣誓，庄严地朗读入伍誓词，并在誓词上签名，此时此刻每一个人心中的满腔热血，都化为了献身国防科技事业的坚定意志，都决心把自己的一生献给祖国的国防建设事业，无论今后遇到怎样的艰难困苦，都要恪守自己在军旗面前立下的誓言，做到全心全意为人民服务。入伍教育成为哈军工对学员进行使命教育和责任教育的重要载体。朱德等老一辈无产阶级革命家到哈军工视察，只要有机会就会给师生们作报告，进行国防现代化的使命教育和全心全意为人民服务的责任教育。1957 年 4 月，朱德视察哈军工时，面对军工操场上的师生员工，他说，"只要我们学习得好、我们的军队建设得好，就保证了现在的和平，保卫了世界和平"。"只要我们学习得好，就可以使我军成为一支不可战胜的军队，帝国主义也就要衡量衡量，不敢随便侵略我们。国家对你们的

---

① 滕叙兖:《哈军工传》（上卷），湖南科学技术出版社 2006 年 7 月第 2 版，第 158 页。
② 同上书，第 211 页。

要求，是学好本领，保卫祖国、保卫世界和平。"① 1957 年 6 月，黄克诚视察哈军工在给几百名党员干部做长篇报告时，讲的第一个问题就是哈军工与军队现代化建设的关系，强调哈军工的任务就是为国防现代化培养工程技术军官。他特别指出，建设哈军工是个光荣和艰巨的任务，同志们"既然担负这个任务，就应当搞好，搞不好就是犯罪，就要亡国"。"你们必须明确你们学院对军队的重要性，学院工作的好坏与否，是关系到整个国家安危的。"② 这些话不仅仅是对哈军工建设者们进行的使命教育和责任教育，也是对哈军工学员最生动、最有力的使命教育和责任教育，对于推进哈军工为国防现代化建设服务具有重要作用。1958 年 3 月，在哈军工第一期学员毕业典礼上，李达要求已经毕业的学员和未毕业继续学习的学员都要为实现国防现代化而努力前进，"以求达到中央军委、毛主席和国防部长彭德怀元帅对你们的期望"③。陈赓在给哈军工首期毕业学员的信中指出，"处在今天的原子、火箭时代，我们就有可能，而且必须积极地运用各种科学技术成就，以加速我军的现代化建设"。"我们要继续培养我军的技术干部，加强军队的技术力量，使我军的科学技术水平也来一个大跃进。"他要求毕业学员"鼓起干劲，为祖国和我军的现代化建设贡献出自己的力量"④。哈军工在学员的毕业教育中，继续开展有针对性的使命教育和责任教育，使这一思想政治教育的重点任务贯穿人才培养的全过程，使学员最终能够真正树立起矢志报国、献身国防现代化建设的坚定决心和顽强意志，树立起全心全意为人民服务的战斗精神和豪情壮志。

三 思想政治教育的方法

哈军工，坚持灌输教育与疏导教育、师长教育与互相教育、正面教育与反面教育、分层教育与普遍教育、显性教育与隐性教育的统一，注重各种思想政治教育方法的灵活运用，提高了思想政治教育的针对性和实效

---

① 《朱德副主席的讲话》，《工学》第 61 期，1957 年 4 月 27 日。

② 《黄克诚在哈军工的报告记录》，哈军工史料，1957 年 6 月 19 日。

③ 滕叙兖：《哈军工传》（上卷），湖南科学技术出版社 2006 年 7 月第 2 版，第 488 页。

④ 《工学》第 245 期，1958 年 3 月 27 日。

性。哈军工思想政治教育方法的灵活、多维，是实现哈军工思想政治教育
目标的重要保障。

1. 坚持灌输教育与疏导教育的统一

哈军工的思想政治教育，既注重灌输教育，又注重疏导教育，坚持灌
输教育与疏导教育的统一。一方面，在哈军工思想政治教育中的灌输教育
不仅是一种教育方法，更是一种教育理念，哈军工对学员的思想政治教
育，被认为是"对培养优秀的军事工程师具有头等重要的意义"，必须
"在课堂上讲授马列主义或以马列主义的立场、观点、方法阐述科学发展
的辩证过程，揭露、批判资产阶级反科学的反动本质"①，向学员系统
"灌输马列主义、毛泽东思想，转变学员的世界观，提高学员分析问题和
解决问题的能力"②。使学员逐步树立起科学的世界观与革命的人生观。
对学员进行灌输教育的相关内容在此不再赘述。哈军工对干部、教师的思
想政治教育，主要"通过组织讲课、请领导和知名人士作报告等方式，
进行劳动观点、群众观点、组织观念、爱国主义和国际主义的思想理论和
时事政策"③ 的灌输教育，以提高广大教师的政治素养、思想水平和政策
水平。对干部、教师中的党员，主要采取每月至少上一次党课的方式进行
中共党史、科学社会主义、历史唯物主义、辩证唯物主义、苏共党史等思
想理论的灌输教育。

另一方面，在哈军工思想政治教育中的疏导教育不仅是一种教育方
法，更是一种教育责任，思想政治教育总是能够在关键时刻发挥作用、解
决问题。哈军工筹建之初，面对学员们在条件艰苦、要求严格的学习环境
中表现出的情绪不稳、思想动摇，陈赓为首批抵达的哈军工学员和助教们
作了一场形势报告，不仅为学员们讲解了创建哈军工的重大意义，还回答
了学员们提出的各种问题，对引导广大学员端正入学动机、攀登科学高
峰、刻苦钻研技术、献身国防事业起到了重要的作用。1957 年 6 月，黄
克诚视察哈军工为党员干部作报告，对如何办好哈军工的问题，要求党员

---

① 《国防科技大学校史》，国防科技大学出版社（内部发行）1993 年 8 月第 1 版，第 60 页。
② 同上书，第 43 页。
③ 同上书，第 84 页。

干部要"发扬我军光荣传统，起模范带头作用"。"要艰苦朴素，同群众同甘苦，不要居功骄傲，不要盛气凌人，在工作、生活、学习方面，都要保持过去的优良传统。""你们是教育人的人，你们就是个模型，你们的一举一动，会直接影响到下级干部和学员。"① 黄克诚的报告对于疏导当时哈军工老干部中存在的"闹享受、闹军衔、闹待遇"的思想情绪起到了重要的作用。1960 年初，哈军工第一次分建、改建时，尽管中央军委提出"各方兼顾，照顾尖端"的原则，但在实际执行时，由于各军、兵种院校是初建，哈军工坚持以高姿态尽量考虑各军、兵种院校的困难，各方面尽量满足他们的需要，要求各级领导干部要做好师生员工的思想工作，教育师生服从国家利益，反对本位主义，发扬共产主义风格，把困难留给自己，对有情绪、想不通的干部、教师进行有效疏导，统一了全体师生员工的思想，顺利完成了分建、改建任务。1965 年底，中央决定哈军工退出军队序列。哈军工师生反应十分强烈，经过多次反映意见，上级未能采纳。哈军工党委坚决执行中共中央和中央军委的命令，时任院长刘居英在进行思想动员时指出，"我们要学会正确处理革命利益和个人利益的关系，服从革命需要，听从组织安排。穿军装是干革命，不穿军装也是干革命"②。尽管哈军工师生员工对退出军队序列思想不通，但在哈军工各级党委、领导的思想疏导下，按时完成了由军队到地方的改制任务。可见，在哈军工办学过程中，灌输教育方法与疏导教育方法都发挥了重要的作用。

2．坚持师长教育与互相教育的统一

哈军工的思想政治教育，既注重师长教育，又注重互相教育，坚持师长教育与互相教育的统一。一方面，在哈军工思想政治教育中的师长教育主要指政治理论课教师、基础课与专业课教师、专科与学员队干部、上级领导与学院领导对学员的教育，教育方式呈现多样化。哈军工的政治理论课教师和专科、学员队干部除了课堂教育、日常养成教育外，还经常到学员中与学员同吃、同住、同学习、同劳动、同娱乐，参加学员的党团活

---

① 《黄克诚在哈军工的报告记录》，哈军工史料，1957 年 6 月 19 日。

② 滕叙兖：《哈军工传》（下卷），湖南科学技术出版社 2006 年 7 月第 2 版，第 912 页。

动，调查学员的现实思想，集体讨论研究如何运用理论去解决学员的思想
认识问题，如何在教学中理论联系实际讲清理论问题，如何启发学员联系
实际理解问题，着力提高学员的思想认识，提高学员运用理论分析问题解
决问题的能力。哈军工的基础课、专业课教师既教书又教人，已成为哈军
工办学的重要理念和办学经验。领导报告是哈军工师长教育的重要形式。
一是中央和军委领导来校视察，大多都会为学员作报告。如 1953 年夏，
秦基伟视察哈军工，作了一场关于朝鲜战场发生的真实故事的政治报告，
对全体师生进行了一次生动形象的爱国主义和革命英雄主义教育，对广大
干部、教师和学员的思想进步，树立革命的人生观产生了重要影响。1963
年 6 月，陈毅视察哈军工，在军工操场为全体学员作了一场十分生动的思
想政治教育报告。他说，"把一个青年培养成才，要经过千锤百炼"，"一
个国家的栋梁之才，是要动心忍性的，要锻炼他的筋骨，锻炼他的意志，
锻炼他坚韧不拔的精神"。"决定一个人是有用之人，还是无用之人，决
定于他的学习表现、品德表现、生活表现。"① 陈毅元帅这些掷地有声的
话，引起了哈军工学员深深的思考，许多学员的思想境界得到进一步升
华，学员们普遍决心不辜负党和国家对青年一代的殷切期望，表示一定要
珍惜宝贵的学习机会，排除一切干扰完成学业，为国防现代化建设奠定坚
实的科学技术基础。二是哈军工领导不定期为学员作报告，给学员作报告
成为哈军工思想政治教育的一个重要传统。1958 年 3 月，哈军工首期学
员毕业，正在生病住院的陈赓以书信的方式对毕业学员进行了一次特别的
思想政治教育，引导毕业学员继续加强思想改造，树立为人民服务的思
想，具备为社会主义、为人民服务的思想品质，努力为国防现代化建设贡
献力量。这样的师长教育引起了毕业学员的思想共鸣，如同"父亲与孩
子们促膝谈心，字字句句如春风化雨，滋润着毕业学员的心田"②，毕业
学员表示一定牢记院长的谆谆教诲，矢志报效国家，师长教育对哈军工学
员健康成长发挥了重要作用、产生了重要影响。

　　另一方面，在哈军工自我教育和互相教育也是思想政治教育的重要方
法。一是成立"教育工作者协会"，让专家、教授自己管理自己的政治学

---

① 《陈毅元帅在哈军工的报告记录》，哈军工史料，1963 年 6 月。

② 滕叙兖：《哈军工传》（上卷），湖南科学技术出版社 2006 年 7 月第 2 版，第 489 页。

习和文化生活。1953 年 10 月，"教育工作者协会"成立，从主任委员到副主任委员，再到教协委员，都是著名的专家、教授。"教协"的成立，既让老教师们感受到学院党委的信任，又促进了老教师们在适合自己特点的组织形式下通过自我教育和互相教育自觉地改造思想、转变思想；既保证了哈军工教学任务的完成，又使教师有了自己组织学习马克思列宁主义、时事政策以及组织教师政治生活的平台；既可以通过教协组织对教师开展批评与自我批评，又可以通过教协协助解决教师的生活福利问题，开展文化活动。教协组织的成立，对于广大教师进行自我教育和互相教育，增强哈军工教师思想政治教育的实效性起到了重要作用。二是在知识分子中发展党员，引导教师特别是青年教师加强马克思列宁主义的学习，努力改造世界观。陈赓还亲自与要求入党的教师座谈，给教师们讲党的优良传统和党的基本知识，介绍毛泽东、周恩来、刘少奇、朱德等老一辈无产阶级革命家在革命历程中如何坚持原则、遵守纪律、顾全大局、忍辱负重的革命事迹，包括一些老教师在内的许多哈军工教师以实际行动积极争取加入中国共产党。在教师中发展党员工作，被列入哈军工历届政治部的年度工作要点之中。通过在教师中发展党员，促进了教师的自我教育和教师之间的互相教育，把教师中的消极情绪迅速转化成为积极情绪。三是依靠党员和学员骨干开展群众性思想工作，在广大学员中进行思想互动。哈军工在学员中广泛开展谈心活动，促进学员之间互相交流思想、互相帮助，实现学员之间的共同进步。在学员的空闲间歇或节假日里，学员们三三两两互相促膝谈心，互相交流学习方法，互相交换对彼此的意见，互相倾诉学习或生活中的苦恼，互相感受学习或生活中的快乐。学员之间互相关心、互相切磋、互相砥砺的思想教育方法，对于学员之间增强团结、激励上进、搞好学习起到了积极的促进作用。

3. 坚持正面教育与反面教育的统一

哈军工的思想政治教育，既注重正面教育，又注重反面教育，坚持正面典型教育与反面典型教育的统一。一方面，哈军工思想政治教育中的正面典型教育主要包括学习全国先进典型和树立自己的先进典型。一是学习全国先进典型。1963 年 3 月 5 日，毛泽东题词"向雷锋同志学习"，在全国掀起了学习雷锋的热潮。在学习活动中，哈军工掀起了共产主义道德品质教育高潮，活动逐步深入人心，师生中好人好事连连，不断有表扬信、感谢信从全国各地寄向哈军工，涌现出一大批关心集体、助人为乐、见义勇为的先进人物，人人做好事蔚然成风，正面典型教育起到了重要作用。二是学习军队先进典型。1963 年 4 月，总政治部号召学习"南京路上好八连"的先进事迹，学习中印边境自卫反击战作战英雄的事迹。1964 年初，中央军委掀起了学习"郭兴福教学方法"①的运动与大学解放军活动。在学习过程中，涌现出了"郭兴福式的模范教员"张金槐，把党的教育事业当成自己的终身事业，一心扑在教学上，时时处处注意身教与言教相结合，既善于教书又善于教人，既重于言教又重于身教，既当好教员又乐于当学生。在叶剑英"练思想、思想红，练作风、作风硬，练技术、技术精，练战术、战术活"②的指示下，哈军工全面推广张金槐的教学经验，各个系和教研室都纷纷树立张金槐式的教书育人先进典型。在正面典型的示范下，张金槐教学经验在哈军工普遍开花结果，教师既教书又教人成为哈军工独特的优良传统。三是树立自己的先进典型。谭国玉是哈军工树立的最具说服力的学生正面典型。只有初中文化水平的谭国玉，因多次立功受奖被保送到哈军工，以"人在阵地在"的顽强精神去攻克文化堡垒，学习十分刻苦、勤奋，但由于底子太差多次要求退学，陈赓院长亲自做他的思想工作："退学，退学，你除了退学还想过别的没有？当逃兵容易呀，买张火车票就可以溜掉，你想没想到党的事业和人民的利益？"③后来，谭国玉成为哈军工学习的典范，成为哈军工刻苦学习的标兵。谭国玉的事迹成为哈军工活生生的思想政治教育教材，通过谭国玉这个典型的正面教育，激励哈军工学子视学习为战斗，把学院当阵地，时刻牢记党和人民的重托，以"人在阵地在"式的忘我拼搏精神，成为哈军工后继者学习的榜样。哈军工树立的另一个先进典型就是空军工程系 59—111 班，入学后第一学期考试全年级最差，人心惶惶，情绪低落。党员们表示自己不能叫苦，要从思想上帮助同学们树立克服困难的信心和勇气，并找到学

---

① 郭兴福，南京部队某团二连连长，善于带兵，在他的严格训练和指挥下，每一个战士如下山猛虎，练就一身硬功夫，每一个战术动作都干净利落，成为全军的先进典型。

② 滕叙兖：《哈军工传》（下卷），湖南科学技术出版社 2006 年 7 月第 2 版，第 818 页。

③ 滕叙兖：《哈军工传》（上卷），湖南科学技术出版社 2006 年 7 月第 2 版，第 326 页。

习差的原因主要是艰苦性不够和方法不当。在班级党小组的带领下，全班同学个个不甘落后，刻苦钻研，学习上严格要求自己，培养"三严"作风成为全班同学的自觉行动，逐渐养成了严肃认真、一丝不苟的良好学习习惯。"我们虽然不是高标准进来的，但要争取高标准出去"，"要以是否真正把知识学到手，出去后能否过得硬为标准"①，同学们经常互相鼓励和鞭策，成为一个团结友爱、积极向上的集体。哈军工将59—111班树立为学员班典型，大力宣传他们的先进事迹和经验，比、学、赶、超59—111班的活动在哈军工蓬勃开展起来，正面典型的榜样教育成为哈军工思想政治教育的重要方法。

另一方面，哈军工还十分注意反面典型教育方法的运用。一是注意学习上的反面典型教育。在哈军工的办学过程中，学员从预科到升本再到毕业，总的淘汰率超过1/3，这对于在学的学员而言是一个重要的警醒，通过这些被淘汰的负面典型与刻苦学习的正面典型进行比较教育，哈军工学员普遍珍惜在校学习机会，学习刻苦努力，积极要求上进，学习上比学赶超的氛围比较浓厚。二是注意思想上的反面典型教育。哈军工学员中高干子女较多，其中某高级将领子弟陈东平入学后不学无术，特权思想严重，后来堕落到与敌特机关联系。哈军工紧紧抓住这个负面典型作为反面教材，对学员进行思想政治教育，特别是在全校高干子女中开展有针对性的思想政治教育。在总结这一反面典型的成长教训后发现，学校在解决学员的思想问题方面负有主要责任，同时家庭管教不严，对其缺点多半采取原谅态度。由此，哈军工党委认为，把青年一代培养成为共产主义事业的接班人，是学校和家庭两方面的共同责任，不要单从物质上给予他们营养，更重要的是要注意从政治上、思想上给予他们营养，要在青年学生中大力加强马列主义理论的学习，帮助青年学生学会用正确的理论指导自己的思想和行动，同一切错误的东西做坚决斗争。

4. 坚持分层教育与普遍教育的统一

哈军工的思想政治教育，既注重分层教育，又注重普遍教育，坚持分层教育与普遍教育的统一。一方面，在哈军工思想政治教育中的分层教

---

① 滕叙兖：《哈军工传》（下卷），湖南科学技术出版社2006年7月第2版，第808页。

育，主要是指根据教育对象所处的不同层次分别进行教育，教育层次呈现多样化，按不同年级分层有不同的教育，按党员、团员和群众分层有不同的教育，按教师、学员的不同身份分层有不同的教育，按学员的生源类别分层有不同的教育。在政治理论教育方面按不同年级分层，一、二年级讲授中共党史课程，三年级讲授社会主义建设课程，四、五年级讲授哲学课程。在党团教育方面，所有党员接受党课教育，低年级团员接受团章教育，高年级团员听党课。教师的思想政治教育主要通过讲课、听报告等方式进行马列主义基础理论教育和通过劳动锻炼进行实践教育。学员的思想政治教育既通过政治理论课、听报告等进行世界观、人生观教育，还通过劳动、军事训练等进行意志品质教育。

　　哈军工对学员进行分层次的思想政治教育，最具典型性的就是对高干子弟的教育。经过几年建设，哈军工已在军内外享有较高声誉，许多党和国家、军队的高级干部子弟进入哈军工，一方面是支持哈军工的办学，兑现哈军工筹建之初的承诺率先把自己的子女送到哈军工学习，另一方面由于哈军工的声誉越来越好，一些高级干部也愿意把子女送到哈军工学习。哈军工学员中，仅"军队将军以上及地方省委书记、中央各部副部长以上的高级干部子女曾一度占到学员总数的3.3%"[1]。由于这部分学员的出生及其家庭背景不同，长期生长在革命家庭，深受革命影响，政治上比较敏感，生活上容易产生优越感，思想认识、生活作风、学习态度等与其他学员有明显不同，哈军工对这部分学员入学后的表现进行了详细调查，将他们分为三类："第一类是政治思想进步，尊重组织，联系群众，生活作风简朴，学习积极努力，成绩优秀或良好；第二类是思想作风表现一般，或虽有不少缺点但能注意改进，艰苦学习精神不够，或因学习方法不善而成绩不够良好，但尚能及格；第三类是思想落后，学习成绩很差，生活作风特殊，接受教育很慢，少数学习基础差，又缺乏刻苦学习精神"[2]。哈军工针对这三类学员的不同情况，分别开展不同层次的思想政治教育。对属于第三类情况的高干子女，是哈军工分层次思想政治教育的重点对象，这些重点对象学员"有的思想颓废，认为社会主义没'自由'，对人生前

---

①　滕叙兖：《哈军工传》（下卷），湖南科学技术出版社2006年7月第2版，第754页。
②　同上书，第754—755页。

途悲观失望；有的花费许多时间看大本旧小说，写一封情书就得几个小时，可在学习上多花一点时间也不干，考试时不是作弊就是交白卷；有的因沉湎于谈情说爱，不能自拔，学习成绩一降再降；有的纪律很差，目无领导，狂妄自大；有的有流氓习气，天天谈女人；有的好吃贪玩，从家里要来高级点心等，经常聚在一起吃吃喝喝"①。

虽然第三类高干子女学员只是极个别，但他们的思想状况引起哈军工的高度重视，对他们分别进行了有针对性的思想政治教育，并认为重视和加强干部子弟的思想政治教育，是关系到下一代会不会变质，能不能成为革命事业可靠的接班人的重大政治问题。哈军工对干部子弟的分层次思想政治教育，一是通过阶级教育、传统教育、组织纪律教育、群众观念教育，启发他们珍惜家庭和革命前辈的荣誉，继承革命事业，做革命的好后代、优秀的接班人；二是在政治上严格要求他们，教育他们依靠自己努力，树立为党、为人民做一番事业的决心，教育他们生活上不搞特殊化，要求家长不要过多寄钱寄物，及时向家长反映在校的思想学习情况，由家长对子女进行说服教育；三是经常了解研究他们的学习与思想状况，既对他们进行严格要求、大胆管理，又对他们进行耐心说服，指出缺点和改正方法，多从正面引导，批评不联系家庭，避免伤及干部子弟的自尊心，树立干部子弟标兵教育干部子弟；四是对待干部子弟与其他学员一视同仁，既不对他们有过高的要求，也不与家庭联系起来看，加强对他们进行党团组织和群众教育，是党员就按党员要求，是团员就按团员要求，是一般学员就按一般学员要求。

另一方面，哈军工的普遍性思想政治教育，除了政治理论教育、实践教育等，比较典型的有忆苦教育、拥政爱民教育、革命英雄主义教育、艰苦奋斗教育等。一是普遍开展了忆苦教育。1961 年春，按照总政治部的要求，哈军工在广大学员、青年教员和职工、战士中开展了忆阶级苦、忆民族苦、查立场、查思想、查斗志的"两忆三查"教育运动。经过忆苦挖根、谈甜思源，师生员工受到了极为深刻的阶级教育，提高了广大学员、教员、职工、战士的阶级觉悟，激发了广大学员刻苦学习、攀登科学技术高峰的雄心壮志，增进了同学之间、师生之间、干群之间的团结和彼

---

① 滕叙兖：《哈军工传》（下卷），湖南科学技术出版社 2006 年 7 月第 2 版，第 755 页。

此的阶级感情。二是普遍开展了拥政爱民教育。哈军工每年春节前后都举行"拥政爱民月"教育活动，春节前组织各单位到驻地省市机关、大专院校、工厂企业等征求意见，春节中组织学员、教员、干部分别向驻地居民、市民拜年，春节后利用党团日进行思想小结。通过这一活动提高广大师生对拥政爱民光荣传统的认识，培养与人民群众同甘共苦和艰苦奋斗的作风。三是普遍开展了革命英雄主义教育。哈军工强调学英模、见行动，发扬革命英雄主义，要求广大学员对照检查自己同英模的差距，明确具体学习的措施，并落实到行动中去。从1956年起，坚持开展评选"先进工作者和优秀学员"、"先进集体暨积极分子"、"四好（政治思想好、三八作风好、军事训练好、生活管理好）单位、三好（政治思想好、学习好、身体好）学员、五好（政治思想好、军事技术好、三八作风好、完成任务好、锻炼身体好）战士"① 等活动，定期表彰在教学、科研、生产、工作、学习中取得优异成绩的先进集体和个人，通过表彰先进树立榜样，发扬革命英雄主义的作用。四是普遍开展了艰苦奋斗教育。哈军工还经常在广大师生中开展"反浪费、要勤俭"活动，在哈军工的创建过程中，陈赓经常教育师生要勤俭节约、反对浪费，并在党委会上强调："社会主义的一个原则是节约，对能省的钱不省就是浪费，军委拨款越宽裕，越要注意节约，浪费就是犯罪"，"我们刚建国，底子很薄，花钱的地方很多，我们得有个国家观念，全局观念，不能有本位主义，只顾自己。对浪费思想，要紧紧卡住，要进行教育"② 。学院党委还做出了《关于厉行节约反对浪费的决议》，全体师生发扬艰苦奋斗、勤俭节约精神，节约用电、用煤、用粮，节省一切经费开支，全院师生形成了节约光荣、浪费可耻的良好风气。

5. 坚持显性教育与隐性教育的统一

哈军工的思想政治教育，既注重显性教育，又注重隐性教育，坚持直接的显性教育与间接的隐性教育的统一。一方面，哈军工在思想政治教育

---

① 《国防科技大学校史》，国防科技大学出版社（内部发行）1993年8月第1版，第127页。

② 滕叙兖：《哈军工传》（上卷），湖南科学技术出版社2006年7月第2版，第191页。

中的显性教育，主要是通过多种形式组织师生学习马克思列宁主义、毛泽东思想，学习党的路线方针政策，进行各种形式的形势政策教育，结合师生实际开展有针对性的直接的显性思想政治教育，解决师生的政治信仰问题、思想认识问题、品德修养问题、作风练就问题，不断提高广大师生的政治觉悟，树立科学的世界观和革命的人生观，树立全心全意为人民服务和献身国防事业的思想，保证为国防现代化建设培养出合格的军事工程师。哈军工的显性思想政治教育强调坚决直接、大张旗鼓、理直气壮，前述政治理论课教育、党课团课教育、形势政策报告以及日常养成教育等，都是哈军工显性思想政治教育的主要形式。

另一方面，哈军工在思想政治教育中十分重视间接的隐性教育。一是将解决政治思想问题融于解决实际问题之中。哈军工创建初期，根据党对知识分子进行"团结、教育、改造"的政策，陈赓做出了对知识分子"政治上信任爱护、工作上大胆使用、待遇上略为从优、生活上关心照顾"的基本决策和具体规定，把解决广大知识分子的政治信仰问题与思想认识问题融于解决实际问题之中。以陈赓为代表的哈军工创建者，在20世纪50年代以博大的胸怀、宽广的胸襟认识和处理广大教师的思想问题，对广大教师进行了卓有成效的隐性思想政治教育。从对老教师们的信任开始，让老教师们放手去大胆工作，为哈军工办学做贡献。陈赓强调，"既要他们工作，就要他们有职有权，大胆地干"①。哈军工为老教师们单独办小食堂、专开小炒窗口、发大写字台、书架要多少给多少，根据教师们的生活、学习习惯，解决教师的生活之忧，不放过一丁点小事，"生活照顾要宽一点，待遇要求优厚一点，多关心一点"，"使他们感到温暖，感到是自己人"②，从感情上拉近与教师的距离，这些隐性的思想政治教育对于老教师们能够安心在创建之初各方面都十分困难的哈军工工作、教学起到了极其重要的作用。

二是将尊重与信任融于日常工作实践中以解决思想问题。在哈军工创办过程中，陈赓把老教师比作一根柱子，"在我们学校建设中，你们是一

---

① 滕叙兖：《哈军工传》（上卷），湖南科学技术出版社2006年7月第2版，第140页。
② 同上书，第132页。

根柱子，军队的干部也是一根柱子"①，"我们现在已经成为国家的主人公了，咱们一起干吧"！"今后咱们的军工、咱们的军队，就靠你们这些大知识分子喽!"② 在当时特定的历史与时代背景下，这些贴切形象的比喻，让老教师们感受到在哈军工格外被重视，这对老教师们放下思想包袱，由不安心变为安心，由"做客"思想转化为主人翁思想，产生了重要影响，教师们感到哈军工把他们当自己人、信任他们，许多教师矛盾的心被融化了，下定决心把自己的余生奉献给哈军工，在哈军工干出一番事业来，兢兢业业为国防教育事业无私奉献。

三是将形象生动的比喻运用于思想政治教育。从某种程度上，可以说是陈赓院长开创了新中国高等学校隐性思想政治教育实践的先河。为了解决哈军工干部与教师之间的矛盾，解决哈军工干部的思想认识问题，陈赓打了一个十分生动形象的比喻，"你有长征两万五，他有十年寒窗苦"，"你有八角帽，他有四角帽"③，以此向老干部们表达这样的认识：老教师们的成长经历也十分不容易，经历了十年寒窗苦，戴上博士帽需要付出多年的勤奋努力，不要认为教师们没有经历过战争考验、对革命没有功劳而轻视他们，以此来做老干部们的思想政治工作。为了树立起以学员为中心的思想，陈赓打了一个生动形象的比喻，"学员是吃菜的，教员是炒菜的，而干部是端盘子的"。以此要求哈军工的干部们要全心全意为教学服务，为人才培养服务；要求教师们要坚持以人才培养为中心，与老干部一起为学员服务，献身国防科技教育事业。

四是将思想政治教育融入文化活动中。为了加强哈军工干部与教师之间的团结，根据陈赓向政治部的提议，哈军工邀请哈尔滨京剧团到学院为广大干部、师生连演了数场京剧《将相和》，目的是教育老干部、老教师们要加强团结，共同为学院发展做贡献。陈赓式的隐性思想政治教育深受哈军工干部、师生喜欢，在对广大干部、教师和学员进行思想政治教育的过程中发挥了十分重要的作用。

---

① 滕叙兖：《哈军工传》（上卷），湖南科学技术出版社 2006 年 7 月第 2 版，第 136 页。

② 同上书，第 148—149 页。

③ 笔者注：八角帽是指红军时代曾戴过的帽子，以此指代老干部；四角帽是指博士毕业戴的帽子，以此指代老教师。

第七章 哈军工的思想政治教育(二)

哈军工的思想政治教育，途径有多种，强调相互结合。哈军工的思想政治教育，形成了独特的思想政治教育理念；哈军工，形成了鲜明的思想政治教育特色；哈军工，思想政治教育成果突出、成效明显，彰显出重要的思想政治教育价值。哈军工的思想政治教育，成为一个时代的典范和代表。

一 思想政治教育的途径

哈军工，注重学校教育与家庭教育、课堂教育与实践教育、日常养成教育与野营训练教育等思想政治教育途径的相互结合，增强了思想政治教育的持续性和有效性。哈军工思想政治教育途径的有效、多样，是实现哈军工思想政治教育目标的重要基础。

1. 坚持学校教育与家庭教育的结合

哈军工的思想政治教育，既注重发挥学校教育的作用，又注重发挥家庭教育的作用，强调学校教育与家庭教育相结合。哈军工党委认为，学员在学校受教育的时间长，故必须坚持思想政治教育以学校教育为主；但同时家庭对学员的影响很大、家长对学员的教育很关键，故必须充分发挥家庭教育的作用，注重两方面途径的有机结合。

哈军工思想政治教育中的学校教育主要包括政治理论课教育、党课团课教育、日常养成训练教育、军事野营训练教育、劳动锻炼等实践教育、经常性的思想政治工作等途径，有的在前面论述哈军工思想政治教育方法时已做了详解，有的将在后续论述哈军工思想政治教育途径时再做详解，这里不再赘述。哈军工在高度重视学校的思想政治教育工作的同时，十分注重发挥家庭教育在学员思想政治教育中的重要作用，要求各系、专科、学员队都要注意及时与学员家长联系，向家长报告学员在校期间的学习、思想等表现情况，让家长与学校一起共同做好学员的思想政治教育工作。由于当时的通信条件所限，写信成为学员在学期间与家长通信联络、与家庭之间交流的唯一途径，由此也成为家长对学员进行家庭教育的重要途径。这里，仅仅列举几位共和国开国领袖们通过书信对学员进行家庭教育的例子。陈毅作为共和国的副总理、开国元帅，可谓日理万机，但对子女的教育一刻也不放松，儿子陈丹淮 1961 年考入哈军工学习，他写了一首"示儿诗"以教育他如何学习，成长为对国家、人民有用之才。"小丹赴东北，升学入军工。写诗送汝行，永远记心中。汝是党之子，革命是吾风。汝是无产者，勤俭是吾宗。汝要学马列，政治多用功。汝要学技术，专业应精通。勿学纨绔儿，变成百痴聋。少年当切戒，阿飞客里空。身体要健壮，品德重谦恭。工作与学习，善始而善终。人民培养汝，报答立事功。祖国如有难，汝应作前锋。试看大风雪，独立有青松。又看耐严寒，篱边长忍冬。千锤百炼后，方见思想红。"[①] 陈毅这首脍炙人口、感人至深的"示儿诗"成为那个时代哈军工家庭教育的经典之作，即使在今天看来，其中所蕴含的深刻道理和教育思想仍具有极其重要的意义，对今天大学生的思想政治教育仍具有重要的现实影响力。陈毅始终教育子女要抓紧时间学习，要掌握过硬的政治本领和军事本领，要成为有学问有品德的人。

许多领导干部都十分重视家庭教育。罗荣桓的长子罗东进 1959 年进入哈军工学习，临行前他希望儿子在哈军工"接受严格的军事教育和正规的军事科学技术教育，使你在政治上更快地进步，将来为我们的国防建设做一点贡献，为人民做一点有益的事"[②]。并写下"学习专业与学习政治相结合，政治是确定方向，没有方向的航行，是会误入迷途的。紧密地联系同学，互相协作，达到一齐提高，警戒孤僻自大，也不要自卑无信

---

① 　滕叙兖：《哈军工传》（下卷），湖南科学技术出版社 2006 年 7 月第 2 版，第 766 页。

② 　同上书，第 768 页。

心。遵守军事纪律，养成大无畏精神。"① 交给罗东进，要求儿子认真思考。在得知有些干部子弟有特殊优越感，生活上不艰苦朴素，罗荣桓给儿子的回信要求他劝导干部子弟要保持革命的光荣传统，"同志们有错误，不仅要批评，还着重在帮助改正"②。董必武给在哈军工学习的儿子董良羽写信，十分关心他在政治和学习上的进步问题，"学习中是会遇到一些困难的，循序渐进"，"必须常常学习政治，必须服从共产党和共青团的领导。要学习辩证唯物主义。学政治要看《人民日报》，要学习毛主席的著作"③。从这一席话中可见，董老对儿子的关心和教育十分细致、具体，要求也十分严格。谢觉哉给在哈军工学习的儿子谢飘回信教育儿子如何理解吃苦，其中的深刻哲理对我们今天仍极具启发意义，"同样的物质条件，某一地区或某一时代的人以为苦，而另外一时代或地区的人却以为甜。同样，怀有某种思想的人以为苦，而怀有另外一种思想的人却以为甜"④。吴玉章给在哈军工学习的长孙吴本渊回信鼓励他"'立志在没有给祖国、给人民做出一点贡献之前，坚决不谈恋爱问题'这很好，青年不分心去想恋爱问题和实行晚婚，不论对个人进步或是对革命事业都有好处"。"你们这一代要负起革命事业接班人的责任。路子要靠自己去走，不能因为是干部后代就骄傲自满。"⑤ 这些话对我们今天的青年大学生无疑都具有重要的现实教育意义。刘伯承教育在哈军工学习的儿子刘太行在政治方面和学业方面都要严格要求自己，努力学习，积极上进，绝不搞特殊化。粟裕在知道儿子粟戎生打算放弃在哈军工的学习"投笔从戎"后，教育粟戎生"现代化战争需要掌握现代化的科学技术，你应该下决心学到一门至几门真本领，这是我们新中国年轻军人的历史使命"！哈军工时任政委谢有法教育粟戎生，"党现在交给你的战斗任务就是学习，学习尖端的国防科学技术，这正是为了在今后更大的现代化战争中，我们能克敌制胜"⑥！在家庭教育中，既涉及学员的政治、思想、作风等问题，又涉

① 滕叙兖：《哈军工传》（下卷），湖南科学技术出版社 2006 年 7 月第 2 版，第 769 页。

② 同上书，第 771 页。

③ 同上书，第 775 页。

④ 同上。

⑤ 同上书，第 776 页。

⑥ 同上书，第 779 页。

及学员的学习问题以及恋爱等生活问题。

2.坚持课堂教育与实践教育的结合

哈军工的思想政治教育，既注重发挥课堂教育的作用，又注重发挥实践教育的作用，强调课堂教育与实践教育相结合。哈军工党委认为，课堂教育是开展学员思想政治教育的主渠道，必须发挥好课堂教育在思想政治教育中的作用；但同时实践教育是育人的重要途径，必须充分发挥实践教育的重要作用，注重两方面途径的有效结合。哈军工思想政治教育中的课堂教育，主要是政治理论课教学和基础课、专业课等教师的教书育人，这在此前的论述中已有详解，在此不再赘述。这里主要对哈军工如何强调课堂教育与实践教育相结合，以及如何开展实践教育做一论述。1962 年 12月，罗荣桓对时任院长刘居英谈到哈军工的政治教育与思想政治工作的问题时特别强调，"要求教员把政治课讲活，马列主义和毛泽东思想不是死板的教条，一定要结合中国的实际。对学员要抓现实的思想，有针对性地进行活的教育"①。后来，在学习毛泽东思想群众运动中，广大学员坚持把课堂理论学习与课下实践运用结合起来，把毛泽东思想当作前进的动力和观察问题的武器。哈军工树立的先进典型空军工程系 59—111 班学员，"学习《愚公移山》，克服了因学习吃力而信心不足的思想，养成坚忍不拔、刻苦钻研的精神；学习'学习的敌人是自己的满足'的论点，用高标准要求自己永不自满；学习'从六亿人民出发'的论点，自觉养成勤俭节约、艰苦朴素的作风；学习《纪念白求恩》，增强了团结友爱精神"②。

哈军工思想政治教育中的实践教育是十分丰富的，包括下工厂劳动、下连队当兵、下农村锻炼等。下工厂劳动是哈军工思想政治教育中对学员进行实践教育的重要途径。下工厂劳动不仅有利于促进学员理论与实际相结合，强化学习效果，还有利于改造学员思想。学员在下工厂劳动期间，通过与工人接触，把工人当教师，学习工人师傅身上那种勤劳、朴素的品质，增强学员的劳动观点、阶级观点和集体主义观点。哈军工在学员下工厂前，要专门布置思想政治工作任务，把学员的思想政治工作列入工厂党

---

① 滕叙兖：《哈军工传》（下卷），湖南科学技术出版社 2006 年 7 月第 2 版，第 745 页。

② 《国防科技大学校史》，国防科技大学出版社 （内部发行）1993 年 8 月第 1 版，第 44 页。

委的工作日程。学员下工厂后，要去访问工人师傅家庭，请老工人讲被剥削的家史，帮助学员进行新旧社会的对比，学习工人阶级大公无私、任劳任怨的高尚品质。学员在劳动过程中，要经常进行工作总结，互相之间要经常交流思想和心得体会，经常开展批评与自我批评，帮助学员端正劳动态度，最终树立起劳动观点。

下连队当兵是哈军工思想政治教育中对学员进行实践教育的有效途径。下连队当兵不仅有利于学员提高军事素养，强化军事素质，还有利于加强学员的组织纪律性，养成过硬的军人作风。哈军工除了军事野营和政治野营训练外，还组织学员到战斗连队、机场、舰艇当兵。通过野营行军训练，培养了学员的吃苦耐劳精神，帮助学员养成了勤俭朴素、艰苦奋斗的作风。在野营训练中，尽管许多学员脚打血泡、痛得钻心，却深刻体会和理解了什么叫发扬不怕牺牲、不怕疲劳和连续作战的作风，什么叫下定决心、不怕牺牲、排除万难、去争取胜利的精神。在下连队当兵的过程中，学员们不放弃任何锻炼的机会，凡事抢着干，看清了战士们身上的优良品质，打掉了知识分子的架子，与战士们建立起深厚的感情。通过严格正规的军人生活锻炼，学员们克服了自由散漫的习惯，还学会了一些军事技术，增强了战备观念，增强了身体素质。

下农村锻炼是哈军工思想政治教育中对干部、教师、学员进行实践教育的又一重要途径。下农村锻炼不仅有利于干部、教师、学员了解农业生产、农村生活、农民劳动的实际状况，还有利于干部、教师、学员加强自我改造，树立起全心全意为人民服务的思想。哈军工曾组织了多批次的干部、教师、学员到农村参观学习、访问贫苦家庭，进行社会主义教育，有的教育时间长达半年到一年。在农村，无论是干部、教师还是学员，每天和农民一起起早贪黑，冒风雪、抗严寒，积极工作、忘我劳动，深刻体会到向农民学习、与工农相结合是培养自己成为无产阶级革命事业接班人的根本途径。许多干部、教师、学员经过在农村的劳动锻炼和生活磨炼，无论是个人的政治思想还是与农民的阶级感情都发生了很大变化，普遍都能够做到"简陋茅屋住得惯、生葱大蒜吃得香、劳动苦累感到乐、脱鞋下水苦中甜"[1]。许多干部、教师、学员还主动同农民比思想、比干劲、比

---

[1] 《国防科技大学校史》，国防科技大学出版社（内部发行）1993 年 8 月第 1 版，第 125 页。

贡献、比生活，越比越感觉到惭愧，真正体会到是勤劳朴实的农民养育了自己，决心认真改造自己的思想，全心全意为人民服务。

哈军工思想政治教育中的实践教育，还有主动积极参加哈尔滨市的防洪抢险、支援哈尔滨市地方农业合作化生产与社会主义建设等。1956 年和 1957 年的夏天，哈军工师生一万余人与哈尔滨人民一起投入到极其严重的防洪抢险中。在"前方是滔滔洪水，后方是百万居民"的严峻形势下，哈军工师生一日三班倒，昼夜兼程、奋不顾身地投入到修堤、抢险、防洪的战斗中，许多学员、战士身背几十公斤重的黄土包和大石头来回穿梭在松花江大堤上，手脚打泡、腰腿折伤也不下"火线"，许多老干部、老教师始终同学员、战士们战斗在一起，甚至带头跳入江中查漏补洞，经过月余奋战，最终取得了防洪抢险的胜利。这样的实践教育，不仅磨炼了哈军工师生的意志，增强了军民团结，也使哈军工师生进一步树立起全心全意为人民服务的思想。哈军工还曾组织师生到哈尔滨所属的几十个农业合作社参加劳动，"帮助割亚麻、抢收玉米、秋菜，运送肥料，兴修水利，修理农具，架设电话，筹建拖拉机站，兴办扫盲夜校和图书室，植树造林，除害灭病，还捐献了一批新式农具、资金和图书"①。这些支援农业合作化生产与社会主义建设的活动，不仅帮助农民解决了生产中的困难，更是培养了哈军工师生与农民的深厚感情，让哈军工师生体验到了农民的勤劳与艰苦，进一步增强了哈军工师生全心全意为人民服务的信念。

3. 坚持养成教育与野营训练的结合

哈军工的思想政治教育，既注重发挥日常养成教育的作用，又注重发挥军事野营训练教育的作用，强调日常养成教育与野营训练教育相结合。哈军工党委十分重视日常养成教育，不仅有一支专门的政治理论课教师队伍，还配备了专门的日常思想政治工作队伍，担任学员思想政治工作第一线的指挥员和战斗员，负责学员日常养成教育。

哈军工的日常养成教育，主要是帮助学员从一名老百姓向合格的军人转变，从一名普通的高中生向合格的哈军工毕业生转变。日常思想政治工作队伍在这一转变过程中，发挥了极其重要的作用，是学员进行政治、思

---

① 《国防科技大学校史》，国防科技大学出版社（内部发行）1993 年 8 月第 1 版，第 127 页。

想、品德、作风等日常养成教育的一支重要力量。1953 年至 1962 年期间，哈军工在系下设专科，专科设党总支部，年级设党支部，专科有政治委员，年级有队干部，负责学员日常的思想政治工作。专科思想政治工作的主要任务包括四个方面："一是采取领导教育与学院自我教育相结合，通过深入细致的思想政治工作，培养和提高学员的军人素质；二是及时发现学员在学习、生活中的积极因素和不好的苗头，通过耐心的思想政治教育工作，教育和培养学员树立严谨的学风和刻苦学习的精神；三是及时引导学员特别是低年级学员运用辩证唯物主义方法，去正确认识和处理学习、生活中的矛盾和问题；四是积极而慎重地做好在学员中培养和发展党员工作。"① 1962 年后，哈军工撤销专科建制，专门成立了学员队，在每个学员队建立党支部，设队长和指导员，队下设学员班，在每个学员班建立团支部。哈军工将各方面条件都好，又富有政治工作经验，经历过战争和实际工作锻炼的干部配备到学员队工作，虽然队长和指导员有分工，但主要精力都是放在学员的思想政治教育工作上。他们的主要任务包括：一是在学员中宣传马克思列宁主义、毛泽东思想，宣传党的路线方针政策，宣传各个时期的形势任务；二是根据不同时期、不同专业、不同学习阶段、不同年龄、不同性别学员的思想和心理特点，及时对学员进行深入细致的思想政治教育；三是根据毛泽东《训词》的要求，对学员进行热爱党、热爱社会主义、热爱军队教育，努力把学院培养成为政治坚定、思想积极、作风过硬的为国防现代化献身的军事工程技术干部。

哈军工学员的日常养成教育，一是通过严格贯彻军队队列条令、纪律条令和内务条令等三大条令和日常严格的军事生活，使学员逐步养成良好的军人素养和军人作风。哈军工要求学员入学后首先要学习和贯彻条令，熟记条令内容，不折不扣地执行条令的各项规定，强化学员的条令意识，进而自觉用条令规范自己的行为，牢记军人以服从命令为天职。哈军工要求学员每天起床号后必须按规定时间集合完毕，集体跑步或进行队列操练，然后洗漱、整理内务、到食堂就餐，而后整队到教室上课或自习。哈军工要求学员内务卫生必须做到整齐划一、窗明几净，书籍、学习用品、生活用品必须按统一规定的位置摆放，如洗脸盆必须放在床下同一位置，

---

① 《国防科技大学校史》，国防科技大学出版社（内部发行）1993 年 8 月第 1 版，第 130 页。

洗脸毛巾必须挂在自己的床头，牙缸把必须朝同一方向摆在窗台上，牙刷竖在牙缸内也必须斜向一个方向，被子必须叠得大小一致、有棱有角放在规定的床头。哈军工要求学员必须着装整齐，帽檐要齐眉，衬领外露不超过一毫米，军衣铜扣、皮鞋必须每天擦拭保持光亮，胡须必须每天刮净，走路必须三人成行两人成列，书包必须左肩右挎等。这些规定看似过细，但却培养了哈军工学员一丝不苟、严谨、严密、严格的"三严"作风，使学员养成了良好的生活习惯和学习习惯，锻炼了学员的意志和品质，对学员的健康成长产生了十分重要的影响。

二是通过队干部在工作中以身作则、模范带头，既重言教，更重身教，充分发挥自身的表率作用，使学员进一步养成并保持良好的军人素养与军人作风。哈军工无论是院系一级的领导，还是学员队干部，都始终坚持严格要求自己，从各方面给学员做榜样、起表率，向广大学员传思想、带作风，把党和人民军队的优良传统传给年轻学员。有的系主任经常早起检查学生起床、早操和内务卫生情况，经常与学员一起跑步锻炼，经常在教学大楼前检查学员的军容风纪，以自身的实际行动感染教育学员。许多学员队干部早起晚睡，深入学员宿舍、食堂、实验室、操场，与学员同吃、同住、同劳动、同娱乐，几乎整天与学员在一起，早上督促学员起床、出操，白天检查学员上课学习情况，晚上熄灯前30分钟对学员进行晚点名，熄灯后到学员宿舍查铺、给学员盖被子，节假日不和家人团聚而是与学员在一起，野营训练与学员一起摸爬滚打，凡事都身体力行，在学员的养成教育中起着最经常、最直接、最关键的作用。

三是通过队干部调查了解学员的学习、思想情况，对学员进行个别的、深入细致的思想政治教育，使学员逐渐适应哈军工的"三严"要求，树立起学习的信心和勇气。有的学员受不了哈军工的严格管理，有的学员觉得哈军工的生活过于紧张，有的学员不愿学习某些专业，有的学员因家庭问题影响到学习，等等，对于这些问题，队干部经过调查分析后都会逐个进行谈话，及时掌握每个学员的思想脉搏，把思想工作做到前面，把问题消灭在萌芽状态。通过队干部有针对性的个别教育，使学员们逐步消除了畏难情绪，有了克服困难的信心和勇气，进而不断改进自己的学习方法，进一步树立起献身国防科技事业的远大理想和抱负，进一步养成良好的军人素养和军人作风，不断攻克学习和训练难关，扎扎实实学习科学文化知识，把自己的全部精力都投入为国防现代化建设做贡献和全心全意为人民服务中去。

　　哈军工的野营训练教育作为思想政治教育的重要途径，被列入哈军工人才培养的整个教学计划之中。野营训练教育的时间一个月，作为预科教育中新学员三个月入伍教育的重要内容，要求学员在野营训练中养成准确、迅速、机动、灵活、勇敢、顽强、协同一致的战斗作风。陈赓要求学员在野营训练中，"要树立敌情观念，英勇顽强，坚决执行命令，加强正规军人的军事生活锻炼，使自己通过野营战术的学习，进一步加强组织性和纪律性"①。哈军工一开始就十分重视学员的野营训练教育，苏联顾问奥列霍夫一上任就向陈赓建议建立野外作业场，1954 年夏天建成正式开营。陈赓特别要求参与野营训练的各级指挥员要加强对学员的思想领导和政治教育，使哈军工学员"真正成为对党、对祖国高度忠诚、积极负责、坚决执行命令、精通现代化军事工程技术的干部，以利于将来有把握地战胜帝国主义的侵略"②。野营训练教育包括"行军、宿营、侦察、警戒、防空、防炮、防原子、防化学和排、连、营、团的攻防战术实兵实弹演习"③，在最接近实战的情况下，使学员把课堂学习的理论原则与实际紧密结合起来，得到近似实战的体会，锻炼学生不怕苦、不怕死的革命精神。哈军工通过这种特殊的野营训练教育与日常养成教育相结合，培养了学员大无畏的革命精舍和坚忍不拔的革命斗志，培养了学员艰苦朴素的生活作风和一丝不苟的军人作风，培养了学员过硬的军人素养和"三严"作风，使学员在政治、思想、品德、作风等各方面都得到了培养和锻炼，为成为合格的军事工程师奠定了坚实的思想基础和作风基础。

二　思想政治教育的特色

　　哈军工的思想政治教育，是那个时代思想政治教育理论与思想政治教育实践的有机结合，彰显出鲜明的时代特色和军工特色。哈军工，形成了

---

① 《国防科技大学校史》，国防科技大学出版社（内部发行）1993 年 8 月第 1 版，第 45 页。
② 滕叙充：《哈军工传》（上卷），湖南科学技术出版社 2006 年 7 月第 2 版，第 296 页。
③ 同上书，第 297 页。

在思想政治教育目标上以政治为先、在思想政治教育任务上以信念为重、在思想政治教育方法与思想政治教育途径上以实践为基的思想政治教育特色。哈军工的思想政治教育特色，具有突出的时代性、政治性和实效性特征。

1. 以政治为先的教育目标

哈军工的思想政治教育特色首先体现在"以政治为先"的目标上。笔者曾在第六章第一节论述，哈军工在十七年的办学实践中，形成了"在政治上，信仰坚定、对党忠诚；在思想上，积极进取、三观正确；在品德上，甘于奉献、全心服务；在作风上，三严要求、军人风范"的"四位一体"思想政治教育目标。这一目标的核心就是政治上信仰坚定、对党忠诚，它不仅在哈军工的思想政治教育目标系统中起着方向引领和"定海神针"的作用，而且是哈军工整个人才培养目标系统的中枢，对实现"又红又专"人才培养目标中的"红"起着关键作用。哈军工在思想政治教育的全过程中，乃至在整个人才培养的过程中，"政治坚定"始终是第一位的，从哈军工招生严把政治质量关、政治审查不合格坚决不要，到学员进入预科开始入学教育、入伍教育始终围绕着政治上要"红"的目标进行，到学员政治理论课安排始终围绕着马克思列宁主义、毛泽东思想的学习，再到经常性的时事政策教育与各级领导在哈军工所作的形势报告都始终是围绕着打造"红"的军事工程师进行，以及根据全国全军形势开展的各种政治运动，无一例外始终是围绕着政治上无限忠于党、忠于社会主义进行，强调对党的忠诚、对马克思主义信仰的坚定性。哈军工在推进"以政治为先"的思想政治教育目标落实中，始终坚持坚定正确的政治方向，以培养无产阶级革命事业的接班人为根本，在人才培养中时刻关注学员政治上的健康成长，端正学员的政治态度，帮助学员解决为什么而学与学好了为谁服务的问题，进而解决学员的理想、信仰与世界观、人生观、价值观问题；在教师选调、选聘中始终把政治条件放在第一位，在先进工作者、优秀学员、先进集体、四好单位、三好学员、五好战士等的评选中，始终把政治思想好作为第一标准；在干部提拔、选任学员队干部、学员入党等工作中，首先强调的是政治素质，是否有政治工作经验等。

2. 以信念为重的教育任务

哈军工的思想政治教育特色还体现在"以信念为重"的任务上。笔者在第六章第二节曾论述哈军工为了实现政治坚定、思想积极、品德高尚、作风过硬的"四位一体"思想政治教育目标，突出以理想、信念、使命、责任为重点的思想政治教育任务。这一突出的思想政治教育任务，重中之重是以"信念"教育为中心，统揽干部、教师和学员的理想教育、使命教育、责任教育和其他教育，强调坚定马克思主义的信念教育，坚定社会主义、共产主义的信念教育，坚定服务国防现代化使命的信念教育，坚定全心全意为人民服务的信念教育，坚定献身国防事业的信念教育。在哈军工思想政治教育的全过程、全环节中，信念教育可以说是贯穿始终，时时处处得以体现的。哈军工筹建伊始，陈赓就对筹委会的干部、教师讲，哈军工是为了国防现代化而生，讲创建哈军工的重大意义，要求大家要主动自觉地肩负起这一神圣使命，坚定服务国防现代化使命的信念。筹委会移师哈尔滨后，陈赓在干部大会和教师座谈会上阐述"两老"办院思想、团结建院思想时，要求大家要用马列主义、毛泽东思想武装自己，共同努力办好哈军工，不断增强国防力量，坚定保卫新生的社会主义。陈赓在给哈军工首期学员作报告时，透彻地阐述了创建哈军工的重大意义和青年学生的奋斗方向，号召大家要坚定献身国防事业和全心全意为人民服务的信念。哈军工对知识分子的思想改造，强调的是进行社会主义教育、爱国主义教育、国际主义教育、时事政策教育和马克思的辩证唯物主义教育，以及下乡、下厂进行全心全意为人民服务教育。哈军工的政治理论课主要是进行坚定马克思主义信仰和坚定社会主义信念教育，帮助学员树立科学的世界观和革命的人生观；形势政策教育主要是进行爱国主义与国际主义精神教育、献身国防事业的责任感教育、坚信党的正确领导教育和坚定社会主义一定能实现的信念教育。哈军工的毕业教育仍然是以信念教育为重点，陈赓尽管生病住院依然通过给毕业学员写信的方式对学员进行信念教育，要求学员必须具备为社会主义、为人民服务的品质，必须运用科学技术加速国防现代化建设。

3. 以实践为基的方法途径

哈军工的思想政治教育特色还体现在"以实践为基"的方法和途径上。笔者在第六章第三节曾论述哈军工十分注重灌输教育与疏导教育、师长教育与互相教育、正面教育与反面教育、层次教育与普遍教育、显性教育与隐性教育等思想政治教育方法的灵活运用；在本章第一节曾论述哈军工十分注重学校教育与家庭教育、课堂教育与实践教育、日常养成教育与野营训练教育等思想政治教育途径的相互结合。这些思想政治教育方法与途径的选择和运用，在于凸显"以实践为基础"，增强思想政治教育的针对性和实效性。灌输教育方法的运用，强调马列主义、毛泽东思想等基本理论要入脑，转变学员的世界观和人生观，提高学员分析问题和解决问题的能力；疏导教育方法的运用，强调解决思想上存在的具体问题，疏导干部、教师、学员的情绪，促进实际工作的有效开展；师长教育方法的运用，强调解决思想上存在的认识问题，以教师、首长的人格魅力和光辉形象感染受教育者，促进学员思想认识的转变；互相教育方法的运用，强调解决学员自身的矛盾和困难，以互相谈心、交流、倾诉的方式，帮助学员化解心理困惑、舒缓紧张情绪、树立学习信心；正面典型与负面典型教育方法的运用，强调对学员的正向激励与反向鞭策，通过正面典型的经验与负面典型的教训比较，激发学员发扬优点、改正缺点、向正面典型看齐的前进动力；层次教育方法的运用，强调不同教育对象的特殊性，结合具体的现实状况和存在的问题，突出教育的针对性和实际问题的解决；普遍教育方法的运用，强调解决学员的共性问题，坚定学员的政治信仰，培养学员的优秀品质，提升学员的思想修养，形成良好的校风学风；显性教育方法的运用，强调直接面向问题，开展思想政治教育，服务人才培养目标；隐性教育方法的运用，强调面对不同层次的问题，借助不同载体、不同环境、不同事件和不同场合，从思想深处和心灵深处逐步化解矛盾和困惑。学校教育与家庭教育途径相结合，强调发挥两种途径对解决不同问题的优势，达到思想政治教育的目标；课堂教育与实践教育途径相结合，强调理论的提升需要实践的检验，世界观与人生观的形成需要实践的锻炼；日常养成教育与野营训练教育相结合，强调良好作风的培养既需要长期养成，也需要艰苦环境的集中训练。由此可见，哈军工思想政治教育方法和途径的选择与运用，始终面向师生思想政治教育中的实际问题，通过师生在实践中培养和锻炼，以达到增强思想政治教育实效的目的。

三　思想政治教育的价值

哈军工的思想政治教育，彰显出重要的理论价值、历史价值和现实价值。哈军工思想政治教育的价值，体现在促进我国大学生思想政治教育理论的形成，引领全国高校思想政治教育实践的发展，探寻思想政治教育是人才培养之魂、思想政治素质是人才素质之本、思想政治教育目标是人才培养目标之首的规律上。

1. 促进大学生思想政治教育理论的形成

哈军工思想政治教育的价值体现在促进我国大学生思想政治教育理论的形成上。综观今天思想政治教育学的研究，普遍认为我国的思想政治教育学理论形成于 1978 年改革开放以后。但通过对哈军工思想政治教育的研究，笔者认为，哈军工的思想政治教育对促进我国思想政治教育理论特别是大学生思想政治教育理论的形成起到了奠基性作用。

一是对思想政治教育形成规范性的概念使用和大学生思想政治教育主客体的正确界定奠定了重要基础。哈军工的思想政治教育在概念使用上从"政治教育""思想工作""马克思列宁主义及毛泽东思想教育""政治理论教育""马克思列宁主义基础理论教育"，到"政治思想工作""政治思想教育""思想政治教育"，逐渐形成了对这一概念的规范使用。哈军工的思想政治教育在主客体及其关系的界定上，从最初学院一级设有政治委员、学院机构中设置政治部，系一级设有政治委员、系下设专科，也配有政治委员，还有年级干部，分别对各层次干部、教师和学员的思想政治工作负责；到后来成立学员队，学员队建立党支部，专门设指导员负责学员的思想政治工作。哈军工思想政治教育的主体还包括政治理论课教师和其他基础课、专业课教师，他们都在各自的岗位上对学员进行思想政治教育，这些都说明哈军工思想政治教育的主体是十分明确的，而哈军工思想政治教育的客体主要是干部、教师和学员。哈军工思想政治教育明确的主客体及其相互关系，对今天大学生思想政治教育主客体理论的形成和今天高校思想政治教育工作格局的形成都具有奠基性作用。

二是对思想政治教育基本性质的界定和基本功能的明确奠定了重要基础。哈军工很早就提出政治理论教育的目的是"转变学员的世界观，提高学员分析问题和解决问题的能力"①。这与我们今天提出的思想政治教育的目的"提高认识世界和改造世界的能力，在改造客观世界的同时改造主观世界"② 是基本一致的，即思想政治教育具有目的性。笔者在本章第二节中已论述过哈军工思想政治教育的特色之一是"以实践为基"，充分说明了哈军工的思想政治教育体现了实践性这一基本性质。同时，笔者在第六章中论述思想政治教育的目标和任务时，已反复强调了哈军工的思想政治教育是为了实现人才培养的"红"，即培养为社会主义服务、为人民服务的革命接班人，这充分说明哈军工的思想政治教育体现了阶级性这一基本性质。哈军工的思想政治教育在功能实现上主要体现了引导学员树立共产主义远大理想、主动献身国防事业、全心全意为人民服务，保证学员在政治上讲忠诚、思想上讲积极、品德上讲奉献、作风上讲"三严"、行动上讲统一，教育学员主动担负起服务国防现代化建设的使命、刻苦学习国防科技知识、掌握过硬本领，努力成长为又红又专的军事工程师。这三个方面的功能，也是今天大学生思想政治教育的基本功能。

三是对大学生思想政治教育目标的确立和任务的明确奠定了重要基础。哈军工经过十七年的发展，形成了"政治坚定、思想积极、品德高尚、作风过硬"的"四位一体"的思想政治教育目标，这一目标体系分别从政治上、思想上、品德上、作风上应该达到什么样的要求做出了具体规定，与今天提出的思想政治教育个体目标在思想素质目标、政治素质目标、道德素质目标和心理素质目标上要达到的要求是基本一致的，特别是在政治目标上都要求具有坚定正确的政治方向、牢固树立共产主义理想信念、忠诚于党的领导，在思想目标上都要求具有马克思主义理论素质、树立科学的世界观，在品德（道德）目标上都要求全心全意为人民服务，在作风（心理）目标上都要求坚强的意志和顽强的作风。哈军工的思想政治教育突出以理想、信念、使命、责任为重点任务，以及对学员进行品

---

① 《国防科技大学校史》，国防科技大学出版社（内部发行）1993 年 8 月第 1 版，第 43 页。
② 张耀灿等：《现代思想政治教育学》，2006 年 11 月第 2 版，第 136 页。

德、修养、作风的训练和教育，与今天大学生思想政治教育强调"以理想信念教育为核心深入进行三观教育、以爱国主义教育为重点深入进行民族精神教育、以基本道德规范为基础深入进行公民道德教育、以大学生全面发展为目标深入进行素质教育"① 是基本一致的，在许多具体的教育内容上是基本重合的。上述事实充分说明，哈军工思想政治教育的目标与任务为今天明确大学生思想政治教育的目标和任务奠定了重要基础。

四是对大学生思想政治教育方法、途径与载体以及思想政治理论课课程体系的形成奠定了重要基础。哈军工在思想政治教育的方法上，坚持灌输教育与疏导教育、师长教育与互相教育、正面典型教育与负面典型教育、分层次教育与普遍教育、显性教育与隐性教育的统一，强调各种方法的灵活运用，而这些教育方法也是今天大学生思想政治教育中常用的具体方法，由此可见，哈军工思想政治教育为今天形成系统的大学生思想政治教育方法奠定了重要基础。哈军工在思想政治教育途径与载体上，借助学院各级领导和专职队干部等思想政治工作者的言传身教，通过理论课教学、与家长通信，通过与学员沟通、谈话、执行三大条令，通过下工厂、下连队、下农村等实践活动，通过院领导和上级首长的报告，通过内务卫生和军容风纪检查，通过野营实战训练等途径和载体，达到哈军工思想政治教育的目的。在这些途径和载体中，许多与今天大学生思想政治教育的途径和载体是一致的，甚至比今天大学生思想政治教育的途径和载体更有效，为形成大学生思想政治教育载体理论奠定了重要基础。哈军工的政治理论课从最初的马列主义基础、中共党史、政治经济学和政治工作四门课，到后来的一、二年级开设中共党史课，三年级开设社会主义建设课，四、五年级开设马克思主义哲学基本原理和毛泽东思想课，并配合教学内容组织专题报告、参观调查、放映电影等，基本构成了符合当时时代背景的政治理论课课程体系，与我们今天开设的思想道德修养与法律基础、马克思主义基本原理、中国近现代史纲要、毛泽东思想与中国特色社会主义理论体系概论课等四门课构成的课程体系，同时加强实践教学和网络教学，强调实现"三个转化"，具有内在的逻辑联系。这充分说明哈军工政治理论课课程体系及其操作实践，为构建今天大学生思想政治理论课课程

---

① 《中共中央、国务院关于进一步加强和改进大学生思想政治教育的意见》，2004 年 8 月。

体系及其操作实践，奠定了重要的逻辑理论基础和实践基础。

2. 引领高校思想政治教育实践的发展

哈军工思想政治教育的价值还体现在引领全国高校思想政治教育实践的发展上。哈军工因为她肩负着独特的历史使命，为国防现代化建设培养合格的军事工程师，其合格的标准笔者在第四章人才培养目标中已有论述。从这一目标中分析其对思想政治素质的要求，那就是"政治上信仰坚定、对党忠诚，思想上积极进取、三观正确，品德上甘于奉献、全心服务，作风上'三严'要求、军人风范"①。要达到这一要求，绝不是一件轻而易举的事。由此，哈军工创建伊始，对学员思想政治素质的培养就始终坚持高标准、严要求，与学业上的要求一样，使学员真正做到又红又专。经过近十年的发展，哈军工在思想政治教育方面取得了许多成功的经验，为人才培养提供了可靠的思想政治保证，不仅走在了全军的前列，而且还走在了全国高校的前列，引领着那个时代全国高校思想政治教育实践的发展，"先后有80多所地方兄弟院校的近500人到哈军工参观、学习"②，探讨哈军工是如何开展思想政治教育工作的。

一是哈军工领导高度重视学员思想政治教育工作，扎实推进思想政治教育取得明显成效。哈军工领导对思想政治教育工作的重视既体现在哈军工制定的人才培养目标上，也体现在哈军工人才培养的理念、思路和人才培养计划上，还体现在哈军工人才培养的具体实践上，始终把思想政治教育摆在人才培养工作乃至学校整体工作的首位。关于哈军工领导在人才培养目标、理念、思路及其培养计划中如何重视思想政治教育工作，笔者曾在第四章关于哈军工的人才培养中做了相关论述，在此不再赘述。哈军工领导在人才培养实践中对思想政治教育工作的重视是一贯的，也是具体的。陈赓带头为干部、教师和学员作政治报告和形势报告，以提高干部、教师和学员的思想政治觉悟，逐一回答学员提出的具体问题，以解决学员思想上的疑难与困惑。在陈赓的带领下，哈军工领导每年都要为学员作形势报告。为了了解学员的思想特点和思想实际，哈军工不仅定期组织开展

---

① 笔者注：本章第一节在论述哈军工思想政治教育"四位一体"目标形成过程时的概括。
② 滕叙兖：《哈军工传》（下卷），湖南科学技术出版社 2006 年 7 月第 2 版，第 835 页。

学员思想政治状况调查，哈军工领导还不定期深入学员课堂、宿舍、食堂，了解学员学习、生活的实际状况和学员的具体反映，准确把握学员的思想脉搏，努力培养良好的校风、教风、学风，不断总结思想政治教育工作的经验和教训。如针对干部子弟的教育问题，哈军工领导与各系领导经常召开干部子弟座谈会，表彰先进典型，有针对性地解决思想问题；哈军工政治部青年部专门对干部子弟的学习、思想状况进行了调查，总结了对干部子弟进行思想政治教育的四条经验：加强正面教育、学院教育与家庭教育相结合、基层干部要正确认识干部子弟的优缺点、教育群众正确认识干部子弟的缺点。在哈军工建校十周年之际，专门召开的学员思想政治工作会议上，时任政委谢有法特别强调了学员思想政治工作的重要性，"如果学员学不好，学院培养不出合格的人才，那就是最大的浪费！我们的学员都很年轻，应该教育他们树立雄心壮志，攀登军事科学高峰，不要做社会上的庸人"①。时任院长刘居英特别强调了培养优良班风的重要性，"作风好比土壤和气候，学院好比青苗。有什么样的土壤和气候，就长什么样的庄稼。""一个班的政治风气和学习风气的好坏，对全班每一个同志都有极大的影响。""我们的学院既然担负着培养'又红又专'的国防科学技术干部的光荣任务，那么要使每个学员都能在政治上、思想上、学业上不断地得到较快的进步，而不至于在资产阶级思想的影响下走上错误的道路，那么就必须使每个学员都树立起良好的作风，同时在作风的培养上，我们必须一个班一个班地具体抓。"② 由于哈军工领导对学员思想政治教育工作的高度重视，并亲自抓、层层抓、具体抓，取得了在全国领先的地位和成绩，1964 年春，仅由"各省、市和上级机关统一组织到哈军工学习思想政治工作经验的就有 56 所高校的 230 名领导干部和工作人员"③。

二是哈军工形成了目标引领的思想政治教育模式，不断创新思想政治教育的方法与途径。哈军工的思想政治教育之所以能够取得在全国领先的良好成效，还有一个重要的原因在于，哈军工在多年的思想政治教育实践探索中，逐渐形成了由目标引领的思想政治教育模式。在这一模式中，思

---

① 滕叙兖：《哈军工传》（下卷），湖南科学技术出版社 2006 年 7 月第 2 版，第 810 页。
② 《工学》1963 年 12 月 13 日。
③ 滕叙兖：《哈军工传》（下卷），湖南科学技术出版社 2006 年 7 月第 2 版，第 835 页。

想政治教育最终要达到的目标处于中心和引领地位，思想政治教育的其他诸要素均处于次要和从属地位。其中，思想政治教育主体即思想政治教育工作者的配备、遴选、职责和能力素质提升都要服从和满足思想政治教育目标的要求；思想政治教育客体即接受教育的干部、教师和学员的成长和发展需要都要根据思想政治教育目标作出调整，适应思想政治教育目标的要求；思想政治教育介体即思想政治教育内容的选择和确定、思想政治教育方法的选取与灵活运用、思想政治教育途径的选择与相互结合，都要紧紧围绕着如何达成思想政治教育目标这一中心要求来进行；思想政治教育环体即思想政治教育载体的选取、思想政治教育环境的构建和打造、思想政治教育条件的准备都要按照思想政治教育目标的指向来思考。这里，仅以哈军工思想政治教育方法的创新和灵活运用、思想政治教育途径的把握和相互结合，是如何紧紧围绕哈军工思想政治教育目标进行为例，简单说明哈军工所形成的思想政治教育目标引领模式。哈军工思想政治教育中灌输教育方法、师长教育方法、显性教育方法等的运用、课程安排与课程体系的设置以及学校教育与课堂教育途径的把握，都是紧紧围绕"培养具有马克思主义理论品质、坚定信仰共产主义理想、树立科学的世界观和革命的人生观、对党绝对忠诚"的思想政治教育目标进行的；疏导教育方法、互相教育方法与层次教育方法等的运用，日常养成教育与家庭教育途径的把握，是紧紧围绕"培养具有高尚的共产主义品质、树立全心全意为人民服务思想、艰苦奋斗与无私奉献的精神"的思想政治教育目标来选取的；正面教育与反面教育方法、普遍教育方法与隐性教育方法的运用，野营军事训练教育与实践教育途径的把握，紧紧围绕"培养积极向上刻苦学习的精神、严谨严密严格的三严作风、一丝不苟顽强拼搏的军人风范"的思想政治教育目标来选择。哈军工思想政治教育目标对思想政治教育各要素起着统领作用，在思想政治教育结构中处于中心地位。哈军工这一思想政治教育的目标引领模式，在全国高校思想政治教育实践中是领先的，引领了那个时代全国高校思想政治教育实践的发展。

三是哈军工树立了一批思想政治教育的先进典型，切实保障人才培养中心任务圆满完成。哈军工在思想政治教育工作实践中，十分重视树立先进典型和发挥先进典型的导向作用。笔者曾在第四章关于哈军工的人才培养和第六章第三节哈军工思想政治教育的正面典型教育方法部分，都论及了哈军工的教书育人典范张金槐老师，全身心投入党的教育事业，时时处处关心学生的成长，既善于教书又善于教人，既注重言教又注重身教。这一教书育人先进典型在哈军工教师中产生了广泛的影响，为了推广张金槐的先进教学经验，哈军工组织了几百名教师和院系领导干部去听课，老教授们深表赞许，青年教师们暗自钦佩，哈军工政治部组织召开全院教学人员大会介绍他的先进事迹和教学经验，全院掀起一场学习张金槐的热潮，他的事迹得到了上级领导的肯定和好评，国防科委经过进一步调查研究后，向全军推广教书育人典型张金槐的经验，《光明日报》以《大学毛主席著作，改进教学工作》为题进行了报道，受到国内高校的普遍重视。张金槐的经验在哈军工普遍开花结果，善于做学员思想工作的教师不胜枚举，教师们不再是单纯传授知识的"教书匠"，"教学过程中普遍注意在政治上培养学员具有无产阶级革命者的品格、在业务上培养学员具有科学工作者的品格"①，努力做到既教书、又教人。哈军工还树立了一位学习毛主席著作的先进典型、为满足国防建设事业需要从清华大学抽调来哈军工插班学习的李慧芬，面对专业完全不对口、一、二年级七门基础课一点没学过等的严峻形势，不仅没有被学习上的困难吓到，经过通读《毛泽东选集》一卷至四卷、精读和反复阅读《矛盾论》《实践论》等30多篇文章，写下十多万字心得笔记，认识到学习要抓主要矛盾、要集中精力打歼灭战，最终学习由被动转主动，成为每门功课全部5分的优秀学员，以自己的模范行动证明学习毛主席著作对于青年学生树立科学的世界观与革命的人生观具有十分重要的意义。哈军工经过多年认真细致的思想政治工作，在师生中培养了一大批李慧芬式的令人信服的学习毛主席著作的积极分子，他们以满腔的政治热忱投入时代洪流中，不断从毛主席著作中吸取智慧和力量，自觉锤炼自己的思想和品格，成为那个时代青年学生的楷模，"为人民服务""做一颗永不生锈的螺丝钉"，成为哈军工学员共同追求的崇高精神境界。1964年春到哈军工学习思想政治工作经验的时任江西工学院院长高凌，在与学员们一起同吃、同住、同学习、同劳动、同娱乐的"五同"体验后，深刻体会到"哈军工从严治校给学员带来的良好影响，深为学员们有理想、有志向、积极向上、刻苦学习的

---

① 滕叙兖：《哈军工传》（下卷），湖南科学技术出版社2006年7月第2版，第819页。

精神风貌所感动"①。许多大学领导到哈军工学习参观后认为，"哈军工是心怀祖国、革命第一，为了中国的原子弹和导弹上天，首先抓人的思想革命化，为国家培养出钢铁铸成的军事科技专家"②。

3. 探寻高校思想政治教育的基本规律

哈军工思想政治教育的价值还体现在对思想政治教育是人才培养之魂、思想政治素质是人才素质之本、思想政治教育目标是人才培养目标之首的基本规律探寻上。笔者在第四章哈军工的人才培养中对哈军工人才培养的定位、宗旨、模式、理念、要求、规格等进行了论述，对哈军工人才培养的基本规律进行了探讨，这其中关于人才培养的定位、理念、要求、规格等许多方面，都涉及对哈军工思想政治教育与人才培养关系的讨论。笔者在第六章对哈军工思想政治教育的目标、任务和方法的论述以及本章对哈军工思想政治教育的途径、特色的论述中，进一步对哈军工思想政治教育与人才培养的关系以及在人才培养中的地位等基本规律进行了探寻，这也是哈军工思想政治教育价值的重要体现。

一是对思想政治教育是人才培养之魂的培养规律探寻。哈军工的人才培养，思想政治教育始终是贯穿其中的灵魂。在哈军工的人才培养目标中，贯穿着思想政治教育的目标，如在《关于执行教育任务中几个主要问题的决定》中规定"政治上好，技术上好，'又红又专'才是合格人才"③。这里的"政治上好""红"都是思想政治教育的目标。陈赓在给首期毕业学员的信中继续强调"我们的目标是'又红又专''红透专深'"④，可见，"红"的思想政治教育目标始终贯穿在哈军工的人才培养目标之中。在哈军工的人才培养理念中，体现了思想政治教育的灵魂，强调"既教书，又教人"的理念，这里的"教人"主要强调的是人的政治、思想、道德、作风等品质，核心就是思想政治教育。在哈军工的人才培养宗旨上，强调为国防现代化服务的使命，但学员能否肩负起国防现代化的

---

① 滕叙兖：《哈军工传》(下卷)，湖南科学技术出版社 2006 年 7 月第 2 版，第 836 页。

② 同上书，第 837 页。

③ 王春晖：《走进哈军工纪念馆，走近哈军工》，哈尔滨工程大学出版社 2013 年 7 月第 1版，第 25 页。

④ 同上书，第 117 页。

服务使命，关键就在于哈军工的思想政治教育是否真正到位。在哈军工的人才培养计划中，思想政治教育仍然是贯穿其中的灵魂，政治理论课从一年级贯穿到四年级、五年级，每个阶段政治理论教育的要求有所不同。在哈军工的人才培养过程中，从预科入伍教育、野营训练教育，到党课、团课教育，从日常养成教育，到革命传统教育、革命英雄主义教育，再到下工厂、下连队、下农村的社会实践教育等，思想政治教育贯穿于人才培养的全过程。在哈军工人才培养的规格上，强调德、智、军、体全面发展，其中"德"被放在第一位，且是贯穿于德、智、军、体全面发展之中的。事实上，我们今天在人才培养上无论是强调"德育为先"，还是强调要"立德树人"，都说明了思想政治教育在人才培养中的极端重要性，是人才培养之魂。由此可见，哈军工在探寻思想政治教育是人才培养之魂这一培养规律上是超前的，而且在办学实践过程中很好地遵循了这一培养规律，这对我们今天客观、科学地认识思想政治教育在人才培养中的优先地位具有重要的启示意义。

二是对思想政治素质是人才素质之本的人才发展规律探寻。哈军工的人才培养定位中强调"又红又专"，这里的"红"是指"思想政治素质"，"专"是指"专业技术素质"，两方面的素质都很重要，但"红"在前，说明"思想政治素质"是第一位的，是起统领作用的，是根本素质。哈军工的人才培养规格中强调"德、智、军、体"全面发展，这里的"德"主要是指"思想政治素质"，要求学员政治上坚定，树立起科学的世界观和革命的人生观，忠于祖国、忠于人民、忠于党，全心全意为人民服务，坚定献身国防事业的意志和决心；这里的"智"主要是指"科学文化素质"，要求学员具有较高的科学文化素养，扎实的国防科技基础理论和专业技能，较强的自学能力、独立工作能力和分析、解决问题能力；这里的"军"主要是指"军事素质"，要求学员掌握必要的战略、战术思想和军事知识，具有高度的组织纪律观念，养成军人特有的生活作风和思想作风；这里的"体"主要是指"身心素质"，要求学员具有强健的体魄和一定的体育技能，能够忍受一切艰难困苦，勇敢顽强，具有坚忍不拔、勇往直前的意志品质。在哈军工对人才培养所要求的这些素质中，除了"德"是对"思想政治素质"的要求外，"军"和"体"中都包含有"思想政治素质"方面的要求，如"高度的组织纪律观念""良好的生活作风和思想作风""克服困难、勇敢顽强、坚忍不拔、勇往直前的意志品质"等。从上述对哈军工人才素质的分析来看,毫无疑问思想政治素质是哈军工人才培养所要求的素质中最根本的素质。事实上,我们今天已经清楚地知道,人才能否健康成长、能否向着正确的方向发展,综合素质高不高、能否为国家和社会发展做出有益的贡献,关键在于思想政治素质的保证作用。否则,如果一个人的思想政治素质差,而其他素质尤其是技术素质很高,那么他对国家和社会不仅不能做出有益的贡献,反而对国家和社会的危害更大,因为缺失了思想政治素质的保证作用。由此可见,哈军工在探寻思想政治素质是人才素质之本这一人才发展规律过程中是领先的,而且在人才培养过程中很好地遵循了这一人才发展规律,这对我们今天客观、科学地认识人才素质的要素构成以及思想政治素质在人才素质结构中的根本地位具有极其重要的启示意义。

三是对思想政治教育目标是人才培养目标之首的教育规律探寻。在哈军工人才培养目标的逐步明确过程中,从最初《关于成立军事工程学院的报告》中提出的培养维护和使用工程师,到时任苏联驻中央军委顾问团总顾问科托夫上将第一次将哈军工人才培养目标明确为"军事工程师",并且比较系统地阐释为"一个体魄健壮的士兵,一个热爱祖国的技术军官,必须能忍受一切艰难困苦,不怕流血牺牲,有铁的军事纪律观念,一丝不苟的工作作风和主动承担责任的精神"[1] 可以看出,在哈军工的人才培养目标中,对"军事工程师"这一目标的界定,包括"热爱祖国、忍受一切艰难困苦、不怕流血牺牲、铁的纪律观念、一丝不苟的工作作风、主动担责的精神"等,都是对思想政治教育目标的具体要求,说明在哈军工人才培养目标的形成过程中,思想政治教育目标是居于其首要地位的。无论是从哈军工最早的纲领性文件《关于执行教育任务中几个主要问题的决定》中强调对人才培养目标的要求首先是"对党高度忠诚""有高度的组织性、纪律性""工作积极、英勇顽强",然后才是"精通技术"[2] 看,还是从哈军工《第一期教学计划说明》中第一次完整、系统地

---

① 滕叙兖:《哈军工传》(上卷),湖南科学技术出版社 2006 年 7 月第 2 版,第 119 页。

② 《军事工程学院党委会关于执行教育任务中几个主要问题的决定》,哈军工史料,1953年。

正式将人才培养目标明确表述为"培养政治上坚定，无限忠于党和人民，忠于祖国，具有高度爱国主义与国际主义精神的军事工程师；精通并善于使用本兵种技术兵器，能够独立完成工程任务，并具有高度组织性、纪律性、较高文化程度和一定军事素养的军事工程师；忠诚老实、勇敢顽强，富于主动性、警惕性，不怕困难并善于克服困难的军事工程师；能够教育与培养部属，体格坚强，能忍受军事勤务中一切艰难困苦的军事工程师"① 来看，都充分说明思想政治教育目标在哈军工的人才培养目标中是居于首要地位的。从用人单位角度，有的评价哈军工毕业生"政治思想好，业务也很扎实，特别是能吃苦，守纪律，事业心强，有一股顽强的干劲"②。有的评价哈军工毕业生"综合素质好，具有为国防事业献身的精神和高度的组织纪律观念，在军事上具有一定的战略战术思想，在业务上知识面广，基础理论较扎实，适应性强"③。几十年来，可以说绝大多数哈军工毕业生都是勤勤恳恳为国防事业献身，全心全意为人民服务，在各自岗位上为国家和社会做出了重要贡献。从用人单位对毕业生的评价来看，对思想政治方面的评价是被放在第一位的，用人单位首先看的是"政治上是否可靠、思想上是否积极有献身精神、作风上是否顽强有吃苦精神"，然后才是业务能力如何，这些事实证明，思想政治教育目标在人才培养目标中理应居于首要地位。由此可见，哈军工成功地探寻了思想政治教育目标是人才培养目标之首这一教育规律，而且在人才培养实践中很好地遵循了这一教育规律，并在事实层面上得到了验证，这对我们今天客观、科学地认识思想政治教育目标在整个人才培养目标中的首要地位具有极其重要的启示意义。

---

① 《国防科技大学校史》，国防科技大学出版社（内部发行）1993 年 8 月第 1 版，第 25—26 页。

② 滕叙兖：《哈军工传》（下卷），湖南科学技术出版社 2006 年 7 月第 2 版，第 746 页。

③ 《国防科技大学校史》，国防科技大学出版社（内部发行）1993 年 8 月第 1 版，第 66 页。

第八章　哈军工文化遗存及其价值

哈军工，为后继者留下了丰富的文化遗存。哈军工，既沉淀了底蕴深厚、形式多样的物质文化遗存，也积累了内涵深刻、系统完整的精神文化遗存。哈军工遗存，具有鉴证历史、教育今人、传扬文化、启迪社会的价值。哈军工文化，需要不断挖掘、总结和凝练。哈军工，是一座不朽的文化丰碑，是一座不竭的文化宝库，是一座不尽的文化殿堂。

一　哈军工的物质文化遗存

哈军工的物质文化遗存，是我们可以看得见、摸得着、直接感受得到的文化，可分为重要的建筑设施类物质文化遗存、文件文本类物质文化遗存和声像实物类物质文化遗存三大类。其中，建筑设施类遗存是最为直观的，文件文本类遗存是较为隐秘的，声像实物类遗存是比较形象的。

1. 建筑设施类物质文化遗存

哈军工重要的建筑设施类物质文化遗存主要包括重要历史建筑物遗存、重点设施实验室遗存、重大事件发生地遗存等，具有显著的空间性特征。这一物质文化遗存集中体现在哈军工的办学原址上，哈军工原址是哈军工留给后继者的重要物质文化遗产。哈军工创建时按军兵种设立的空军工程系、炮兵工程系、海军工程系、装甲兵工程系和工兵工程系五个系分别独立所在的五栋大气磅礴、中西合璧的教学大楼是哈军工留下的最重要的历史建筑物遗存。这五座教学大楼的总体风格体现了我国传统建筑"大屋顶和脊兽"的典型特征，但为了避免古典建筑中传统脊兽的迷信色彩，将每座大楼屋顶垂脊上的蹲兽改成了各系的装备。于是，每栋教学大楼的飞檐上均有代表所在系的相应标志，如空军工程系大楼的飞檐上是一排飞机的雕塑、炮兵工程系大楼的飞檐上是一排大炮的雕塑、海军工程系大楼的飞檐上是一排舰艇的雕塑、装甲兵工程系大楼的飞檐上是一排坦克的雕塑、工兵工程系大楼的飞檐上是一排工程车的雕塑。同时，每一排雕塑最前面的檐角都有一个解放军骑马雕塑，雄姿勃发、威风凛凛的形象很有气势；每一座大楼正脊上都有一个虎身雕塑，虎首回眸仰视、虎尾弯弯上翘的形象极有气势；这一建筑设计寓意"有谁胆敢来侵犯我国领土，我们的解放军就像猛虎一样狠狠地将他吃掉"①。除这五座大楼外，还有苏联专家居住过的原中长铁路局房子——大和旅馆，哈军工图书馆——文庙，苏联首席顾问奥列霍夫在红军街 33 号的住所以及其他哈军工时期带有历史印记与融入历史故事的建筑等。

　　笔者曾在第二章哈军工"快"发展中的文化论述了哈军工时期，党、国家和军队领导人有 50 多位到过哈军工，他们视察过的教学、科研、服务等设施，特别是对哈军工办学作出过重要指示、对哈军工人才培养和科学研究发表过重要讲话的地点，哈军工学员接受党、国家和军队领导人多次检阅的军工操场等，如时任总理周恩来视察过的导弹陈列室，时任全国人大常委会委员长朱德元帅视察过的船模、发动机实验室，时任中共中央总书记邓小平视察过的无线电实验室，时任副总理贺龙元帅视察时与学员交谈过的教室，时任副总理陈毅元帅视察时作过报告的体育馆露台，时任国防部长彭德怀视察过的炮兵系实验室，时任国防部长林彪元帅视察过的动力实验室等。还有诸多哈军工人艰苦研制成功、代表当时国防科技前沿水平的"共和国第一"诞生的实验室，如马明德研制成功第一座风洞的空气动力实验室，恽良教授研制成功世界第一艘气垫船的实验室，顾懋祥教授研制成功世界第一艘水翼艇的实验室，柳克俊教授研制成功中国第一台电子计算机的实验室，慈云桂教授研制成功中国第一台晶体管通用电子计算机的实验室等。这些物质文化遗存不仅是哈军工曾经生存和发展的一个空间，更是凝聚着哈军工创建者们的心血与汗水、党和国家领导人对哈

---

　　① 王春晖：《走进哈军工纪念馆，走近哈军工》，哈尔滨工程大学出版社 2013 年 7 月第 1 版，第 33 页。

军工的关怀与支持、哈军工人的智慧与创造以及哈军工发展的历史足迹与不朽传奇，是具有深厚底蕴的物质文化遗存。

2. 文件文本类物质文化遗存

哈军工重要的文件文本类物质文化遗存主要包括重大事件的报告批示遗存、重要事项的文件命令遗存、重点人物的讲话信函遗存等，具有显著的文本性特征。这一物质文化遗存集中体现在哈军工的创建过程中，哈军工创建过程中呈送中央决策者的诸多报告及其批示、中央向哈军工颁发的文件及其命令与哈军工颁发的重要文件及产生的重要文献、中央领导及哈军工决策者的讲话及其指示等，都是留给哈军工后继者的重要物质文化遗存。重大事件的报告批示遗存，如向中央军委呈送的《关于成立军事工程学院的报告》及其毛泽东、周恩来、朱德、林彪等领导人的批示，毛泽东主席为哈军工颁发的《训词》，毛泽东主席为哈军工校刊题写的《工学》，彭德怀给毛泽东主席关于哈军工每年毕业学员人数计划的报告及其毛泽东主席给哈军工的第一个正式书面批示，哈军工《第一学期教学计划》及其毛泽东主席亲自审阅后的批示，向中央军委副主席周恩来呈送的《关于军事工程学院聘请苏联顾问的报告》，陈赓院长向周恩来总理请示批拨中长铁路局房子的报告及其周恩来总理的批示，陈赓院长向周恩来总理请示调留苏预备生入哈军工学习的报告及其周恩来总理的批示，陈赓院长向周恩来总理请示哈军工相关人员出访苏联、波兰、捷克斯洛伐克的报告及其周恩来总理的批示，哈军工关于成立导弹专业组织计划的报告及其中央军委的批复，陈赓院长关于哈军工分建、改建的报告及其中央军委同意分建、改建并作出决定的文件通知，国防科委钱学森同志对哈军工火箭工程系①专业教学计划问题的意见，国防科委秘书长路扬关于哈军工改制问题的讲话，哈尔滨工程学院内迁长沙改称长沙工学院的通知等。

重要事项的文件命令遗存，如毛泽东亲自签署的中央军委关于确定全军应办的军事院校及调整方案，该方案明确指出筹建军事工程学院，地点拟设哈尔滨；毛泽东主席亲自签发的任命陈赓为哈军工首任院长兼政治委员的命令，毛泽东主席亲自签发的任命刘居英为哈军工副院长的命令，林

---

① 笔者注：即后来的导弹工程系，时称火箭工程系。

彪签发的周恩来总理任命刘居英为哈军工院长的命令，哈军工印发的《关于执行教育任务中几个主要问题的决定》《教学组织工作条例》《教育工作者协会章程》《教学方法指导委员会工作条例》《科学研究工作条例》《专业教授会实验室条例》《教学工作暂行条例》等文件通知，哈军工时期的《工学》报，彭德怀签署的《公布军事工程学院第一期毕业学员名单》的国防部命令，哈军工建院初期来院教授、讲师、助教报到登记表，第一批到哈军工的苏联顾问团名单，军事工程学院暂行组织编制表与建院初期编制序列表，哈军工的保密包、保密本、保密箱、中俄文的保密蜡封、绝密印章、密封印章等，哈军工导弹工程系、原子工程系、电子工程系、计算机系成立文件，关于学院当前战备工作几个问题的报告等。

重点人物的讲话信函遗存，如周恩来致苏联部长会议副主席兼国防部长布尔加宁《关于军事工程学院聘请苏联顾问的函》，哈军工成立时周恩来总理的题词"努力学习，建设现代化的国防军"、朱德副主席的题词"努力学习近代科学技术，为建立巩固的国防，保卫祖国而奋斗"① 以及中央军委副主席贺龙的题词、中央军委副主席刘伯承的题词等；朱德元帅视察哈军工的讲话，陈毅元帅视察哈军工的报告，黄克诚大将视察哈军工的报告，许光达大将视察哈军工在装甲兵工程系的讲话，中央军委给哈军工建院十周年的贺信，钱学森建议哈军工建设工程数学系的信函，陈赓院长给解放军副总参谋长张宗逊写信商调哈工大 20 名研究生来校任教的信函，陈赓院长在哈军工第一次筹委会会议上的讲话、哈军工第一次办公会议上的讲话、哈军工全体党员干部会议上的讲话、哈军工老教师座谈会上的讲话、哈军工成立大会上的答词、哈军工第二期开学典礼上的讲话等，陈赓院长给哈军工第一期毕业学员的信，陈赓院长写给哈军工诸常委的信函，陈毅写给刘居英要求对其子女严加管教的信，刘居英院长在教学工作会议上的报告，黄景文和赵子立就卢庆骏的请调工作给筹委会的信，海军工程系邓易非政委对柳克俊《关于发展艇用电子计算机——研究试制供快艇用的快速电子指挥仪》报告的批示等。这些物质文化遗存不仅是记录了哈军工创建和发展的辉煌历程，更是体现了哈军工高起点、快速度、跨越式发展战略与办学思路，凝结着新中国党、国家和军队领导人对哈军

---

① 《国防科技大学校史》，国防科技大学出版社（内部发行）1993 年 8 月第 1 版，扉页。

工的无比关怀和大力支持，展示了哈军工决策者的办学智慧和贡献的毕生心血，展示了哈军工丰富的办学经验与独特的办学理念，是具有重要历史价值的物质文化遗存。

3. 声像实物类物质文化遗存

哈军工重要的声像实物类物质文化遗存主要包括重大事件的图片声像遗存、重点人物的工作实物遗存、重要成果的实物或模型遗存等，具有显著的实体性特征。这一物质文化遗存集中体现在哈军工的办学实践过程中，哈军工办学实践中存留的重大事件的图片资料与声像资料、重点人物的工作资料与实物资料、重要成果的实物原件和实物模型等，都是留给哈军工后继者的重要物质文化遗存。重大事件的图片声像遗存，如陈赓在移师哈尔滨后在王字楼报告的图片声像，哈军工校舍建设开工奠基典礼的图片声像，周恩来、朱德、邓小平、彭德怀、林彪、陈毅、贺龙、刘伯承、叶剑英等来哈军工视察的图片声像，时任越南政府副总理兼国防部长武元甲大将来哈军工视察的图片声像，哈军工首届运动会的图片声像，哈军工成立暨第一期开学典礼的图片声像，哈军工学员入伍宣誓大会的图片声像，哈军工第一届、第二届教学方法研究会的图片声像，哈军工首批入党教师宣誓大会的图片声像，哈军工野营教育入营典礼与野营教育、训练的图片声像，哈军工授衔典礼的图片声像，哈军工第一届、第二届科学技术研究会及华罗庚在会上作报告的图片声像，哈军工第一次党代会的图片声像，哈军工参加哈尔滨防洪抢险的图片声像，哈军工第一期学员毕业典礼的图片声像，陈赓院长逝世追悼会的图片声像，导弹工程系、原子工程系、电子工程系成立的图片声像，哈军工建院十周年纪念大会的图片声像，哈军工第二次分建搬迁的图片声像等。哈军工还留下了一个重要的声像遗存，就是哈军工所独有的"军号声"。

重点人物的工作实物遗存，如陈赓院长工作期间使用过的有关物品、留下的文稿等，首席顾问奥列霍大工作期间使用过的有关物品、留下的文稿等，刘居英院长工作期间使用过的有关物品等，哈军工空军工程系主任唐铎、炮兵工程系主任赵唯刚、海军工程系主任黄景文、装甲兵工程系主任徐介藩、工兵工程系主任唐凯等的工作证件、工作笔记、获得的荣誉勋章等，张述祖教授、马明德教授、周明鸂教授、任新民教授、刘恩兰教授、卢庆骏教授、高步昆教授、梁守槃教授、曹鹤荪教授、董绍庸教授、慈云桂教授、文圣常教授、陈百屏教授、罗时钧教授、庄逢甘教授、顾懋祥教授等哈军工知名教授履历表、工作期间使用过的有关物品、获得的奖品等，哈军工培养的优秀人才如两院院士、将军等在哈军工学习期间的笔记、作业、毕业设计等，哈军工教师、学员使用过的各种证件、各种物件等，哈军工发给优秀学员家长的喜报、三好学生证书等，哈军工历届学员毕业证书等。

重要成果的实物模型遗存，如哈军工教师编写的有关教材、讲义以及给学员题写的批语等。笔者曾在第五章哈军工科学研究中论述了服务国防需求的研究成果与瞄准国际前沿的研究成果，这些成果的实物或模型都是重要的物质文化遗存，如哈军工建成的我国最早的低速风洞、超音速风洞等风洞群，哈军工师生参与研制的东风113模型以及哈军工学员作为总师、副总师设计研制的歼轰－7、歼－7E、歼－8、歼8－D、歼8－F、歼－10等系列战机的模型；哈军工研制成功的我国第一艘水翼艇、气垫船、小型常规动力试验潜艇的模型以及哈军工教师和学员主持研制的我国第一艘核潜艇、第一套沉体探测打捞系统、第一台深潜救生艇、第一套六自由度深潜救生艇动力定位与集中控制系统、智能水下机器人的模型，哈军工人参与研制的我国第一艘航空母舰的模型；哈军工人主持研制的东风一号、东风二号、东风三号系列导弹的模型，红旗－2号、巨浪－1号、红旗－7号、海红旗－7号系列导弹的模型，红箭－8号、鹰击－8号导弹的模型，风云一号卫星、长征一号火箭、长空一号卫星的模型，哈军工人参与的载人航天工程神舟五号、神舟六号、神舟七号的模型；哈军工研制成功的我国第一台机载电子模拟计算机、第一台军用电子数字计算机、第一台半导体舰载电子数字计算机、第一台晶体管电子数字通用计算机以及哈军工人主持研制的我国第一台百万次集成电路计算机系统、第一台亿次计算机系统银河－Ⅰ、第一台全数字仿真计算机系统银河仿真－Ⅰ、第一台通用十亿次并行巨型机银河－Ⅱ、国际领先的并行计算机银河－Ⅲ等系列计算机的模型；哈军工学员主持研制成功的我国第一门大口径迫击炮——中式120迫击炮、我国新一代迫击炮——89式60毫米迫击炮、跻身世界领先水平的93式远射程60毫米迫击炮的模型；我国第一代水陆两栖坦克、第三代主战坦克的模型等。这些物质文化遗存不仅呈现了哈军工办学实践的光辉瞬间和主要成果，更是凝结着新中国党、国家和军队领导人对哈军工的深切关怀和殷殷期望，展示了哈军工办学者与哈军工师生不畏艰辛的奋斗精神和顽强拼搏的意志品质，承载了哈军工师生一心为国的奉献精神、服务国防的使命意识和敢于争先的创新气魄，是具有重要教育价值的物质文化遗存。

二　哈军工的精神文化遗存

哈军工的精神文化遗存，是那些不可触摸却可以感知、能够体会得到和被深刻理解的文化。哈军工的精神文化遗存主要包括在哈军工"高"创建、"快"发展、"大"结局以及人才培养、科学研究和思想政治教育等工作中，所体现出来的独特办学思想、治校理念、培养方略、发展战略与大学风气等。笔者经过对这些精神文化遗存的深入研究、系统思考和总结凝炼，做如下基本阐释。

1．办学思想层面的精神文化遗存

哈军工的精神文化遗存，体现在办学思想上就是以"国家利益至上"为最高准则的办学宗旨，以"服务国防现代化"为根本目的的办学使命，以"高起点、快速度、跨越式"为基本模式的战略思想。笔者曾在前几章中特别是在第一章、第二章、第三章、第五章，对哈军工精神文化遗存在办学思想上的体现做过充分的论述。

"国家利益至上"的办学宗旨始终贯穿于哈军工办学的全过程。在哈军工的创建过程中，无论是华东军区军事研究室的科研人员，还是重庆二高步校的干部战士，又或者是从四面八方抽调而来的干部教师，坚持国家利益至上的准则，为早日实现国防现代化，克服生活和工作上的重重困难，放弃原已习惯的工作和生活环境来到北国冰城哈尔滨。哈军工的第一次分建，以陈赓为代表的哈军工人为了满足军队发展需求，从国防现代化的长远利益出发，把自己辛辛苦苦建立起来的几大工程系分给各军兵种独立建院办学，且在师资、设备等方面尽量满足各军兵种独立建院的需要；哈军工的第二次分建，尽管哈军工人想不通、不情愿、忍痛分，但在国家

"战略转移"① 的重大原则面前，不讲任何条件，克服一切困难，以国家需要为第一需要的高度忠诚，顾大局、识大体，完成了主体南迁与部分留守。两次分建都是为了国家利益，分建的结果，哈军工为新中国国防高等教育体系的形成做出了重大贡献。

"服务国防现代化"的办学使命在哈军工十七年办学过程中一刻也不敢忘记。创建哈军工的根本目的就是实现国防现代化，自 1953 年 6 月 23 日陈赓院长在中南海怀仁堂小会议室接受了以毛泽东为核心的新中国最高决策层的授命时起，哈军工就一直肩负着这一神圣的办学使命。无论是哈军工处于顺境之时，坚持培养"又红又专"的军事工程师与按照部队建设之需开展的科学研究，以及瞄准国际军事科技前沿开展的科学研究；还是哈军工处于逆境之时，一直不忘为国防现代化培养合格的军事工程师，国家对哈军工为国防服务的要求与哈军工为国防服务的追求都没有改变，哈军工人克服了各种意想不到的困难，坚持开展国防科学研究，主动承担和完成了一大批重大国防科研成果；又或是分建后的哈军工后继者，仍然坚持在国防科技领域发愤图强，坚持为国防现代化服务，紧跟世界军事科技发展趋势，研制成功各领域具有国际先进水平的系列国防科研成果，为实现国防现代化做出了突出贡献。

"高起点、快速度、跨越式"的战略思想是哈军工十七年办学实践的一条基本主线。笔者曾在第一章中论述了哈军工创建的"高"起点，主要体现在哈军工的创建是保家卫国与国防现代化的崇高使命使然，是毛泽东主席亲自决策、周恩来总理亲自指挥、陈赓大将亲自主持的结果，是聘请大批苏联专家帮助、网罗全国知名教授等各方英才助阵、集中全国各方面力量支持的结果，这在今天任何一所大学都是难以办到的，这样的办学战略思路是不可复制的。笔者曾在第二章中论述了哈军工发展的"快速"度、"跨越"式，主要体现在哈军工的发展过程中得到了以毛泽东为核心的新中国第一代领导集体的亲切关怀，毛泽东主席为哈军工亲颁训词、亲自为校刊题写报名、亲自审阅教学计划，时任国家副主席、全国人大常委

---

① 笔者注：1969 年珍宝岛事件后，中苏关系进一步恶化，林彪发布"一号命令"，全军进入战备状态，党和国家领导人以及大批党政机关干部紧急"战备疏散"，哈军工也在疏散之列，准备南迁。

会委员长朱德元帅两次视察哈军工，时任政务院总理周恩来也两次视察哈军工，时任中共中央总书记邓小平以及彭德怀、林彪、贺龙、刘伯承、陈毅、叶剑英、聂荣臻等元帅都视察过哈军工，党和国家领导人的关怀不只是表达对哈军工的关注，更是为哈军工的发展创造了难得的外部环境，有力地促进了哈军工的快速发展；同时，还体现在以陈赓为代表的哈军工领导人始终坚持以教师为本推动发展、坚持干部教师加强团结促进发展、坚持紧跟国际前沿学习先进引领发展，为哈军工的发展营造了难得的内部环境，实现了哈军工发展的快速与跨越。

2. 治校理念层面的精神文化遗存

哈军工的精神文化遗存，体现在治校理念上就是以"善之本在教、教之本在师"为根本要求的治校方针，以"两老办院"为主要依靠的治校原则，以"一中、二主、三严"为基本内容的治校思路。笔者曾在第二章和第四章中，对哈军工精神文化遗存在治校理念上的体现做过充分的论述。

"善之本在教、教之本在师"的治校方针在哈军工十七年的办学实践中是一以贯之的，对人才培养工作的重视与对教师的重视也是始终如一的。哈军工创建过程中，请教师被放在最重要的优先位置考虑，陈赓院长亲自抓，作为"三边并举"创建方针的重要"一边"，而另外两边"招学生、开课程"，实质就是人才培养；哈军工发展历程中，贯彻执行党的知识分子政策被看作头等大事，陈赓院长带头执行，"政治上信任爱护、工作上大胆使用、待遇上略为从优、生活上关心照顾"[①]；哈军工在坎坷时期，陈赓院长指示，想尽一切办法保护好教师，使更多教师在各种政治运动与政治斗争中免遭磨难；哈军工分建时，教师成为哈军工后继者的宝贵财富。可以说，坚持以教师为本办学的治校方针，成为哈军工最重要的治校理念，也是对今天的高等教育发展仍有重要启示意义的治校理念。

"两老办院"的治校原则在哈军工建设中具有极其特殊的重要意义，关系到哈军工的建设和发展依靠谁的人才观问题。在新中国成立初期的特定历史条件下，具有丰富革命斗争经验的老干部、老战士是最为光荣的，

---

① 《国防科技大学校史》，国防科技大学出版社（内部发行）1993 年 8 月第 1 版，第 90 页。

有着明显的光荣感和优越感；而知识分子被认为没有打过仗、没有吃过苦，甚至因为留学西方国家被认为是"资产阶级"知识分子。以陈赓为代表的哈军工领导者，以深邃的眼光、前瞻的思维、战略家的气魄、高远的追求，客观理性地看待老干部与老教授这"两老"在办学中的地位和作用，深刻认识"两老"的关系，把他们比作"两根柱子"，认为是"长征两万五"与"十年寒窗苦"的关系，是"红军八角帽"与"博士四角帽"的关系，是"上过井冈山"与"去过旧金山"的关系，认为老教授"在科学技术上奋斗了几十年，也是老资格"，"二老"都是国家的宝贝，都是建设国家的财富，都是哈军工建设的依靠力量。可以说，坚持"两老办院"的治校原则，尤其是充分肯定知识分子在办学中的主导地位，把知识分子的地位界定在与老干部并列的高度，是哈军工重要的人才观，其不仅使哈军工在短短的十几年时间内成为国内著名高校，也是今天高等教育理应遵循的重要治校理念。

"一中、二主、三严"的治校思路是哈军工在十七年办学实践取得成功的一条重要经验，其基本含义是"以教学为中心，以教师为主、以学生为主，治学严谨、组织严密、要求严格"。笔者前几章曾论述过，在哈军工处于顺境时，坚持以教学为中心，包括科研、管理在内的学校其他各项工作都要为教学服务；在哈军工处于逆境或困境时，哈军工领导者始终坚持尽量不冲击教学、尽量优先保证教学。在哈军工的办学过程中，始终坚持教师与学生的"双主体"地位，强调各方面工作都要围绕着教师和学生转。哈军工的治学十分严谨，无论是教师还是学生，对自己的要求都十分严格，教师的板书必须工整，老师课堂上讲完最后一句话正好响下课铃，教师、学生决不可上课迟到，学生作业规矩严整，等等。这些笔者曾在前几章都有过论述。可以说，坚持"一中、二主、三严"的治校思路，尤其是无论在什么情况下都能坚持以教学为中心，坚持办大学以教师为主、教育以学生为主的"双主体"思想，不仅使哈军工办学取得成功，也是今天高等学校在办学中应始终坚持的治校理念。

3. 培养方略层面的精神文化遗存

哈军工的精神文化遗存，体现在培养方略上就是以"培养'又红又专'的军事工程师"为根本目标的培养定位，以"教书教人"为根本目的的培养理念，以"一切为了学员"为根本宗旨的培养思路，以"德、智、军、体全面发展"为基本规格的培养要求。笔者曾在第四章中，对哈军工精神文化遗存在培养方略上的体现做过充分的论述。

"培养'又红又专'的军事工程师"的培养定位，是哈军工十七年人才培养过程中始终坚持的根本目标，有力地回答了哈军工培养什么人的问题。这一培养定位，解决了人才的核心素质问题，既要"政治上好"，又要"技术上好"，"又红又专"才是合格人才；而"军事工程师"的定位，明确了哈军工培养的人才是为国防现代化服务的，是为军队建设服务的，是培养国防科学技术领域的维护修理工程师和高层次研究设计人才。哈军工的整个人才培养工作，包括教学计划的制订、课程体系的设计、教学过程的安排、课堂教学与实践教学的要求等，一直以来都是在这一目标定位下进行的。在人才培养实践中，哈军工十分注重"红"与"专"的结合，强调二者不可偏颇。可以说，坚持"'又红又专'的军事工程师"这一培养定位，尤其是强调"红专结合"的思想，不仅是哈军工人才培养取得累累硕果的根本原因，也是今天提高高等学校人才培养质量值得很好学习的人才培养方略。

"教书教人"的培养理念与"一切为了学员"的培养思路，是哈军工十七年办学实践获得成功的重要理念与根本宗旨，科学地回答了哈军工如何培养人的问题。这一培养理念，解决了教师应该如何教、学校应该如何做的理念与思路，哈军工在办学实践中明确要求教师既要管教又要管学，既要教好书又要教做人，以优良的教风带动学生的学风。陈赓院长曾将哈军工比作大食堂，学员是吃菜的，教员是炒菜的，干部是端盘子的，这是"一切为了学员"这一培养思路最为形象的阐释，要求哈军工的一切工作都应围绕着学员转，学员是核心，教师要讲好课、教好学，干部要管好事、服好务。可以说，哈军工在办学实践中坚持"教书教人"的培养理念与"一切为了学员"的培养思路，不仅是哈军工人才培养取得成功的重要理念与经验，体现了哈军工领导者的远见卓识，更是今天"以学生为本"人才培养理念在几十年前的有益实践，理应成为我们继续坚持的先进教育思想。

"德、智、军、体全面发展"的培养要求，是哈军工十七年人才培养一贯坚持的培养规格和培养标准，客观地提出了哈军工人才培养得怎么样的检验标准。这一培养要求，解决了人才素质的基本结构问题，包含了德、智、军、体四个方面。尽管哈军工创建之初将培养目标确定为培养维护、使用和修理工程师，后来又调整为培养研究、设计的高层次人才，但是哈军工对人才培养的规格始终强调德、智、军、体全面发展，从来不是只有"智"的要求，从未降低对学员"德、军、体"方面的要求。笔者曾在第四章对哈军工德、智、军、体全面发展的培养规格进行过论述，经过分析后提出了德、智、军、体四个方面的具体检验标准。在哈军工的整个人才培养过程中，为了达到德、智、军、体全面发展的培养规格，从教学计划、课程设置、日常养成、野营训练、体育锻炼等方面做出了明确规定，力图通过完善各种培养措施，使培养出的人才满足德、智、军、体四个方面的检验标准。可以说，哈军工在人才培养中坚持"德、智、军、体全面发展"的培养要求，不仅是检验哈军工人才培养水平和培养质量的重要标准，也是今天我们制定人才培养水平和人才培养质量检验标准的重要参照。

4. 发展战略层面的精神文化遗存

哈军工的精神文化遗存，体现在发展战略上就是以"紧跟国际前沿"为基本思路的国际化战略，以"尖端集中，常规分散"为特色理念的学科战略，以"成为军事科学技术思想中心"为基本目标的科技战略。笔者曾在前几章中特别是在第二章、第三章和第五章，对哈军工精神文化遗存在发展战略上的体现做过充分的论述。

"紧跟国际前沿"的国际化战略，是哈军工十七年办学实践一贯坚持的基本办学思路，体现了哈军工以国际先进水平为基本参照办学的前瞻意识和领先意识。"紧跟国际前沿"既体现在哈军工办学的思想、理念层面起点要求高，直接瞄准军事科学与工程技术教育的先进水平，全面学习苏联在军事技术教育方面的先进办学经验，特别是强调在技术上要全学，所以哈军工最初的教学计划是按照苏联的培养要求制订的，教材是根据苏联的最新成果编写的，教师培养是按照苏联的要求和标准进行的，科学研究是紧跟美国、苏联的研究前沿开展的，这使得哈军工的人才培养水平和人才培养质量是高标准的；"紧跟国际前沿"还体现在哈军工办学的思路、举措等办学实践层面，直接与国际前沿接轨，学习国际先进办学经验，如哈军工按照苏联首席顾问奥列霍夫的建议建立了野外作业场，在最接近实战的状态下对学生进行训练，以及派出学习考察团赴苏联、捷克、波兰等国直接学习军事工程技术教育的先进经验、了解军事科学研究的前沿发展，这不仅开阔了哈军工办学的思维和眼界，还激发了哈军工发展尖端国防科学技术的决心，使得哈军工办学始终站在高起点上。可以说，哈军工在办学实践中坚持"紧跟国际前沿"的国际化战略，不仅是哈军工能够在短时间内成为与清华、北大齐名的著名高等学府的重要办学思维和经验，也是我们今天高等教育实现跨越式发展、提高办学水平和办学质量、实现与国际高等教育发展同步的重要办学理念与发展战略。

"尖端集中、常规分散"的学科战略，是哈军工经过十七年办学实践探索并在实践中取得办学成功的特色办学理念，不仅体现了哈军工始终坚持以国家需要为第一需要的忠诚情怀和博大胸襟，更展现了哈军工发展成功实现转型升级的办学智慧和高远追求。笔者在第三章曾论述了哈军工按照"尖端集中、常规分散"的原则进行了第一次分建。事实上，分建是在"尖端集中、常规分散"这一学科战略指导下的一个必然结果，要实现学科上的"尖端集中"，就必然会将常规的学科进行分建。因此，在"尖端集中、常规分散"这一特色学科发展战略的指导下，一方面，哈军工把自己用多年心血发展起来的炮兵、装甲兵、工兵等常规专业分给各军兵种独立办学，以满足当时各军兵种维护使用工程师不断增加的现实需要，这也体现了哈军工对国家发展、对国防事业的无限忠诚与宽阔胸襟，对构建中国高等军事技术教育体系起到了奠基性作用；另一方面，哈军工很快就在短时间内建立起了导弹工程、原子工程、电子工程、计算机等前沿和尖端学科，以实现集中精力培养研究设计制造工程师和发展国防尖端技术的高远追求，进一步推动国防科技事业向着国际先进水平更快发展，体现了哈军工学科发展转型升级的前瞻思想与办学智慧，对形成以尖端学科为核心的特色办学理念发挥了重要作用。可以说，哈军工在办学实践中坚持"尖端集中、常规分散"的学科战略，不仅是哈军工能够产出一系列满足国防需求的重大科技成果的重要原因，也是哈军工后继者能够在若干国防科技领域继续取得重大科技成果、能够在若干前沿、尖端技术领域走在学科发展前列的重要原因，对我们今天高等学校制定学科发展战略具有重要的启示意义。

"成为军事科学技术思想中心"的科技战略,是哈军工十七年办学实践中一直追求的科技发展目标,不仅体现了哈军工自觉肩负实现国防现代化的使命意识,还体现了哈军工主动满足和引领军事科技发展的崇高追求。笔者曾在第五章论述了哈军工如何打造"军事科学技术思想中心",陈赓院长在哈军工创建伊始就已经明确提出要"成为军事科学技术中心"的目标,用"技术和智慧"去解决国防现代化进程中的若干重大问题。苏联首席顾问奥列霍夫把"成为军事科学技术思想中心"作为哈军工的两个主要任务之一提出来,这在哈军工的办学实践上促进了这一科技战略的实施。因此,在"成为军事科学技术思想中心"这一科技发展战略的指导下,一方面,哈军工大力开展科学研究,努力满足当时国防发展的基本需求和部队建设的实际需要,研制成功了一系列提高部队战斗力的国防科研成果,许多成果还达到了当时的国际先进水平,体现了哈军工当时的科学研究地位。另一方面,哈军工紧跟和瞄准世界军事科技发展的前沿研究,不仅提升了哈军工自身开展科学研究的前瞻性、战略性,研制成功一大批具有甚至超过国际先进水平的武器装备技术成果,成为当时远东地区技术力量、设备能力最强的综合性军事科学技术学府;同时,哈军工主动向国家提出发展火箭武器和火箭技术的建议,为国家做出研制导弹的重大决策进而开创我国"两弹一星"事业起到了重要的推动和咨询作用。可以说,哈军工在办学实践中坚持"成为军事科学技术思想中心"的科技战略,不仅推动了哈军工科学研究的快速发展,为促进国防现代化做出了重要贡献,而且为今天高等学校如何办成更好地为国家经济社会发展提供决策服务的高端智库提供了成功的范例。

5. 大学风气层面的精神文化遗存

哈军工的精神文化遗存,体现在大学风气上就是以"忠诚奉献、坚韧拼搏、艰苦奋斗、团结协作、求实创新"为基本内容的校风,以"严谨、严密、严格"为基本要求的"三严"作风,以"崇尚科学、追求真知,不畏艰难、发愤图强,敢于攻坚、善于创新,甘于奉献、忠心为国"为核心内容的科研作风。笔者曾在前几章中特别是在第四章、第五章,对哈军工精神文化遗存在大学风气上的体现做出充分的论述。

"忠诚奉献、坚韧拼搏、艰苦奋斗、团结协作、求实创新"的校风,是哈军工精神与哈军工文化的浓缩和概括，不仅体现了哈军工十七年办学的具体实践与真实写照，还展示了哈军工人在十七年办学实践中形成的精神风貌。在笔者前几章的论述中，已经较为充分地展示了哈军工的这一真实写照与哈军工人的这种精神风貌。事实上，哈军工的办学实践，正是秉持这一校风，始终坚持以国家需要为第一需要、以国防需求为第一使命的实践，始终强调对党忠诚、对人民忠诚、对军队忠诚的实践。这一校风的核心元素"忠诚"，已成为哈军工精神与哈军工文化的核心概念与根本特色。为了保卫新生的共和国、实现国防现代化，在哈军工的发展历程中，一代代哈军工人牺牲了个人利益，在极端艰苦的环境里坚持以这一校风为行为准则，无私奉献、坚韧拼搏、艰苦奋斗，谱写了一曲曲壮丽的赞歌。无论是老干部、老教授，还是老工人、老战士，也无论是干部、教师，还是学员、战士，全体哈军工人始终坚持以这一校风为行为要求，团结办院、勤俭办院，发扬团结协作、求实创新精神，使哈军工很快发展成为全军乃至全国著名的高等学府，成为办学时间虽短却至今仍为世人所称道的高等学府。可以说，哈军工在办学生涯中坚持"忠诚奉献、坚韧拼搏、艰苦奋斗、团结协作、求实创新"的校风，为哈军工办学成功赢得了良好的办学声誉，它不仅是哈军工人良好整体形象的客观反映，更是值得哈军工后继者们今天理应继续坚持和弘扬的根本行为准则。

"严谨、严密、严格"的"三严"作风，是哈军工在十七年办学实践中形成的办学形象，不仅体现了哈军工教师对自身的基本要求，也是检验哈军工人才素质是否过硬的作风标准。笔者曾在第四章中对哈军工如何在人才培养中坚持"三严"的作风要求做过充分论述。事实上，哈军工的人才培养，正是因为长期坚持"三严"作风，才逐渐形成了有哈军工特色的优良校风，并把这种良好的作风从哈军工教师一代代传递给哈军工学生。"三严"作风，体现在哈军工教师教学层面，就是对课堂教学要求十分严谨，不允许出一点差错；对教学组织要求十分严密，必须做到环环相扣；对教学计划要求十分严格，杜绝执行上的随意性。"三严"作风，体现在哈军工学生培养层面，既有学生学习态度上的严肃认真，又有学生学习习惯的严格养成，还有学生学习方法的严密细致；既有哈军工干部的以身作则、严于律己，又有哈军工教师的一丝不苟、精益求精，还有哈军工学生的严格要求、刻苦钻研。正是在"三严"作风的要求下和长期的

"三严"环境里，使哈军工人潜移默化地养成了"严"的思想意识、"严"的行为准则、"严"的习惯作风。可以说，哈军工在办学实践中坚持"严谨、严密、严格"的"三严"作风，不仅是哈军工培养出一代又一代作风过硬的人才的根本缘由，也是形成哈军工"三严"这一标志性形象的根本所在，更是我们今天开展优良校风、教风、学风培育值得学习的典范。

"崇尚科学、追求真知，不畏艰难、发愤图强，敢于攻坚、善于创新，甘于奉献、忠心为国"的科研作风，是哈军工人在十多年科研实践中逐渐形成的研究风范，不仅反映了哈军工人在实际科研工作中遵循的行为准则，还凝结了哈军工人在长期科研实践中形成的科研精神。笔者曾在第五章中对哈军工这一科研精神与科研作风的形成做过充分的论述。事实上，哈军工的科学研究，正是一代又一代哈军工人在坚持不懈地践行这一科研行为准则的过程中进行的。从一开始不会搞科研，为了适应部队建设需求而结合部队建设实际开展科学研究，所体现出来的崇尚科学、追求真知的科研境界；到在各种政治运动或政治斗争中以及在各种困难时期仍坚持开展科学研究，在退出军队序列甚至"文革"中被批斗后仍坚持围绕国防现代化开展科学研究，所体现出来的不畏艰难、发愤图强的科研作风；再到主动面向国防现代化进程中的重大科研难题开展研究，面向世界军事科技发展的前沿问题开展科学研究，所体现出来的敢于攻坚、善于创新的科研追求；再到无论何时、何地，无论遇到何种困难，无论在什么样的科研环境里，都能心甘情愿地开展科学研究，都能一心想着为国家国防科技事业的发展开展科学研究，所体现出来的甘于奉献、忠心为国的科研精神，是哈军工人科研实践的真实写照。可以说，哈军工在科研实践中坚持"崇尚科学、追求真知，不畏艰难、发愤图强，敢于攻坚、善于创新，甘于奉献、忠心为国"的科研作风，不仅是哈军工能够取得一系列重大科研成就的根本缘由，也是哈军工后继者能够不断取得重大科技突破、为国防现代化做出重大贡献的根本缘由，是哈军工历代科技工作者良好形象的真实反映，值得我们今天所有的科研工作者传承和弘扬。

综上所述，哈军工的精神文化遗存，内涵十分丰富而深刻，不仅是指导哈军工办学实践的行动指南，也是哈军工取得一系列辉煌成就的重要前提，更是哈军工留给后继者的宝贵精神财富，需要我们一代又一代哈军工后继者的自觉传承和主动弘扬。

三　哈军工文化遗存的价值

哈军工的文化遗存，无论是物质的还是精神的，都具有重要价值。哈军工文化遗存的价值，需要深入挖掘、科学研究、认真总结与系统凝练。哈军工文化遗存的挖掘、研究、总结与凝练过程，是哈军工文化遗存的价值得以实现最大化的过程，也是哈军工文化遗存得以更好地传承与发扬的过程。哈军工文化遗存的价值，主要体现在鉴证历史、教育今人、传扬文化、启迪社会上，笔者在深入研究的基础上作如下阐释。

1.哈军工文化遗存的历史价值

哈军工文化遗存，具有重要的历史价值。哈军工文化遗存的历史价值，主要体现在三个方面：客观地记录和证实了哈军工"高"创建的办学历史、科学地揭示和还原了哈军工"快"发展的光辉历程、真实地鉴证和澄清了哈军工"大"结局的历史命运。

一是哈军工文化遗存客观地记录和证实了哈军工"高"创建的办学历史。笔者曾在第一章论述了哈军工"高"创建中的文化，对哈军工"高"创建的理解主要体现在：哈军工的创建是为了保家卫国和国防现代化的崇高使命，是毛泽东主席亲自决策、周恩来总理亲自指挥、陈赓大将亲自主持，是聘请了大批苏联专家的帮助、网罗了大批优秀干部和教师、集中了全国各方面的力量的结果。

在哈军工的文化遗存中，《关于成立军事工程学院的报告》及其毛泽东、周恩来、朱德、林彪等领导人的批示，以及毛泽东对《哈军工毕业学员人数的报告》和哈军工《第一学期教学计划》的批示，客观地记录和证实了哈军工创建的决策层次之高；毛泽东为哈军工颁发的《训词》，阐述了哈军工对国防现代化建设的重要意义，客观地记录和证实了哈军工创建肩负的使命之高；陈赓请示《批拨中长铁路局房子的报告》《调留苏预备生入哈军工学习的报告》《哈军工出访苏联、波兰、捷克的报告》及其周恩来的批示等，从一个侧面记录和证实了哈军工创建的指挥层次之高；毛泽东签发的任命陈赓为哈军工首任院长兼政委的命令，前述陈赓给周恩来的有关报告及周恩来的批示，陈赓商调哈工大20名研究生来校任教给张宗逊的信，陈赓在哈军工第一次筹委会会议上的讲话、第一次办公会议上的讲话、全体党员干部会议上的讲话、老教师座谈会上的讲话记录和在王字楼报告的图片等，从不同的侧面记录和证实了哈军工创建的主持层次之高。

在哈军工的文化遗存中，《关于军事工程学院聘请苏联顾问的报告》以及周恩来致苏联部长会议副主席兼国防部长布尔加宁《关于军事工程学院聘请苏联顾问的函》，以及苏联专家住所——大和旅馆、第一批到哈军工的苏联顾问团名单等，证实了哈军工聘请了大批苏联顾问前来帮助办学；哈军工空军系主任唐铎、炮兵系主任赵唯刚、海军系主任黄景文、装甲兵系主任徐介藩、工兵工程系主任唐凯等的工作证件、工作笔记、获得的荣誉勋章等以及张述祖、马明德、周明鸂、任新民等知名教授曾使用过的有关物品、获得的奖品等，可以从侧面证实哈军工从全国网罗了大批优秀干部和教师办学；哈军工校舍建设开工奠基典礼的图片声像，与哈军工现存的五栋大气磅礴、中西合璧的大楼，可以间接证实哈军工是集中全国各方面力量办学，可以直接证实这一"高"创建观点的文化遗存目前尚缺乏，这一方面说明哈军工文化遗存还需要进一步挖掘，另一方面也正好说明哈军工文化遗存对于记录和证实哈军工"高"创建办学历史的重要价值。

二是哈军工文化遗存科学地揭示和还原了哈军工"快"发展的光辉历程。笔者曾在第二章论述了哈军工"快"发展中的文化，对哈军工"快"发展的理解主要体现在：哈军工在发展进程中受到了毛泽东、周恩来、朱德等老一辈领导人的亲切关怀，来哈军工视察过的党、国家和军队领导人多，苏联、越南等国政要也在关注哈军工的发展，同时坚持以教师为本发展、两老团结发展与紧跟前沿发展的办学理念，实现了哈军工的"快"发展。

在哈军工的文化遗存中，毛泽东主席为哈军工颁发的《训词》与亲笔题写的报名"工学"，周恩来总理、朱德副主席、贺龙元帅、刘伯承元帅等为哈军工成立的题词；周恩来总理视察过的导弹陈列室，朱德委员长视察过的船模实验室、发动机实验室，邓小平总书记视察过的无线电实验室，贺龙元帅与学员交谈过的教室，陈毅元帅作报告的体育馆、军工操场，彭德怀元帅视察过的炮兵系实验室，林彪视察过的动力实验室等，以及上述领导人视察时的图片声像与武元甲副总理视察哈军工时的图片声像等，还原了哈军工曾受到过的来自高层领导的关心、关怀与关注，进而揭示了哈军工在备受关怀中实现"快"发展的光辉历程。

在哈军工的文化遗存中，陈赓在王字楼做报告的图片声像以及陈赓在老教师座谈会上的讲话记录，黄景文和赵子立就卢庆骏的请调工作给哈军工筹委会的信，哈军工请调的专家、教授来院报到登记表，军事工程学院暂行组织编制表与建院初期编制序列表等，在一定程度上还原了哈军工坚持教师为本发展与坚持两老团结发展的办学理念，进而揭示了哈军工在坚持这一理念办学的过程中实现"快"发展的光辉历程。

在哈军工的文化遗存中，《关于军事工程学院聘请苏联顾问的报告》、周恩来致苏联部长会议副主席兼国防部长布尔加宁《关于军事工程学院聘请苏联顾问的函》，以及苏联专家住所——大和旅馆、第一批到哈军工的苏联顾问团名单等，可以从一个侧面还原哈军工是如何从一开始就紧跟国际前沿，向苏联学习先进办学经验的；哈军工《第一学期教学计划》《教学组织工作条例》以及哈军工建院初期编写的有关教材，研制成功哈军工第一座风洞的空气动力实验室，研制成功第一艘气垫船的实验室，研制成功第一台电子计算机的实验室等，可以从一个侧面还原哈军工是如何紧跟国际前沿开展科学研究的，进而依托这些文化遗存揭示哈军工在坚持紧跟国际前沿这一理念办学的过程中实现"快"发展的光辉历程。

三是哈军工文化遗存真实地鉴证和澄清了哈军工"大"结局的历史命运。笔者曾在第三章论述了哈军工"大"结局中的文化，对哈军工"大"结局的理解主要体现在：哈军工不屈不挠地坚持在各种斗争中办学、在艰难困境中办学、在"文革"逆境中办学，取得了一系列可歌可泣的教学、科研成果；哈军工在第一次主动分建与第二次被迫分建中，出色地完成了历史使命，为国防高等军事技术教育在全国开花结果，体现了哈军工的"大"胸怀，展示了哈军工的"大"气魄，成就了哈军工的"大"结局。

在哈军工的文化遗存中，海军工程系邓易非政委对柳克俊《关于发展艇用电子计算机——研究试制供快艇用的快速电子指挥仪》报告的批示，哈军工研制成功新中国第一台电子计算机等，鉴证了哈军工在坎坷中如何开展科学研究；彭德怀签署的《公布军事工程学院第一期毕业学员名单》的国防部命令，陈赓院长给哈军工第一期毕业学员的信，哈军工第一期学员毕业典礼的图片声像等，鉴证了哈军工在困境中如何为国防现代化培养人才；陈赓院长写给哈军工诸常委的信函，陈赓院长逝世追悼会的图片声像以及中央军委给哈军工建院十周年的贺信及其哈军工建院十周年纪念大会的图片声像等，鉴证了哈军工无论在困境还是逆境中，始终坚持以人才培养为中心，坚持为国防现代化建设服务。

在哈军工的文化遗存中，关于成立导弹专业组织计划的报告及其中央军委的批复，国防科委钱学森同志对哈军工火箭工程系专业教学计划问题的意见，钱学森建议哈军工建设工程数学系的信函，陈赓院长关于哈军工分建、改建的报告及其中央军委同意分建、改建并作出决定的文件通知，哈军工导弹工程系、原子工程系、电子工程系、计算机系成立文件及其成立的图片声像等，鉴证了哈军工为国防高等军事技术教育在全国开花结果所做出的重大贡献，澄清并揭示了哈军工分建的"大"胸怀与"大"气魄。

在哈军工的文化遗存中，国防科委秘书长路扬关了哈军工改制问题的讲话，关于学院当前战备工作几个问题的报告，哈尔滨工程学院内迁长沙改称长沙工学院的通知以及哈军工第二次分建搬迁的图片声像，哈军工在退出军队序列以及在"文革"中研制成功的国防科技成果实物或模型等，鉴证了哈军工分建的"大"结局，澄清并揭示了哈军工在"大"结局中始终坚持服务国防现代化的不懈追求。

2. 哈军工文化遗存的教育价值

哈军工文化遗存，具有重要的教育价值。哈军工文化遗存的教育价值，主要体现在三个方面：为实现高等学校跨越式发展提供了成功实践的先例、为构建新中国高等军事教育体系做出了重要的贡献、为提升我国高等教育质量积累了丰富的办学经验。

一是哈军工为实现高等学校跨越式发展提供了成功实践的先例。哈军工自 1952 年 7 月开始筹建，1953 年 9 月正式成立，到 1959 年 3 月即正式办学后的第七年成为全国重点大学。1961 年，哈军工从全国十多个省市应届高中毕业生中招收的 600 多名学员，参加全国统考六门课平均成绩为83.4 分，与北京大学相同，仅比清华大学低 0.3 分。经过十多年的发展，哈军工成为与北大、清华齐名的全国重点大学。这一办学实践证明，实现高等学校的跨越式发展是可能的，哈军工作为成功实践这一教育理念的先例，是哈军工文化遗存所具有的重要教育价值之一。探寻哈军工文化遗存这一教育价值的源头，笔者认为至少有三点是哈军工能够实现跨越式发展的重要缘由，也是哈军工文化遗存的教育价值给予我们的重要启示。

第一，哈军工在短时间内集聚和培养了一批高水平的师资。陈赓院长创建哈军工时提出的"三边并举"方针，其中一边就是师资队伍建设，而且陈赓院长是亲自抓这一边的建设，不管用什么办法，都要把哈军工办学所需的高水平的"大师"们请来。在此基础上，采取"母鸡下蛋，自己培养"的方式提高青年教师的教学水平，苏联顾问团的一个重要任务就是为哈军工培养教师。没有高水平的师资队伍，高等学校是不可能实现跨越式发展的。

第二，哈军工以最高水平为参照确定办学目标并付诸实践。哈军工一开始以苏联高等军事工程技术教育水平为参照进行办学，教学计划、教学组织、教材使用、课堂教学、课程考试、实践训练、毕业设计、毕业答辩等，都是以苏联高等军事技术教育的成熟做法为标准。直至中苏关系恶化，苏联专家撤走后，哈军工又提出以国内最好的清华大学为参照办学，并与北大、清华抢优质生源。没有领先的目标并系统推进，高等学校也是不可能实现跨越式发展的。

第三，哈军工以先进理念引领办学并致力于提高人才质量。哈军工有一整套先进的办学理念，"三边并举"的创建方针、"又红又专"的培养目标、"善之本在教、教之本在师"的治校方针、"两老办院"的治校原则、"一中、二主、三严"的治校思路、"教书教人"的培养理念、"一切为了学员"的培养宗旨、"德智军体全面发展"的培养要求等，使得哈军工培养的人才能力素质水平过硬，很快崭露头角并受到用人单位好评。没有先进的理念引领办学，高等学校也是不可能实现跨越式发展的。

二是哈军工为构建新中国高等军事教育体系做出了重要的贡献。1953年，哈军工第一期学员开学时，学院的系和专业全部是按军兵种兵器、装备建设的需要设置的，设有空军工程系、炮兵工程系、海军工程系、装甲兵工程系和工兵工程系等5个系23个专科，主要任务是为各军兵种培养维护、修理、使用现代化技术兵器和装备的军事工程师。作为全军集中力量建设的一所综合性军事工程学院，哈军工建院初期各系的设置就已经包括了各军兵种独立开展教学的基本组织形态，包括五个系各自独立的教学大楼设计和布局。

随着兵器、装备的更新发展以及新兵种的建立，哈军工的系和专业也在不断进行调整和充实，逐渐增加了一些按学科设置的系和专业。但7年后的1959年，随着军队技术装备和科学研究工作的快速发展，一方面，哈军工已不能满足各军兵种对维护使用军事工程师日益增大的需求量；另一方面，哈军工也不能满足国防现代化发展步伐对尖端军事科学研究的需要。陈赓院长以战略家的前瞻思维提出了哈军工分建的战略思想，将哈军工的炮兵工程系、装甲兵工程系、工兵工程系和后来成立的防化兵工程系交由各军兵种独立办学，为各军兵种培养维护使用工程师；哈军工的任务即培养定位发生根本性改变，主要为国防研究机关培养尖端技术的研究、设计、制造人才和各军兵种所需的技术干部。这一分建战略的实施，对中国高等军事技术教育格局的变化产生了重要影响。从此，中国高等军事技术教育的格局变为"宝塔型"，即塔尖是哈军工，培养国防尖端科学技术的研究、设计、制造工程师；塔身是新建的各军兵种工程学院，为各军兵种培养维护、修理和使用工程师；塔基是中级技术学校，为各部队培养一般的技术干部。这一次分建调整，是哈军工为构建新中国高等军事教育体系主动做出的贡献。十年后的1969年，哈军工被迫再次分建，中国高等军事技术教育格局再次调整。

今天，作为我国高等军事技术教育的龙头、哈军工第二次分建的主体——国防科学技术大学，与哈军工两次分建后发展起来的哈尔滨工程大学、南京理工大学以及哈军工第二次分建后部分融入的西北工业大学一起，构成了我国国防科技教育体系最顶层的主体；哈军工第一次分建后发展起来的解放军装甲兵工程学院、解放军理工大学工程兵工程学院、解放军防化指挥工程学院，构成了我国军事工程技术教育的中坚力量。由此可见，哈军工的两次分建，客观上为构建新中国高等军事教育体系做出了重要贡献，这毫无疑问是哈军工文化遗存所具有的重要教育价值。

三是哈军工为提升我国高等教育质量积累了丰富的办学经验。笔者在前几章已有论述，哈军工在短短十几年的办学实践中，取得了丰硕的办学成果和丰富的办学经验。这些丰硕的办学成果说明哈军工教育质量高、办学效果好，丰富的办学经验成为哈军工留下的重要文化遗存，对我们今天进一步提升高等教育质量具有重要价值。研究哈军工留下的丰富办学经验，探寻其教育价值之所在，是哈军工后继者的重要责任。笔者以为，以下三点办学经验对提升我国高等教育质量具有重要价值。

第一，坚持"国家利益至上"的办学宗旨不动摇。哈军工在十七年办学历程中，无论顺境还是逆境，始终坚持把国家利益放在首位。在创建初期，哈军工能够克服一切困难加快建设，是为了早日培养出部队建设急需的维护使用工程师；在各种"运动"或"斗争"中，哈军工努力克服各种干扰坚持办学，是为了培养国防建设需要的人才；在"文革"等极端条件下，哈军工坚持开展国防科学研究，是为了满足国防现代化的需要；无论遇到什么困难，哈军工教师都坚持教学、学生都刻苦学习、干部都努力工作，皆因哈军工始终不忘国家利益。哈军工，既是新中国高等教育的典范，也是办人民满意大学的代表。今天，要提升高等教育质量，首先必须坚持"国家利益至上""人民满意"的办学宗旨，并能在任何境遇下都毫不动摇地践行这一宗旨。

第二，坚持"又红又专"的培养定位不动摇。哈军工在十七年办学历程中，无论是创建初期将培养目标确定为"维护、修理和使用工程师"，还是后来将培养目标调整为"研究、设计和制造工程师"，其核心定位"又红又专"从未改变，并将这一目标定位贯穿于办学的全过程、各环节，强调"红透专深"，即政治思想素质必须过硬、业务技术能力必须过硬，二者不可偏废，不能只红不专，也不可只专不红，保证哈军工培养的人才能够坚定不移地为国防现代化建设服务，能够有能力为国防现代化建设服好务。今天，要提升高等教育质量，无论国际国内环境发生了怎样的变化，都应坚持"又红又专"的培养定位不动摇，并能理直气壮地将这一定位贯穿于我国大学的长期办学实践中。

第三，坚持"尖端集中"的特色理念不动摇。哈军工在十七年办学历程中，经过实践探索逐渐形成了"尖端集中"的特色办学理念，并在办学实践中很好地践行了这一理念，使哈军工在国防尖端科技领域的高端人才培养和高水平科学研究中很快占据显要位置，不仅办学水平和培养质量迅速提升，而且尖端科研能力和研究水平呈现引领国防科技发展的良好态势。今天，要提升高等教育质量，无论办学环境与办学条件如何，也无论办学层次与办学定位怎样，都应提倡坚持特色办学理念，强调突出办学优势、强化办学特色，做到有所为有所不为，集中优质资源和优势力量办特色之学。

3. 哈军工文化遗存的文化价值

哈军工文化遗存，具有重要的文化价值。哈军工文化遗存的文化价值，主要体现在三个方面：为哈军工后继者推动大学文化的繁荣发展奠定了核心的文化资源、为打造文化育人的核心基地奠定了坚实的文化基础、为实现文化荣校的价值理想奠定了深厚的文化积淀。

一是哈军工文化遗存为哈军工后继者推动大学文化的繁荣发展奠定了核心的文化资源。哈军工留下的所有文化遗存，是哈军工后继者大学文化的源头和文化建设的根基。哈军工后继者要推动大学文化的繁荣发展既离不开这个源，更割不断这个根。笔者以为，哈军工文化遗存从以下三个方面为哈军工后继者推动大学文化的繁荣发展奠定了核心的文化资源。

第一，师生认同的共有文化基础。哈军工五座中西合璧的教学大楼，成为今天哈军工后继者校园建筑设计的重要参照，以保持大学建筑文化的历史统一；哈军工时期党、国家和军队领导人视察过的实验室、教室、军工操场以及那些诞生过"共和国第一"的实验室等，成为今天哈军工后继者进行物质文化建设的重要资源，以保持大学文化故事与文化设施的统一；哈军工时期做出过重要历史贡献的代表人物，成为今天哈军工后继者进行物质文化建设的文化源头，以保持大学文化与大学历史的统一。哈军工留下的这些历史建筑、物质设施、历史故事与历史人物等，是师生认同的共有文化基础，为哈军工后继者推动大学文化的繁荣发展奠定了核心的文化资源。

第二，师生认同的共有文化追求。毛泽东主席为哈军工校报题写的"工学"二字，成为今天哈军工后继者凝练大学校训的关键字；哈军工"国家利益至上"的办学宗旨、服务国防现代化的办学使命，成为今天哈军工后继者凝练大学精神的核心思想；哈军工"忠诚奉献、坚韧拼搏、艰苦奋斗、团结协作、求实创新"的校风与"严谨、严密、严格"的

"三严"作风，成为今天哈军工后继者凝练校风、教风、学风的文化源头；哈军工"一切为了学员"的培养思路，成为今天哈军工后继者凝练人才培养理念的核心要素。哈军工留下的这些办学思想、治校理念、大学风气等精神文化遗存，是师生认同的共有文化追求，为哈军工后继者推动大学文化的繁荣发展奠定了核心的文化资源。

第三，师生认同的共有文化情结。哈军工首任院长兼政委陈赓，已成为哈军工后继者心中公认的"哈军工之父"；"哈军工"这响当当的三个字，已成为哈军工后继者心中的神话；哈军工五座大气磅礴、中西合璧的教学大楼，已成为哈军工后继者心中的圣殿；哈军工教学大楼飞檐上的武备雕塑，已成为哈军工后继者心中的精神象征；哈军工教学大楼正脊上的虎身雕塑，已成为哈军工后继者心中的精神图腾；哈军工经久不息的军号声，已成为哈军工后继者心中的情感寄托；哈军工荡气回肠的文化故事，已成为哈军工后继者心中的精神家园。哈军工留下的这些物质文化遗存与精神文化遗存，是师生认同的共有文化情结，为哈军工后继者推动大学文化的繁荣发展奠定了核心的文化资源。

二是哈军工文化遗存为哈军工后继者打造文化育人的核心基地奠定了坚实的文化基础。哈军工留下的所有文化遗存，是哈军工后继者文化育人的重要载体和重要内容。哈军工后继者要打造文化育人的核心基地既需要依托这个载体，也需要借助这些内容。笔者以为，哈军工文化遗存从以下三个方面为哈军工后继者打造文化育人的核心基地奠定了坚实的文化基础。

第一，奠定了坚实的物质文化基础。周恩来总理、朱德委员长、邓小平总书记、彭德怀元帅、陈毅元帅、贺龙元帅等视察过的实验室，能够使哈军工后继者体会到哈军工在中国高等教育史上的独特地位，感受到党、国家和军队领导人对哈军工的关怀支持；哈军工研制成功"共和国第一"科研成果的诞生地，能够让哈军工后继者感受到哈军工对科学研究的高度重视，理解哈军工肩负的国防现代化使命；哈军工创建过程中呈送中央领导决策的诸多报告及领导人做出的批示，中央领导向哈军工颁发的文件、命令等遗存，能够使哈军工后继者充分感受到中央决策层对创建哈军工的高度重视，深刻理解哈军工创建历程中的艰辛与不易。哈军工后继者要打造文化育人的核心基地，必须依托这些重要的物质载体，哈军工文化遗存为此奠定了坚实的物质文化基础。

第二，奠定了坚实的精神文化基础。毛泽东主席为哈军工颁发的《训词》、题写的《工学》报名、审阅签批的《教学计划》等遗存，能够使哈军工后继者深刻理解哈军工以国家需要为第一需要、以国防需求为第一使命的精神追求；朱德视察哈军工时在军工操场的讲话、陈毅视察哈军工时在军工操场的报告等遗存，能够使哈军工后继者深刻理解哈军工"又红又专"的人才培养定位和哈军工对学员的严格要求；陈赓院长关于哈军工分建、改建的报告及其中央军委同意分建、改建并作出决定的文件通知等遗存，能够使哈军工后继者深刻理解哈军工为了加快国防现代化发展步伐所体现的大胸怀、大气度和自我牺牲精神。哈军工后继者要打造文化育人的核心基地，必须依托这些重要的文化内容，哈军工文化遗存为此奠定了坚实的精神文化基础。

第三，奠定了坚实的思想文化基础。哈军工"国家利益至上"的办学宗旨、"服务国防现代化"的办学使命，能够使哈军工后继者树立起全心全意为人民服务的思想意识；哈军工"又红又专"的培养定位、"教书教人"的培养理念、"一切为了学员"的培养思路与"德、智、军、体全面发展"的培养要求，能够使哈军工后继者建立起以人才培养为中心和以人为本的思想观念；哈军工"忠诚奉献、坚韧拼搏、艰苦奋斗、团结协作、求实创新"的校风，"严谨、严密、严格"的"三严"作风和"崇尚科学、追求真知，不畏艰难、发愤图强，敢于攻坚、善于创新，甘于奉献、忠心为国"的科研作风，能够使哈军工后继者培养起某种思想作风。哈军工后继者要打造文化育人的核心基地，必须依托这些重要的文化内容，哈军工文化遗存为此奠定了坚实的思想文化基础。

三是哈军工文化遗存为哈军工后继者实现文化荣校的价值理想奠定了深厚的文化积淀。哈军工留下的所有文化遗存，是哈军工后继者文化荣校的心理支撑和力量之源。哈军工后继者要实现文化荣校的价值理想既需要这个支撑，也需要这种力量。笔者以为，哈军工文化遗存从以下三个方面为哈军工后继者实现文化荣校的价值理想奠定了深厚的文化积淀。

第一，自豪的文化心理。哈军工在短短的十七年办学实践中，不仅留下了底蕴深厚的物质文化遗存和内涵丰富的精神文化遗存，还培养了39位两院院士、100多位将军和几十位大学党委书记、校长，产生了一大批

"共和国第一"的科研成果。哈军工这些重要的文化遗存中所富含的独特文化魅力，这些重大的办学成就中所展示的独特办学思想，使每一个哈军工人都感到无比荣耀。哈军工人这种无比骄傲的自豪文化心理，是哈军工文化遗存的重要体现，为哈军工后继者实现文化荣校的价值理想奠定了深厚的文化积淀。

第二，坚定的文化追求。哈军工在短短的十七年办学实践中，无论是创建初期还是发展的鼎盛时期，无论是政治运动不断还是遭遇退出军队序列，无论是物质极度匮乏时期还是"文革"的动乱时期，对国防现代化的目标追求从未改变过；不管是在校的哈军工师生，还是已经毕业的哈军工学员，无论是调离哈军工的教师，还是受到不公正待遇的教师，在为国防现代化不懈奋斗的道路上从未懈怠过。哈军工人这种矢志不渝的坚定文化追求，是哈军工文化遗存的核心成分，为哈军工后继者实现文化荣校的价值理想奠定了深厚的文化积淀。

第三，深沉的文化力量。哈军工在短短的十七年办学实践中，每一个哈军工人都始终把自己的命运与国防现代化的使命紧紧联系在一起，每一个哈军工人都在自己平凡的岗位上努力为国防科技教育事业做出贡献，每一个哈军工人都展现出对党、对国家、对人民的高度忠诚和无限热爱，每一个哈军工人都在最艰难的时刻表现出对自身所肩负使命的高度自觉。在哈军工的"高"创建、"快"发展与"大"结局中，哈军工人这种从里往外、发自肺腑的深沉的文化力量，是哈军工文化遗存的内在本质，为哈军工后继者实现文化荣校的价值理想奠定了深厚的文化积淀。

4. 哈军工文化遗存的社会价值

哈军工文化遗存，具有重要的社会价值。哈军工文化遗存的社会价值，主要体现在三个方面：为哈尔滨打造城市文化名片提供了重要的文化标识、为市民开展红色文化教育提供了重要的文化载体、为国防现代化建设凝聚力量提供了重要的文化支撑。

一是哈军工文化遗存为哈尔滨打造城市人文名片提供了重要的文化标识。哈军工文化遗存的社会价值，首先体现在对哈军工所在城市哈尔滨的社会贡献上，是哈尔滨打造城市名片的核心文化要素。哈尔滨要打造好城市名片，不仅需要运用这一文化要素，而且必须用好这一文化要素。笔者以为，哈军工文化遗存从以下三个方面为哈尔滨打造城市人文名片提供了重要的文化标识。

第一，增添了哈尔滨城市建筑艺术的魅力。哈军工虽然只有短短的十七年，但留给这座城市的重要物质文化遗存之一——五座大气磅礴、气势恢宏、中西合璧的教学大楼，既是哈军工历史的见证者，是哈军工永远的标志性建筑，也是哈尔滨城市建筑的标识，如今已成为哈尔滨的二类保护建筑。在建筑艺术上，哈军工留下的这五座教学大楼，是"在中国传统建筑上装饰着欧式构图，在中国建筑的传统风格中有着欧洲古典建筑的身影"①。哈军工这一中西融合的建筑景观，不仅贯穿于哈尔滨的城市建设，而且影响着哈尔滨城市建筑艺术的发展，为哈尔滨城市发展增添了艺术的魅力。由此可见，哈军工留下的这一历史建筑遗存，为哈尔滨打造城市人文名片提供了重要的文化标识。

第二，增进了哈尔滨城市旅游发展的活力。哈军工虽然只有短短的17年，却留下了丰富的物质文化遗存和精神文化遗存，这些文化遗存是哈尔滨城市旅游发展的宝贵资源。通过对这些物质文化遗存与精神文化遗存的深入挖掘，可以进一步丰富哈尔滨城市旅游发展的文化资源，包括哈军工时期建设的这几座雄伟壮观的教学大楼，以及哈军工后继者经过挖掘整理和建设完成的陈赓院长铜像广场、陈赓受命创建哈军工铜像群雕、新近建成的哈军工纪念馆等，都应成为哈尔滨城市文化旅游的标识性纪念景观和标识性纪念藏馆，可以大大提升哈尔滨城市发展的良好形象，增强哈尔滨城市旅游发展的活力。由此可见，哈军工留下的文化遗存，为哈尔滨打造城市人文名片提供了重要的文化标识。

第三，增强了哈尔滨城市精神追求的动力。哈军工虽然只有短短的十七年，但留给这座城市的文化遗存除了五座二类保护建筑外，还有许多发生在这些历史建筑里值得哈尔滨人民引以为豪的历史故事，还有许多发生在这座城市里值得哈尔滨人民无比怀念和铭记的历史故事，还有许多哈军工人留给这座城市的美好记忆和许多哈军工人的难忘岁月。这些历史故事里彰显的哈军工为国防现代化永不服输的奋斗精神、团队精神，为国防科

① 李晓霁：《哈尔滨近代中国传统建筑风格的流变——以文庙、极乐寺与哈军工历史街区为例》，《哈尔滨工业大学学报》（社会科学版）2010年7月第12卷第4期，第26—31页。

技事业勇于拼搏的科学精神、创新精神，为保卫哈尔滨勇斗洪魔的献身精神、奉献精神等，理应成为哈尔滨城市精神的核心元素，融入哈尔滨人民的血脉之中，增进这座城市精神追求的动力。由此可见，哈军工留下的文化遗存，为哈尔滨打造城市人文名片提供了重要的文化标识。

二是哈军工文化遗存为市民开展红色文化教育提供了重要的文化载体。哈军工文化遗存的社会价值，还体现在对广大市民进行红色文化教育的社会贡献上，是开展市民红色文化教育的重要文化载体。开展市民红色文化教育，不仅需要借助这一文化载体，而且应该发挥好这一载体的重要作用。笔者以为，哈军工文化遗存从以下三个方面为市民开展红色文化教育提供了重要的文化载体。

第一，提供了红色文化教育的重要场所。哈军工留下的物质文化遗存和精神文化遗存，经过哈军工后继者们深入研究、不断挖掘、系统凝炼和规划建设后，已拥有以哈军工五座受保护的教学大楼为主要建筑标识，以党、国家和军队领导人视察地和哈军工的"共和国第一"诞生地为主要历史标识，以陈赓院长铜像和陈赓受命创建哈军工铜像群雕为主要形象标识，以哈军工纪念馆为主要馆藏标识的教育基地。该基地已被批准为省级爱国主义教育基地，毫无疑问应成为对市民开展红色文化教育的重要场所。

第二，提供了红色文化教育的重要内容。哈军工留下的物质文化遗存和精神文化遗存中，既有毛泽东等老一辈领导人为发展国防现代化做出创建哈军工这一重大决策的内容，也有陈赓等第一代哈军工人为实现国防现代化克服重重困难建设哈军工的内容，还有一代又一代哈军工人为报效国家、献身国防刻苦学习、艰苦奋斗的内容，以及哈军工人为保卫哈尔滨人民的生命财产安全与松花江洪魔展开搏斗的内容。这些内容十分生动、鲜活，毫无疑问应成为对市民进行红色文化教育的重要内容。

第三，提供了红色文化教育的重要途径。哈军工留下的物质文化遗存和精神文化遗存，经过哈军工后继者的保护和利用，已成为对市民开展红色文化教育的重要场所，每年有上万的市民、游客等前来参观，自发地接受哈军工的红色文化教育。社会各界尤其是各级教育、文化等有关行政部门，应更加积极主动地运用哈军工文化遗存，对市民进行红色文化教育，更好地发挥哈军工文化提升市民文化品位、提振市民文化精神的作用。这样的红色文化教育，毫无疑问应成为对市民进行红色文化教育的有效途径。

三是哈军工文化遗存为国防现代化建设凝聚力量提供了重要的文化支撑。哈军工文化遗存的社会价值，还体现在为推进国防现代化建设凝聚力量的社会贡献上，是凝聚国防建设力量的重要文化支撑。凝聚国防建设的社会力量，不仅需要这一文化支撑，而且应更好地利用这一文化支撑。笔者以为，哈军工文化遗存从以下三个方面为凝聚国防建设力量提供了重要的文化支撑。

第一，提供了可靠的历史事实支撑。笔者在第一章中曾论述了哈军工"高"创建中的文化。哈军工是为国防现代化而生，哈军工创建初期也正是新中国成立初期，国家的资源极其有限，为了支持哈军工建设，全军乃至全国的力量都动员起来，在各种物资、人力、财力上给予重点保障。之所以能这样，是因为哈军工肩负着保家卫国和国防现代化的崇高使命，支持哈军工就是支持国防现代化。在哈军工文化遗存中，有许多以国防现代化使命凝聚一代又一代哈军工人拼搏奉献，凝聚全国人民为哈军工、为国防建设拼搏奉献的历史事实。这些可靠的历史事实，是我们今天凝聚全社会力量支持国防现代化建设的重要文化支撑。

第二，提供了有力的人才技术支撑。笔者在第四章、第五章中曾论述了哈军工人才培养和科学研究中的文化。哈军工在十七年办学实践中，为国家培养了大批国防科技领域的高端人才，为国家研制成功了许多具有重大影响的国防科技成果。无论是哈军工培养的人才还是研究的成果，为我国国防现代化建设做出了不可替代的重大贡献。今天，无论是上九天揽月，还是下五洋捉鳖，我国的航空航天事业、两弹一星事业、舰船科技事业、核电事业等发生了翻天覆地的变化，在这些变化里到处都有哈军工人的身影、哈军工人的成果。可以说，哈军工的人才与技术，依然是我们今天凝聚全社会力量支持国防现代化建设的重要支撑。

第三，提供了爱国主义的精神支撑。在哈军工文化遗存中，处处体现着爱国主义精神。无论是毛泽东主席为哈军工颁发的《训词》，还是周恩来总理、朱德委员长的题词，都充分表达了对国家的热爱和忠诚；无论是陈毅元帅视察时在军工大操场的报告，还是陈赓院长给第一期学员写的信，都对学员进行了深刻的爱国主义教育；无论是哈军工学员以"人在阵地在"的坚定决心完成好学业，还是哈军工教师以"牢记使命、忍辱负重"的坚定毅力搞好科研，都深深地展现了哈军工人的爱国主义情怀。哈军工人这种坚定的爱国主义信念和崇高的爱国主义精神，依然是我们今天凝聚全社会力量支持国防现代化建设的重要文化支撑。

第九章　哈军工文化的传承与弘扬

哈军工文化，是哈军工为世人留下的宝贵财富。哈军工文化，需要得到全面继承和弘扬；哈军工文化，需要得到全面保护开发和利用。哈军工文化的传承与弘扬，是哈军工后继者义不容辞的责任。哈军工文化的保护开发利用，是传承与弘扬的重要理念与实践路径。哈军工文化，熏陶和感染着哈军工后继者的灵魂，激励和鼓舞着哈军工后继者的精神，影响和荡涤着哈军工后继者的思想。

一　传扬哈军工文化的理论思考

传承与弘扬哈军工文化，是哈军工后继者的光荣使命，是推动大学文化发展的根本要求，是实现大学文化育人的根本任务。传承与弘扬哈军工文化，必须要在理论上制定明确的目标与任务，必须要在思想上坚持科学的理念与思路。

1. 传扬哈军工文化的目标任务

传承与弘扬哈军工文化，需要有明确的目标和任务，即传承与弘扬哈军工文化需要后继者们具体做什么以及要做成什么样，这也是对传承与弘扬哈军工文化提出的根本要求。

一是凝练形成哈军工文化价值观，发扬光大哈军工精神。哈军工文化是在哈军工创建、发展的历史过程中逐渐形成的，是哈军工办学实践的文化再现。传承与弘扬哈军工文化，就必须对这些文化进行深入总结，进而凝练形成哈军工文化的核心价值观，这是传承与弘扬哈军工文化的首要目标，也是哈军工后继者履行文化使命的必然选择。只有实现了这一目标，才能更好地完成发扬光大哈军工精神的任务。

第一，要深入总结以毛泽东为核心的党的第一代中央领导集体决策创建哈军工、关怀支持哈军工建设的文化精髓。这些文化散落在哈军工创建、发展的全过程中，体现在毛泽东关于哈军工办学的决策、讲话、题词、训词中，体现在周恩来关于哈军工办学的决策、指挥、题词以及视察关怀中，体现在邓小平、彭德怀、陈毅等视察哈军工时的系列讲话中。这些决策、讲话、题词等始终紧紧围绕哈军工办学的国防现代化使命，始终紧紧围绕培养军事工程师的核心目标，始终紧紧围绕忠诚于党、国家和人民的政治要求，是哈军工文化的精髓，是形成哈军工文化价值观的重要源泉。对这些文化内容的深入总结，是哈军工后继者凝练哈军工文化价值观、发扬光大哈军工精神的首要路径。

第二，要深入总结以陈赓为代表的哈军工办学者以及所有哈军工人在整个办学实践过程中展现出来的文化精髓。这些文化见之于哈军工筹建、发展、分建等各环节中，体现在陈赓院长的办学方针、办学思想、办学理念中，体现在陈赓院长的讲话以及一言一行的身体力行中，体现在哈军工管理者办学实践的探索中，体现在哈军工师生的教学、学习等实际行动中。陈赓院长的讲话及其办学思想、理念以及哈军工管理者的实践探索展示了办什么学、怎样办学、培养什么人、怎样培养人的办学观念，哈军工师生的学教行为展示了成为什么人、怎样成为这样的人、教什么、怎么教的学习观、教学观和思想观，是哈军工文化的精髓，也是形成哈军工文化价值观的重要源泉。对这些文化内容的深入总结，也是哈军工后继者凝练哈军工文化价值观、发扬光大哈军工精神的重要路径。

第三，要深入总结哈军工及其后继者在长期办学实践过程中一直坚守并在哈军工历届校友身上所共有的文化精髓。这些文化延绵于哈军工发展至今的各个历史时期，体现在创建哈军工时所做决策的过程、缘由、目标中，体现在哈军工分建、改建时所做决策的过程、缘由、目标中，体现在哈军工分建、改建过程中哈军工人的思想认识、行为表现中，体现在分建后哈军工后继者们对办学宗旨、办学使命的坚守中。哈军工创建时的保家卫国使命，分建、改建时的满足军队建设需要，分建、改建过程中的忠诚与服从，后继者们始终坚守的国防现代化使命，都是哈军工文化的精髓，也是形成哈军工文化价值观的重要源泉。对这些文化内容的深入总结，也是哈军工后继者凝练哈军工文化价值观、发扬光大哈军工精神的必然路径。

二是总结形成哈军工办学思想体系，广泛传播哈军工思想。哈军工从创建、发展到分建的整个办学实践过程中，形成了一系列办学的鲜活思想。传承与弘扬哈军工文化，就必须对这些办学的鲜活思想进行深入研究，进而总结形成哈军工办学思想体系，这是传承与弘扬哈军工文化的重要目标，也是完成广泛传播哈军工思想这一任务的重要前提。

第一，深入研究哈军工在创建、发展、分建过程中形成的鲜活办学思想。这些思想存在于哈军工创建者、领导者、管理者关于哈军工办学的认识、讲话、谈话、文稿和具体做法之中，体现在陈赓院长对为什么要创建哈军工的认识上，体现在陈赓院长对怎样创建哈军工的思路上，体现在陈赓院长对哈军工应该如何发展的理念上，体现在以陈赓院长为代表的哈军工创建者在办学实践中的身体力行上。创建时反复强调的为了国防现代化，创建时提出的"三边并举"方针，创建时聘请苏联顾问支持的做法，创建时提出的"两老办院""团结办院"思想，发展中对老教师的重视和照顾，分建时提出的"尖端集中、常规分散"思路等，都是哈军工办学的鲜活思想，是哈军工办学思想体系的重要构成。对这些鲜活思想的深入研究，是哈军工后继者总结哈军工办学思想体系、广泛传播哈军工思想的基本前提。

第二，深入研究哈军工在人才培养、教育教学过程中形成的鲜活办学思想。这些思想多见于哈军工创建、发展过程中领导的指示、办学者的思想、师生的实践，体现在毛泽东主席为哈军工颁发的训词、对哈军工人才培养的指示、批示中，体现在周恩来、朱德、陈毅等视察哈军工时关于人才培养的讲话中，体现在陈赓对哈军工人才培养的认识、讲话中，体现在哈军工人才培养的有关规章制度中，体现在哈军工教师的教学实践与学生的学习实践中。毛泽东主席"对于国防建设具有极重大意义"与培养"大批能够掌握和驾驭复杂技术的人"，周恩来、朱德、陈毅等对"又红又专"的要求，陈赓院长"一切为了学员"的思想，哈军工"严谨、严格、严密"的制度要求，哈军工教师"教书教人"的实践，学生"德智军体"全面发展的实践等，都是哈军工办学的鲜活思想，也是哈军工办学思想体系的重要构成。对这些鲜活思想的深入研究，也是哈军工后继者总结哈军工办学思想体系、广泛传播哈军工思想的重要前提。

第三，深入研究哈军工在科学研究、服务社会过程中形成的鲜活办学思想。这些思想频见于哈军工创建的决策指示、办学者的认识思考、管理的制度体系、师生的科研实践，体现在毛泽东主席创建哈军工的决策指示与为哈军工颁发的训词中，体现在陈赓院长与奥列霍夫首席顾问对哈军工科学研究的认识、思考和分建决策中，体现在哈军工科学研究的制度设计中，体现在哈军工科学研究的发展方向中，体现在哈军工师生科研的实践过程中，体现在哈军工科学研究的成果服务中。毛泽东主席"不能够长期处于武器装备的落后状态"与"技术能够得到不断的改善和进步"的决策指示，陈赓院长"成为国家的国防军事学术研究机构"与"尖端集中、常规分散"的思考定位，奥列霍夫"成为军事科学技术思想的研究中心"的认识建议，哈军工"科研促进教学"的制度要求、瞄准国际前沿的科研实践、服务国防现代化的大批成果，都是哈军工办学的鲜活思想，也是哈军工办学思想体系的重要构成。对这些鲜活思想的深入研究，也是哈军工后继者总结哈军工办学思想体系、广泛传播哈军工思想的重要前提。

三是保护利用好哈军工的文化遗存，开发开放哈军工文化。在哈军工办学历程中，留下了许多有价值的文化遗存。传承与弘扬哈军工文化，就必须对这些文化遗存进行深入挖掘，进而保护利用好哈军工的文化遗存，这是传承与弘扬哈军工文化的重要目标，也是实现开发开放哈军工文化这一任务的重要基础。

第一，深入挖掘哈军工时期具有标识性意义的建筑设施、场所场馆、实验室教室等物质文化遗存。这些遗存除了哈军工原址上五座带有哈军工创建时五个系标志的教学大楼，哈军工图书馆所在地文庙，苏联顾问团住地大和旅馆，哈军工学员经常接受党和国家领导人检阅的军工操场，以及已经确证的周恩来总理、朱德委员长、邓小平总书记、贺龙与陈毅副总理、彭德怀与林彪国防部长等视察哈军工的实验室、研究室，研制成功我国第一座风洞、世界第一艘气垫船、世界第一艘水翼艇、中国第一台电子计算机等的实验室外，还有刘伯承、叶剑英、聂荣臻、彭真、董必武、薄一波、罗瑞卿、粟裕、黄克诚等党、国家和军队领导人视察哈军工的场馆设施需要深入挖掘并确证，以及研制成功铁淦氧磁体、完成首次水中爆炸试验，我国第一艘小型水动力试验潜艇、第一辆轻型坦克、第一部鱼雷快艇攻击指挥仪、第一门双30高炮、第一门240迫击炮等几十项"共和国第一"的实验室也需要深入挖掘并确证。所有这些具有标识性意义的物质文化遗存，都需要在深入挖掘的基础上，得以修复并给予很好的保护，这是开发开放哈军工文化的重要基础。

第二，深入挖掘哈军工时期具有标识性符号的报告批示、文件命令、讲话信函、制度规定等物质文化遗存。这些遗存除了《关于成立军事工程学院的报告》及毛泽东等领导人的批示，毛泽东主席颁发的《训词》，《关于军事工程学院聘请苏联顾问的报告》及周恩来总理给布尔加宁《关于军事工程学院聘请苏联顾问的函》，周恩来关于批拨中长铁路局房子、留苏预备生入哈军工学习、出访苏波捷的批示，哈军工关于成立导弹专业组织计划的报告及中央军委的批复，关于哈军工分建、改建的报告及中央军委同意的文件，陈赓院长给第一期学员的信，以及哈军工初期《关于执行教育任务中几个主要问题的决定》等找到原件外，还有毛泽东主席题写的《工学》，哈军工《第一期教学计划》及毛泽东主席的批示，毛泽东主席签发的陈赓任命令，彭德怀签署的《公布军事工程学院第一期毕业学员名单》的国防部命令，与哈军工初期的《教学组织工作条例》《教育工作者协会章程》《教学方法指导委员会工作条例》《科学研究工作条例》《专业教授会实验室条例》《教学工作暂行条例》以及导弹工程系、原子工程系、电子工程系、计算机系成立等文件均没有找到原件，以及陈毅视察哈军工时所做报告的记录，陈赓院长在哈军工第一次筹委会、第一次办公会、全体党员干部会、老教师座谈会、成立大会等的讲话记录也没有找到原件。所有这些具有标识性符号的物质文化遗存，都需要在深入挖掘、找寻的基础上得以完好的保存，这也是开发开放哈军工文化的重要基础。

第三，深入挖掘哈军工时期具有标识性价值的图片声像、实物文物、成果模型等物质文化遗存。这些遗存除了陈赓在王字楼的报告，哈军工校舍建设开工奠基，哈军工成立暨第一期开学典礼，学员入伍宣誓，第一、二届教学方法研究会，野营教育入营典礼与野营训练，哈军工第一次党代会开幕，哈军工师生参加哈尔滨防洪抢险，第一期学员毕业典礼，周恩来，朱德等视察的少量照片外，还有毛泽东主席等领导人决策创建哈军工、周恩来总理主持政务院会议研究解决哈军工筹建问题、越南政府副总理兼国防部长武元甲视察哈军工、陈赓院长在哈军工第一次筹委会、老教师座谈会上讲话做报告等许多重大历史事件没有留下图片和声像资料，需要深入挖掘和找寻；除了陈赓院长、刘居英院长使用过的物品，部门教师编写的有关教材、讲义，哈军工最早建成的几座风洞等实物、成果模型外，还有哈军工初期五个工程系主任唐铎、赵唯刚、黄景文、徐介藩、唐凯等将军在哈军工期间使用过的物品，张述祖、马明德、周明鸂、任新民等老教授在哈军工工作期间使用过的物品、编写的教材、讲义等，哈军工培养的两院院士、将军等在哈军工工作、学习期间的笔记、作业、毕业设计等物品，都需要深入挖掘和找寻。另外，哈军工时期研制成功的科研成果等，几乎都没有留下实物或模型；哈军工流传至今的军号声，也应是重点保护的哈军工文化遗存。所有这些具有标识性价值的物质文化遗存，都需要在深入挖掘、找寻的基础上，得以完整地保存并加以保护，这也是开发开放哈军工文化的重要基础。

通过对哈军工文化遗存的深入挖掘，并加以很好的保护和开发利用，促进哈军工文化得以更好地传承和弘扬，进而使哈军工后继者对哈军工发展的历史与成就产生强烈的光荣感和自豪感，对哈军工创建者、办学者、教育者产生由衷的崇敬感和信服感，对哈军工办学实践中形成的办学思想、办学理念、办学特色等产生高度的认同感和荣誉感，这也是传承和弘扬哈军工文化的重要文化力量。

2. 传扬哈军工文化的理念思路

传承与弘扬哈军工文化，需要有科学的理念和思路，即传承与弘扬哈军工文化需要后继者们以什么样的理念思路去做什么样的事情，这是对传承与弘扬哈军工文化提出的根本任务。

一是坚持以制定文化建设规划为统揽，做好顶层设计。作为哈军工后继者，要传承与弘扬哈军工文化，首先要制定文化建设与发展的规划，对传承与弘扬什么、怎么传承与弘扬以及传承与弘扬要达到什么目标等做好顶层设计。

第一，要在文化建设规划中明确传承与弘扬什么。这是传承与弘扬哈军工文化的基础问题，也是最根本的问题，否则我们的传承与弘扬就是空的，就无从下手，不知从何做起。作为哈军工后继者，既要传承与弘扬以哈军工文化价值观为核心的哈军工人在整个办学实践过程中所彰显的精神、作风、品质，还要传承与弘扬以哈军工办学思想体系为重点的整个创建、发展、分建过程中所体现出来的哈军工办学的思想、观念、特色、价值；既要传承与弘扬哈军工在办学过程中形成的精神文化与制度文化，也要传承与弘扬哈军工在办学过程中形成的物质文化与学术文化。这些都是哈军工后继者们在文化建设规划中必须明确要建设的具体内容，是传承与弘扬哈军工文化顶层设计的第一步。

第二，要在文化建设规划中明确怎么传承与弘扬。这是传承与弘扬哈军工文化的关键问题，也是最重要的问题，否则我们的传承与弘扬就是虚的，就无法进行，不知道如何做。作为哈军工后继者，既要通过加强对哈军工留下的各种物质文化遗存的深入挖掘与保护促进哈军工文化的传承与弘扬，又要通过加强对哈军工留下的各种精神文化遗存的深入总结与研究促进哈军工文化的传承与弘扬；既要通过总结凝练哈军工文化价值观促进哈军工文化的传承与弘扬，又要通过总结凝练哈军工办学思想体系促进军工文化的传承与弘扬；既要通过对哈军工历史与文化的开发建设促进哈军工文化的传承与弘扬，又要通过对哈军工办学成果的利用与传播促进哈军工文化的传承与弘扬。这些都是哈军工后继者们在制定文化建设规划时必须明确的方法与路径，是传承与弘扬哈军工文化顶层设计的关键内容。

第三，要在文化建设规划中明确传承与弘扬的目标。这是传承与弘扬哈军工文化的方向问题，也是最核心的问题，否则我们的传承与弘扬就是乱的，就无路可走，不知道往哪里去。作为哈军工后继者，既有义务也有责任保护好哈军工留下的具有标识性意义的建筑设施类物质文化遗存，也有义务和责任保护好哈军工留下的具有标识性符号的文件文本类物质文化遗存；既应该肩负起凝练哈军工文化价值观、发扬光大哈军工精神的重要使命，也应该肩负起总结哈军工办学思想体系、传播哈军工思想的重要使命；既要挖掘开发好哈军工物质文化遗存促进文化开放，又要研究利用好哈军工精神文化遗存促进文化育人。这些都是哈军工后继者们在制定文化建设规划时必须明确的发展目标，是传承与弘扬哈军工文化顶层设计的重要内容。

二是坚持以贯穿哈军工价值观为主线，讲好文化故事。要达到传承与弘扬哈军工文化的目标，还要在凝练形成哈军工文化价值观的基础上，讲好承载和体现哈军工文化价值观的文化故事，将其作为一条主线贯穿于哈军工后继者文化建设的全过程。

第一，要讲好哈军工创建发展中的文化故事。这是传承与弘扬哈军工文化的首要理论前提，也是哈军工后继者坚定传承与弘扬哈军工文化的力量源泉。在哈军工创建、发展、分建的整个办学历程中，有以毛泽东为核心的党的第一代中央领导集体如何决策创建哈军工的文化故事，有以周恩来为代表的党、国家和军队领导人如何关怀支持哈军工建设的文化故事，有以陈赓为代表的哈军工创建者如何历经艰辛建设哈军工的文化故事，有全国人民上上下下如何集中力量支持哈军工发展的文化故事，有哈军工人在艰苦环境中如何不屈不挠坚定办学的文化故事……这些文化故事着重承载了哈军工"忠诚"文化价值观，体现了哈军工人始终坚定信仰的不变承诺。讲好这些文化故事，有助于增强哈军工后继者传承与弘扬哈军工文化的坚定信心。

第二，要讲好哈军工人才培养中的文化故事。这是传承与弘扬哈军工文化的重要理论基础，也是哈军工后继者主动传承与弘扬哈军工文化的价值所在。在哈军工的办学实践过程中，有陈赓院长坚持"教之本在师"如何"抢"人才、"留"人才、"护"人才的文化故事，有陈赓院长坚持"两老办院"如何依靠老干部、老教师办学的文化故事，有陈毅元帅坚持"又红又专"如何写诗育儿、声震军工操场的文化故事，有以张金槐为代表的哈军工教师坚持"教书教人"如何身教言教并重、倾心育人的文化故事，有以谭国玉为代表的哈军工学员坚持"人在阵地在"的顽强精神如何刻苦学习、成长成才的文化故事……这些文化故事着重承载了哈军工"工学"文化价值观，体现了哈军工人始终坚持追求的崇高境界。讲好这些文化故事，有助于增强哈军工后继者传承与弘扬哈军工文化的坚定信念。

第三，要讲好哈军工科学研究中的文化故事。这是传承与弘扬哈军工文化的重要理论基石，也是哈军工后继者积极传承与弘扬哈军工文化的重心所在。在哈军工的办学实践过程中，有陈赓院长坚持"紧跟国际前沿"如何瞄准世界军事科技发展趋势推动哈军工科学研究的文化故事，有陈赓院长坚持"尖端集中、常规分散"如何适应国防现代化需求促进哈军工科研转型的文化故事,有哈军工人坚持"成为军事科学技术思想中心"如何推动国家"两弹一星"事业发展的文化故事,有哈军工人坚持"崇尚科学、追求真知,不畏艰难、发愤图强,敢于攻坚、善于创新,甘于奉献、忠心为国"精神如何在各种极端困难环境里取得一系列重大科研成果的文化故事……这些文化故事着重承载了哈军工"国防"文化价值观,体现了哈军工人始终坚守使命的服务理念。讲好这些文化故事,有助于增强哈军工后继者传承与弘扬哈军工文化的坚定决心。

三是坚持以打造特色文化载体为重点,加强保护开发。要达到传承与弘扬哈军工文化的目标,还要加强对哈军工文化遗存的保护与开发,以此为基础建设特色文化载体,推动校内外文化资源的整合,系统打造具有哈军工特色的文化品牌,为实现文化育人任务提供物质保障。

第一,建设以哈军工文化为核心的特色文化载体。传承与弘扬哈军工文化,既要加强对哈军工各类文化遗存的保护,包括哈军工五栋教学大楼的修缮并申请城市保护建筑,领导人视察地、共和国第一诞生地、重要历史人物住地遗址的确证并挂牌等;还要加强对哈军工历史文化的图文再现,如在挖掘整理哈军工办学历史的基础上,建设哈军工重要历史人物、历史事件专题展览馆、纪念馆等;更要加强对哈军工文化元素的开发和建设,如推出融入哈军工文化元素的系列文化标识,建设哈军工重要历史人物雕像、哈军工重大历史事件群雕或哈军工重点文化故事浮雕,以哈军工重要历史人物命名校园道路、楼宇、广场等。通过建设以哈军工文化为核心的特色文化载体,为哈军工后继者营造一个特色鲜明的、文化价值观导向明确的校园文化环境。

第二,进行以哈军工文化为重点的文化资源整合。传承与弘扬哈军工文化,既要进行以哈军工文化为核心的特色文化载体的保护、开发与建设,更要进行以哈军工文化为重点的文化资源整合,对哈军工后继者已有文化资源与拟建文化设施、哈军工文化资源与其他特色文化资源等进行充分整合,搭建具有哈军工文化特色的展示平台和教育平台,使之成为哈军工后继者文化育人的核心基地,为哈军工文化价值观外显于环境奠定重要的物质基础。通过进行以哈军工文化为重点的文化资源整合,实现向哈军工后继者更广泛地传播哈军工文化,更好地把哈军工文化价值观转化为哈军工后继者的思想观念、价值取向与行为规范，更好地实现文化育人的功能。

第三，加强以哈军工文化为代表的文化品牌建设。传承与弘扬哈军工文化，还要在特色文化载体建设与哈军工后继者校内文化资源整合的基础上，加强与哈军工后继者所在地区文化、旅游等部门的沟通、协调，积极推进哈军工文化与所在地区历史文化资源、旅游文化资源等的整合，系统打造以哈军工文化为代表的文化品牌。传承与弘扬哈军工文化，还要在内外资源整合与文化品牌打造的同时，加强哈军工特色文化载体的对外开放和充分利用，不仅对哈军工后继者开放，也要对广大市民开放，通过哈军工文化品牌的有效传播，不断扩大哈军工文化的辐射范围，增强哈军工文化对哈军工后继者及其广大市民的影响力，促进哈军工文化价值观更好地外显于环境，更好地发挥哈军工文化遗存的教育价值与社会价值，进一步提升文化育人的能力。

四是坚持以开展特色文化活动为抓手，促进文化传播。要达到传承与弘扬哈军工文化的目标，还要在凝练形成哈军工文化价值观与总结形成哈军工办学思想体系的基础上，大力开展具有哈军工文化特色的校园活动，促进哈军工文化的广泛传播，为实现文化育人任务提供有效途径。

第一，开展贯穿哈军工文化价值观的特色文化活动。这是传承与弘扬哈军工文化的基本要求，也是哈军工后继者传承与弘扬哈军工文化的重要途径。哈军工后继者要充分利用哈军工文化资源，自觉将哈军工文化价值观贯穿于各类活动中，努力做到有所必为和有所不为，避免开展活动目的不明、于师生成长无益、对传播哈军工文化价值观无用的活动，推进文化活动实现系统化，切实改变当前活动多、散、乱的状态，把更多的精力、财力、物力用于开展贯穿哈军工文化价值观的特色活动，并切实把这些活动开展好、组织好，使哈军工后继者能够在这些特色文化活动中真正汲取到有效、有用的养分。通过开展特色文化活动，提升哈军工后继者的文化素养和文化追求，增强哈军工后继者的使命感与责任感。

第二，开展传扬哈军工思想的校风、学风建设活动。这是传承与弘扬哈军工文化的客观要求，也是哈军工后继者传承与弘扬哈军工文化的重要途径。哈军工在办学实践过程中，逐步形成了内容丰富、体系完备的办学思想，这些思想涉及办什么学、怎样办学，培养什么人、怎样培养人等重大问题。哈军工后继者必须坚持把这些思想融入自身的校风、学风建设中，广泛开展传扬"祖国第一"的忠诚教育、传扬"服务国防"的使命教育、传扬"红专结合"的思想教育、传扬"教书教人"的教风教育、传扬"三严"作风的诚信教育等活动。通过校风、学风建设活动，增强哈军工后继者的忠诚意识和使命意识，提升哈军工后继者的思想素养和作风品质，进而增强传承与弘扬哈军工文化的自觉性和坚定性。

第三，开展传播哈军工历史文化的研究、展示活动。这是传承与弘扬哈军工文化的必然要求，也是哈军工后继者传承与弘扬哈军工文化的重要途径。哈军工办学历史在新中国高等教育史上具有独特性，所取得的办学成就在新中国高等教育领域极具代表性，所形成的办学经验对今天高等学校的办学具有启发性，所形成的哈军工文化对哈军工后继者具有引领性。因此，开展对哈军工历史文化的研究活动、开展对哈军工光荣传统的学习活动、开展对哈军工办学经验的研讨活动、开展对哈军工办学成就的展示活动等，是哈军工后继者传承与弘扬哈军工文化的有效途径。通过开展传播哈军工历史文化的研究、展示活动，增强哈军工后继者对哈军工文化的认同感和自豪感，增强哈军工的凝聚力和哈军工文化的向心力。

二　传扬哈军工文化的实践探索

传承与弘扬哈军工文化，是哈军工后继者的重要责任，是传播与发展哈军工文化的根本途径。哈军工后继者之一的哈尔滨工程大学，作为坐拥祖庙的传承者，在传承与弘扬哈军工文化的过程中，成为积极的实践者、带头者和倡导者。制定了传承与弘扬哈军工文化的文化建设与发展规划，带头进行了传承与弘扬哈军工文化的具体实践，建设了传承与弘扬哈军工文化的物质载体。

1. 制定传扬哈军工文化的规划

近十年来，哈尔滨工程大学制定了三个同传承与弘扬哈军工文化有关的文化建设与发展规划。这三个规划的制定与实施，体现了作为哈军工后继者之一的哈尔滨工程大学对传承与弘扬哈军工文化的高度重视与深刻认识。

一是制定了《校园文化建设"十一五"规划》。2006 年 9 月，哈军工后继者之一的哈尔滨工程大学制定出台了《校园文化建设"十一五"规划》，这是学校第一个文化建设规划。

该规划深入总结了自哈军工以来形成的独具特色的优良传统和文化积淀，如形成了"以祖国需要为第一需要、国防需求为第一使命"的精神境界，以"善之本在教、教之本在师"和"教书教人"为核心的办学传统；形成了"严谨、严密、严格"的教风，"严谨、求实、勤奋、创新"的学风和"忠诚、坚韧、团结、创新"的校风等。该规划明确提出了要"坚持继承哈军工优良传统，弘扬哈军工精神"的文化建设方针；明确提出了使"以祖国需要为第一需要、国防需求为第一使命"成为大学精神的核心要素，使"以人才培养为中心和以师生员工为本"成为办学根本理念，使"忠诚、坚韧、团结、创新"成为工程大学人的标志性形象，使"治学严谨、组织严密、要求严格"成为教师的独特风范，使"严谨、求实、勤奋、创新"成为学生的整体风貌等文化建设目标。

该规划明确提出了进一步弘扬学校优良传统和优秀文化，进一步强化特色办学理念，进一步深化校风、教风、学风教育，进一步加强军工文化建设，进一步加强文化标识建设，进一步推动文化环境建设，进一步促进哈军工文化传播等文化建设任务。该规划突出强调要加强对哈军工传统、使命、目标等的宣传教育，进一步形成对哈军工优良传统广泛认同的文化心理，使学校为国防现代化服务的使命成为师生普遍接受的共同理想和目标追求；要继承和发扬"忠诚奉献、坚韧拼搏、艰苦奋斗、团结协作、求实创新"的哈军工精神，进一步增强师生为国防服务的使命感和责任感；要完善融入哈军工元素的文化标识体系，用哈军工历史文化元素对校园道路、建筑、景观进行命名，提升校园环境的文化内涵；要树立与哈军工历史与特色有关的名人雕塑，建立完善校史馆，不断积淀学校的历史文化资源；要建设哈军工以来的校友院士墙、举办哈军工以来的校友院士展、校友将军展，增强师生员工对哈军工历史与文化的光荣感等文化建设内容。

该规划明确提出了以校史教育与传统教育、文化宣传等宣传教育活动载体，以重大节日、纪念日庆祝活动、师生喜闻乐见的文化活动等载体，作为推进文化建设的重要途径。该规划特别要求要通过新生入学教育、新教师岗前培训等坚持不懈地在全校师生中进行校史教育和文化传统教育，把哈军工历史发展进程中形成的优秀文化和优良传统灌注到全体师生员工的头脑中，增强师生员工对哈军工历史与文化的自豪感与认同感；要深入挖掘自哈军工以来学校涌现出来的先进集体和模范人物，让广大师生员工从先进典型的感人事迹和优秀品质中受到鼓舞，吸取文化和精神的力量；要结合各项工作、运用各种形式、采取各种措施，在师生员工中广泛宣传哈军工的历史和文化，做到人人皆知、人人善讲；要利用"九一"校庆纪念日等举行形式多样的庆祝、纪念活动，举办以哈军工历史为题材的话剧展演、文艺演出等活动，增强师生员工凝聚力，提高师生员工文化素养与文化追求。该规划还明确了要成立文化建设领导小组、设立文化建设专项经费等系统推进学校文化建设，促进哈军工文化的更好传承与弘扬。

二是制定了《哈军工文化园2008—2012建设规划》。2008年4月，哈军工后继者之一的哈尔滨工程大学决定建设以传扬哈军工文化为宗旨的"哈军工文化园"，并制定出台了《哈军工文化园2008—2012建设规划》，这是学校第一个专门为传扬哈军工文化制定的建设规划。

该规划指出了学校在传扬哈军工文化方面存在的不足，如哈军工文化价值观还需要进一步凝练，哈军工历史景观需要加强保护，反映哈军工文化的校园景观明显不足，体现哈军工历史的校园道路命名没有完成，哈军工纪念馆建设需要加快推进等。该规划提出了以传扬哈军工文化价值观为宗旨，以丰富哈军工文化园的设施和展品为着力点，以增强哈军工文化园的社会辐射能力、提升哈军工文化园的文化教育能力和社会开放能力、促进师生员工素质提高为目标，用哈军工文化教育师生员工、引导学生成才、凝聚海内外校友、激励哈军工后继者的建设指导思想。

该规划明确提出哈军工文化园建设坚持"整合资源、分区建设、突出特色、开放运行"的方针，整合校内外文化资源，利用学校周边文化、教育资源优势，发挥整体教育功能，致力于提升哈军工文化园的开放能力；按照历史景观区、文化景观区、船海特色区和哈军工纪念馆的功能分区，进行有关文化设施建设，致力于形成完善的"三区一馆"格局；以传扬哈军工文化价值观为宗旨，突出哈军工文化的独特地位，致力于形成具有军工特色与船海特色高校红色旅游线路；加强开放能力建设，扩大对外开放的广度和深度，着力把哈军工文化园建设成为哈尔滨城市红色旅游的重要一站。

该规划明确提出经过五年左右的建设，更好地实现哈军工文化的育人功能和开放功能，提高哈军工文化园的知名度和辐射力，增强哈军工文化园的教育能力和开放能力，使哈军工文化园成为传扬哈军工文化价值观的重要载体，成为学校文化育人的核心基地的建设目标。该规划还进一步提出了加强对哈军工历史景观的保护，加快建设反映哈军工文化的校园人文景观，做好体现哈军工历史文化的校园道路、建筑命名，建设反映军工特色与船海特色的科研成果实物陈列展，加强哈军工文化价值观的凝练，完成哈军工纪念馆建设并实现对外开放，建成哈军工历史、哈军工文化、哈军工精神的研究基地等重点任务。

该规划进一步强调了继续对哈军工时期苏联专家居住地、哈军工时期的图书馆、越南政府副总理兼国防部长武元甲来校视察地以及哈军工的"共和国第一"诞生地等进行考证并悬挂标志牌，加强对历史景观的保护；建设哈军工建筑标志"啸天虎""一马当先"雕塑，建设"陈赓受命"群雕和哈军工故事、谭国玉故事等浮雕，加强文化景观的开发建设；加快推进哈军工纪念馆的馆舍维修，完成哈军工基本陈列馆和陈赓纪念展、哈军工院士展、哈军工将军展等主题展览的建设；开展对哈军工史料、文物的保护、征集与修缮以及哈军工历史的挖掘，创作反映哈军工历史文化的话剧《军工日记》《谭国玉》，加强哈军工文化的研究，提升哈军工文化的育人能力等重点建设内容。

三是制定了《校园文化建设"十二五"规划》。2011年9月，哈军工后继者之一的哈尔滨工程大学在基本完成"十一五"文化建设任务的基础上，制定出台了《校园文化建设"十二五"规划》，这是学校为深入推进哈军工文化的传承与弘扬制定的重要规划。

该规划在深入总结学校近年来传承与弘扬哈军工文化取得的成果基础上，客观地指出了在传扬哈军工文化方面存在的不足，如对哈军工历史与文化遗存中的学术文化、制度文化和行为文化研究远远不够，哈军工纪念馆的建设刚刚启动，对体现哈军工文化的校园文化景观建设缺乏系统规划，没有围绕哈军工文化价值观形成系统化、品牌化和标志化的校园文化活动和赛事，编辑出版的反映学校历史与文化的著作的渗透力、影响力与社会辐射力不够等，还需要进一步加强校园文化建设，更好地传扬哈军工文化。该规划提出要紧密结合学校办学历史、哈军工光荣传统和"三海一核"办学特色，以文化育人为目的，以文化传承创新为原则，以深化文化研究为基础，以项目运作为模式，以完善文化体系为目标，以突出育人实效为根本，着力推进精神文化、学术文化、行为文化和制度文化研究，着力推进文化设施和文化景观建设，着力推进文化活动和文化赛事蓬勃开展，着力推进文化价值观广泛传播和积极践行文化建设指导思想。该规划明确提出经过五年建设，以精神文化研究为重点的哈军工文化研究成果更加丰富，以哈军工纪念馆建设为重点的哈军工文化园更加开放，以体现哈军工文化价值观的特色文化景观建设更加系统完整，以严谨治学、崇尚创新、刻苦钻研、乐于合作、学术民主、追求卓越为核心的学术文化氛围更加浓厚，以"国防教育月""军工文化月"为代表的文化活动更有影响，以"忠诚"为灵魂、"工学"为境界、"海防"为特色的文化价值观更加深入人心的文化建设目标。

该规划明确将文化建设分为文化研究、文化设施、文化景观、文化活动、文化赛事和文化传播等六大类项目进行建设。强调文化研究以课题立项方式推进哈军工精神的深入研究，建设哈军工历史、哈军工文化和哈军工精神研究基地，加强哈军工研究史料保护，建设哈军工网络纪念馆，完成文化教育培训教材《哈军工文化及其传扬》的编写；强调文化设施以哈军工纪念馆建设为重点，做好方案设计和展览的实物征集，不断丰富展示内容，完成基本陈列和主题展览建设，实现哈军工建校60周年之际对外开放，充分展示哈军工以来的办学成就，增强师生员工对学校历史与文化的光荣感；强调文化景观以做好规划设计为前提加强哈军工历史景观的保护，不断积淀历史文化资源，推进反映哈军工文化的景观建设，提高校园硬环境的文化内涵；强调文化活动以"军工文化月"为牵引，组织校史知识竞赛、哈军工优良传统研讨会等增强哈军工文化的凝聚力和感召力，组织哈军工校友报告会、哈军工纪录片与影视展播等增强对哈军工历史文化与未来发展的信心和力量，组织哈军工"共和国第一"宣讲活动增强师生服务国防的进取精神，组织排演展现哈军工历史传统的话剧等更好地传播哈军工文化；强调文化传播以修订哈军工校史、采访拍摄《军工学人》专题片、编撰哈军工文化园画册等加强哈军工办学传统的宣传教育，进一步形成对哈军工优良传统广泛认同的文化心理。

2.建设传扬哈军工文化的载体

近十年来，哈尔滨工程大学大力加强文化环境、文化场馆与文化景观建设，广泛开展了贯穿哈军工文化价值观的文化活动。这些建设与活动中，深刻体现了作为哈军工后继者之一的哈尔滨工程大学在传扬哈军工文化过程中的具体实践和丰富成果。

一是建设了传扬哈军工文化的文化环境。作为哈军工后继者之一的哈尔滨工程大学，以传扬哈军工文化价值观为宗旨，系统构建了文化育人的精神文化环境与物质文化环境。

第一，确立了由校训、特色办学理念、大学精神、校风等理念标识构成的精神文化环境。在深入研究哈军工历史与文化的基础上，通过对哈军工精神与文化的传承和弘扬，凝炼出了以毛泽东主席为哈军工题写报名"工学"二字构造的"大工至善、大学至真"校训；凝炼出了在哈军工海军工程系基础上发展起来的船舶工业、海军装备、海洋开发、核能应用为主要服务面向的"三海一核"特色办学理念；凝炼出了包含哈军工精神元素的"以祖国需要为第一需要、以国防需求为第一使命、以人民满意为第一标准"的大学精神；凝炼出了蕴含哈军工大学风气的"忠诚、坚韧、团结、创新"的校风等；凝炼出了以哈军工文化价值观为主体表达的"以'忠诚'为灵魂、以'工学'为境界、以'海防'为特色"的校园文化价值观，这些文化要素构成了传扬哈军工文化的重要精神文化环境，深深地影响着广大师生的一举一动，激励着广大学子为国防事业发奋图强、勤奋为学。

第二，确立了由军号、校歌等听觉标识，校标、校旗、校园道路及广场、大楼、园林命名等视觉标识构成的物质文化环境。从哈军工创建伊始一直沿用至今的军号声，作为学生起床、上下课、午间休息、晚上就寝等的铃声信号，已经融入到师生的血脉和灵魂之中。2006年，学校党委聘请海政歌舞团著名词曲作家创作的校歌正式推出，"当年军工圣殿，今日精英摇篮，……成长在军号声中，求知在松花江畔。……"学校每天都会在课间播放校歌，行进在校园的师生心灵都会受到一次洗礼和震撼；学校每年都会组织学生举办校歌合唱比赛，新生入学军训第一课就是学会唱校歌，所有大型集会都要唱校歌。蕴含哈军工文化元素的校标、校旗，广泛应用于各类场合与对外交流活动。学校以发展历史上的重要人物、体现办学特色和师生高远追求与精神境界的词对校园道路、广场、楼宇、园林等进行了命名，如陈赓路、居英路、林毅路、奥列霍夫广场、军工操场、工学广场等，这些文化元素构成了传扬哈军工文化的重要物质文化环境，激励着广大师生为实现国防现代化而拼搏奉献的热情和斗志。

第三，确立了由文化著作、文化故事、文化声像等符号标识构成的思想文化环境。经过深入研究，学校编辑出版了《50年通鉴》《校史读本》《共和国军事教育家陈赓传略》，编写了《漫游中国大学·哈尔滨工程大学卷》等，深入挖掘、广泛传播承载了哈军工文化价值观的文化故事。拍摄并播出了"哈军工文化园"电视专题片，集中展播了大型电视专题片《哈军工》与历史文献纪录片《揭秘哈军工》，编排上演了以哈军工学员谭国玉为原型的话剧《奔流》，校报《工学》连载了《漫游中国大学·哈尔滨工程大学卷》等，哈军工的文化故事在校园里得到广泛传播。这些文化故事、电视片、话剧等元素构成了传扬哈军工文化的重要思想文化环境，深深地感染着广大学生，影响着广大学生人生观、价值观的形成。

二是建设了传扬哈军工文化的场馆、景观。作为哈军工后继者之一的哈尔滨工程大学，以承载哈军工文化为目的，建设了一系列文化场馆，为文化育人提供了重要支撑。

第一，建设了哈军工纪念馆。在建设哈军工纪念馆以前，学校建设了校史展厅和陈赓院长纪念展厅。校史展厅以翔实的史料和丰富的内容展示了哈军工筹建、发展、分建、改建的历史与取得的辉煌办学成就，展示了哈军工负重奋进、追求一流的办学历程与哈军工文化的形成过程。陈赓院长纪念展厅以大量的资料和图片展示了陈赓院长戎马生涯、开放办学的一生，展示了陈赓院长传奇的人生经历和军事教育家的思想风范，以及为哈军工办学做出的卓越贡献。哈军工纪念馆于2013年8月建成对外开放，以大量珍贵的照片、实物、文件、图表和精练的文字说明，全面展示了哈军工十七年办学实践的艰难历程与发展的辉煌成就，展示了哈军工的办学思想体系与丰富的办学经验，展示了一代代哈军工人的意志品质与光辉形象，展示了哈军工的人才培养硕果与科学研究成果。

第二，建设了船舶博物馆、院士展览馆。船舶博物馆是我国高校第一个船舶博物馆，以新颖的形式、现代化的手段浓缩展示了船舶的发展历程，展现了学校自哈军工以来在船海科研领域的核心技术和创新成果，集中反映学校的"三海一核"办学特色。其中，中国十大名船展集中展示了新中国成立以来我国船舶工业自主创新的辉煌成就，代表了船舶工业不同历史时期的创新成果，激励广大师生奋发图强，学习造船人自强不息、勇于创新的精神，为把我国建设成为造船强国，为捍卫蓝色国土作出应有贡献。哈军工院士展览馆，展出了哈军工以来培养的 39 位两院院士的照片、手记和传略资料，展示了哈军工人才培养的重要成果，引导广大师生传承和弘扬哈军工文化。

第三，建设了传扬哈军工文化的文化景观。2005 年，学校耗资 4000多万元对哈军工留下的重要物质遗存——空军工程系所在地 11 号楼、炮兵工程系所在地 21 号楼、海军工程系所在地 31 号楼、装甲兵工程系所在地 41 号楼等四座大楼的屋顶进行了全面维修，恢复和保持了哈军工时期的原样，使哈军工留下的重要物质文化遗存得以更好地保护。2005 年，学校在军工操场、哈军工海军工程系原址 31 号楼前为陈赓院长树立了全身铜像；2007 年，在 21B 教学楼靠陈赓路一侧树立了哈军工原苏联顾问团首席顾问奥列霍夫铜像；2009 年，学校在现在的哈军工纪念馆前树立了"陈赓受命创建哈军工"铜像群雕，再现了当年陈赓大将受命创建哈军工的光辉历史瞬间。以各个雕塑为中心，学校分别建设并命名了陈赓广场、奥列霍夫广场、受命广场。学校在新的办公楼、图书馆、教学楼等建设中，依然保持了哈军工原有建筑的风格和特色，使哈军工文化外显于物质环境。

二是开展了传扬哈军工文化的文化活动。近十年来，哈尔滨工程大学广泛开展了贯穿哈军工文化价值观的各类文化教育、文化研讨等活动。这些文化活动，全面展示了作为哈军工后继者之一的哈尔滨工程大学在传扬哈军工文化中的积极探索与有效路径。

第一，开展了贯穿哈军工文化价值观的文化教育活动。自哈军工以来，学校的发展始终与国防紧紧联系在一起，关心国防、热爱国防、建设国防成为学校开展贯穿哈军工文化价值观教育活动的目标指向。学校经常邀请哈军工校友、那些为国防事业做出突出贡献的专家、教授为学生做专题报告，保持了哈军工时期对学生进行思想政治教育的这一光荣传统。学校还把每年 9 月确定为"国防教育月"，集中开展"心系国防、建设国防"系列文化教育活动，建立起了以国防教育为切入点的贯穿哈军工文化价值观的长效教育机制。每年集中面向毕业生组织重点军工企业推介会，以增强毕业生服务国防现代化的自觉性和责任意识，提升军工企事业单位对毕业生的吸引力和影响力；每年都要组织新生唱校歌合唱比赛、毕业生唱校歌文艺演出、弘扬哈军工文化专题文艺演出等已逐渐成为文化教育活动的常态。同时，每年的清明节，校学生会、各学生社团等学生群团组织都会自发组织学生到陈赓院长铜像和受命群雕前敬献鲜花、缅怀先辈。通过系列文化教育活动的开展，哈军工文化的种子在后学者心中不断孕育和播撒。

第二，开展了贯穿哈军工文化价值观的文化研讨活动。为了加强哈军工文化的研究、建设和成果展示，推动哈军工后继者们自觉践行哈军工文化价值观，学校把每年10月确定为"军工文化月"，集中开展哈军工文化研讨和文化建设活动。学校成立了哈军工文化研究中心，每年拟定研究项目公开招标研究，一方面拨付专项经费在校内组织力量进行研究，另一方面以课题形式开展招标研究；经常组织哈军工优良传统研讨会、座谈会，以增强哈军工文化对学生的凝聚力和感召力；经常组织开展哈军工校友报告会、哈军工纪录片与影视展播，组织学生参观校史馆与陈赓院长展厅等活动并组织师生讨论，以增强师生对哈军工文化与未来发展的信心和力量；每年组织学生校史知识竞赛、"为母校喝彩"主题演讲比赛、"我心中的母校"主题征文比赛等，强化学生对哈军工历史与哈军工文化的学习和了解；组织建立学生讲解队，负责哈军工纪念馆等展馆的讲解工作，以广泛宣传哈军工历史、传扬哈军工文化；组织学生社团在研究哈军工历史的基础上，编演以哈军工学员谭国玉为原型的主题话剧，塑造刻苦勤奋、顽强拼搏、夺取学习最后胜利的哈军工优秀学子形象，以引导广大学生传扬哈军工精神，践行哈军工文化；组织学生社团策划展出"哈军工图片展"、开展"读《哈军工传》"等活动，向广大学生详细介绍哈军工各个历史时期发生的历史事件，以帮助广大学生了解哈军工历史，传扬哈军工文化。

三　传扬哈军工文化的成效经验

传承与弘扬哈军工文化，是一项长期的光荣事业。哈军工后继者之一的哈尔滨工程大学，在传承与弘扬哈军工文化的实践中，积极开展哈军工文化的研究、传播与弘扬，积极开展哈军工文化的保护、开发与利用，积极推进哈军工文化的整合、开放与育人，取得了传承与弘扬的良好成效，产生了有益的传扬经验。

1．传扬哈军工文化的主要成效

作为哈军工后继者之一的哈尔滨工程大学，在传承与弘扬哈军工文化的过程中，实现了哈军工物质文化遗存得以完整保护，哈军工文化价值观得以凝练并落地，哈军工文化环境建设得以打造完成的良好成效，为继续推进哈军工文化的传承与弘扬奠定了重要基础。

一是哈军工物质文化遗存得以完整保护。哈军工留下的物质文化遗存十分丰富，在对这些遗存进行保护的过程中，学校主要从哈军工建筑设施、哈军工办学文件文本、哈军工声像实物等三个方面进行，基本实现了被保护遗存的完整性和完好性。

第一，保证了哈军工建筑设施类遗存的完整性。作为哈军工后继者之一，学校一直十分重视对哈军工留下的物质遗存进行保护，在保证哈军工建筑设施类遗存的完整性与完好性上做了大量工作。一方面，学校努力争取上级主管部门的专项资金支持，斥资 4000 多万元对哈军工留下的几栋教学大楼进行全面修缮，并主动向地方政府部门申请作为保护建筑加以保护；另一方面，学校又积极与有关方面进行沟通，主动争取上级有关领导的支持，希望能够将"文革"时期被占、目前仍归其他单位所有的哈军工时期五栋教学大楼之一的工兵工程系大楼，即 51 号楼划归学校管理，这样既可保证哈军工建筑设施的完整，又可使其得到更完好的保护。同时，学校还对哈军工时期党和国家、军队领导人视察地以及共和国第一诞生地进行考证并挂牌保护，目前已完成考证并挂牌的设施近 20 处。学校还对哈军工时期建设的其他有价值的设施也进行了维修改造，努力保持其原貌。所有这些举措，对保证哈军工建筑设施的完整性与完好性发挥了重要作用。

第二，建立了哈军工文件文本类遗存的存储库。作为哈军工后继者之一，学校一直十分重视对哈军工时期有关文件、文本的搜集和保护，在建立哈军工历史档案存储库上做了大量工作。一方面，学校利用档案馆对已有的哈军工时期留下的一些重要文件命令、重要讲话记录、重要批示指示、重要报告信函等进行了归档整理和完好保护；另一方面，学校借助哈军工建校五十周年、六十周年，特别是建设哈军工纪念馆之机，选派有关人员赶赴哈军工分建后发展起来的若干所大学，到国家档案馆、军事档案馆、中央档案馆等单位调研，搜集哈军工筹建、发展、分建全过程中产生的有关文件、文本资料等几千份，现已基本建立起较为完备的哈军工文件、文本存储库，这对保护、保存好哈军工文档资料，进一步开展哈军工历史文化研究具有重要意义。

第三，搜集了大量的哈军工声像实物类遗存。在哈军工物质文化遗存中，最缺失的就是声像和实物。为了加强对哈军工存留下来的各类物质文化遗存的保护，作为哈军工后继者之一，学校经过多年筹备，在纪念哈军工建校六十周年之际，完成了哈军工纪念馆的建设。在建设哈军工纪念馆的过程中，学校多次以党委名义先后印发了《关于做好哈军工史料、实物征集工作的通知》《关于对哈军工不可移动实物及大型实物进行摸底调查的通知》《哈军工纪念馆史料实物征集启事》，向广大师生员工、海内外校友征集哈军工时期产生的实物、图片、声像等文化遗存，共搜集各类实物、照片等遗存上千件，为建设哈军工纪念馆做出了重要贡献。同时，学校还专门印发了《哈尔滨工程大学哈军工实物保护条例（暂行）》，对现存的哈军工实物进行有效保护和规范管理；专门召开了哈军工实物保护工作会议，学校党委主要负责人与各实物协管单位签订了《哈军工实物保护协管协议》。

二是哈军工文化价值观得以凝练并落地。在传承与弘扬哈军工文化过程中，学校十分注重对哈军工文化的总结与凝练，既包括对哈军工文化价值观的凝练，还包括对哈军工办学思想体系的凝练，同时还强调哈军工文化价值观与办学思想体系的落地与践行。

第一，凝练形成了哈军工文化价值观。作为哈军工后继者之一，学校结合哈军工的办学历史与办学目标、办学使命与办学追求、办学过程与办学成就、办学传统与办学优势、师生思想观念与行为表现等，对哈军工文化中带有规律性的东西进行了深入总结。为了更好地传承和弘扬哈军工文化，笔者将哈军工文化价值观凝练为："以忠诚为灵魂，以工学为境界，以国防为特色。""忠诚"文化，是哈军工文化的灵魂，主要体现了哈军工及哈军工人对党的忠诚、对国家的忠诚、对人民的忠诚，无论在什么时候、什么条件下从未改变过；"工学"文化，是哈军工文化的核心，主要体现了哈军工及哈军工人改造世界与认识世界所追求的一种境界，无论是做什么工作还是进行工程设计与制造，无论是做什么学问还是从事科学研究，都追求这样一种境界；"国防"文化，是哈军工文化的特色，主要体现了哈军工及哈军工人所肩负的国防现代化使命，无论哈军工怎样变迁发展，哈军工后继者都始终坚持为国防现代化服务。这一凝练涵盖了哈军工的物质文化与精神文化，体现了哈军工的办学思想与办学行为，展示了哈军工人的行为表现与精神追求。

第二，总结形成了哈军工办学思想体系。哈军工办学思想体系，是指导哈军工办什么样的大学和怎样办这样的大学的思想体系，它既包括从目的性或使命性层次上回答哈军工办什么学和怎样办学的思想，又包括从组织治理层次上回答哈军工办什么学和怎样办学的思想，主要由办学目的或办学使命、办学定位或办学目标、办学思路或办学模式等要素构成的思想体系。作为哈军工后继者之一，学校结合哈军工的办学历程与办学成就、办学优势与办学特色、办学成效与办学经验等，对哈军工鲜活办学思想进行了深入研究。为了更好地传承与弘扬哈军工文化，笔者将哈军工办学思想体系总结为：坚持"祖国第一、服务国防"的办学目的，坚持"又红又专、全面发展"的人才培养目标，坚持"教师为本、两老团结"的办学方针，坚持"教书教人、学生为本"的办学理念，坚持"紧跟前沿、特色办学"的发展战略，坚持"高起点、跨越式"的发展模式。这一总结涵盖了哈军工留下的精神文化遗存，深刻反映了哈军工办学取得的丰富办学经验，充分展示了哈军工办学的生动实践。

第三，促进了价值观与办学思想的落地。作为哈军工后继者之一，学校一方面在凝练形成哈军工文化价值观与哈军工办学思想体系的基础上，凝练推出了"大工至善、大学至真"的校训、"三个第一"的大学精神、"忠诚、坚韧、团结、创新"的校风，"治学严谨、要求严格、组织严密"

的教风和"严谨、求实、勤奋、创新"的学风等，形成了学校今天"以'忠诚'为灵魂、以'工学'为境界、以'海防'为特色"的校园文化价值观，促进哈军工文化价值观与办学思想体系在学校的落地。另一方面，哈军工文化价值观及其办学思想体系，既在学校决策集体和教师群体中得到了积极的践行，对今天学校的具体办学行为产生了影响，也通过教书育人、管理育人和服务育人的全过程对广大学生的思维方式和思想观念产生了重要影响；既在学校教育教学、学生管理和师德师风建设中得到了直接践行，对学校今天的育人工作继续发挥着重要作用，也通过教育教学、管理服务等各方面工作对广大学生为人与为学的观念、态度、方法等产生直接影响，促进广大学生对哈军工文化价值观的积极践行，对广大学生世界观、人生观、价值观的形成过程中发挥重要作用。

三是哈军工文化育人环境得以打造建成。在传承与弘扬哈军工文化过程中，学校十分重视文化育人环境的打造，形成了具有哈军工特色的文化品牌，取得了良好的文化育人效果，产生了广泛的文化传播影响。

第一，文化育人环境成为特色品牌。在本章上一节关于传承与弘扬哈军工文化的实践探索中，笔者对哈军工后继者之一的哈尔滨工程大学以文化环境、文化场馆、文化景观为重点建设文化载体的实践进行了阐述。由这些文化载体经整合系统打造的"哈军工文化园"这一文化育人环境，不仅生动再现了哈军工建设与发展的辉煌历史，彰显了哈军工文化的独特地位，展示了学校特色文化对哈军工传统的传承、弘扬与创新；而且还被命名为"省级爱国主义教育基地"，是全国首批22个国防科技工业军工文化教育基地之一，曾在全国国防科技工业军工文化建设工作会议上作"传扬哈军工价值体系，推动文化型校园建设，着力培养'可靠顶用'的行业精英人才"的大会发言和"传扬哈军工价值体系，系统打造哈军工文化园，进一步提升军工院校文化教育的能力和水平"的经验交流。学校系统打造的哈军工文化园这一文化育人环境，还被中共哈尔滨市委列为每年"牵手逛新城"大型参观活动的重要组成部分，成为加强青少年学生爱国主义教育和哈军工传统文化教育的重要基地，哈军工文化这一特色品牌逐步形成。

第二，文化育人实践取得良好效果。在本章上一节关于传承与弘扬哈军工文化的实践探索中，笔者还对哈军工后继者之一的哈尔滨工程大学开展贯穿哈军工文化价值观的文化教育活动与文化研讨活动进行了阐述。这些系统化的特色文化活动，使广大师生员工对哈军工文化的认同感明显增强，哈军工成为学生最骄傲的光荣历史，哈军工传统成为学生最自豪的文化基因，哈军工精神成为学生最崇高的价值追求。学校通过把哈军工文化价值观固化于制、外化于形，进而内化于心，为国防现代化建设事业培养了大批"可靠顶用"的行业精英人才。在哈军工精神与哈军工文化的鼓舞和激励下，在学校特色文化的熏陶和感染下，广大毕业生牢固树立服务国防的价值取向、献身海防的理想信念，积极主动选择到国防工业系统就业，到条件艰苦的地方就业。大量毕业生在国防工业系统中担任中高级领导职务，仅改革开放以来毕业生中在国防工业系统担任总工程师、总设计师的"两总"人才就占到全国高校毕业生的 5.6%，"可靠顶用"成为用人单位对学校毕业生的良好赞誉。

第三，文化育人作用产生广泛影响。作为哈军工后继者之一的哈尔滨工程大学，通过对哈军工文化资源与学校特色文化资源的校内整合，系统打造了特色文化育人环境哈军工文化园。学校以这一育人环境为依托，广泛传播哈军工文化与学校特色文化，对广大师生、校友产生的文化教育、文化引导、文化凝聚和文化激励作用不断增强。据不完全统计，每年以各种形式来哈军工文化园参观的中小学生、广大市民、校内新生、学生家长、中外宾客与各级领导超过几万人次，参观者对哈军工文化园这一文化育人环境都给予高度评价和充分肯定。时任黑龙江省委副书记、哈尔滨市委书记杜宇新来园参观后说："哈军工文化园的建设，对提升整个城市的文化品位起到了积极作用！"时任哈尔滨市委副书记、市长宋希斌对哈军工纪念馆建设作出批示："积极支持、热情关注、建出特色、传承光荣，使之成为国防军工的爱国主义基地。"新华网、光明网、《中国教育报》《科技日报》《中国军工报》《黑龙江日报》《哈尔滨日报》、黑龙江电视台、哈尔滨电视台等 40 多家各级媒体对哈军工文化园的建设成果、教育活动及其对外开放情况进行过公开报道，其影响力和辐射力日益广泛。

2. 传扬哈军工文化的基本经验

作为哈军工后继者之一的哈尔滨工程大学，在传承与弘扬哈军工文化的过程中，取得了许多有益的实践经验，这些经验主要体现在坚持保护与开发相结合的传扬理念与实践、坚持整合与开放相结合的传扬理念与实践、坚持研究与育人相结合的传扬理念与实践等三个方面。

一是坚持保护与开发相结合的传扬理念与实践。在传承与弘扬哈军工文化过程中，学校既注重对哈军工现有遗存的有效保护与哈军工潜在遗存的深入挖掘，还十分注重对哈军工历史文化的深度开发和有效利用，取得了保护与开发并重的实践经验。

第一，注重对哈军工现有遗存的保护。笔者在本章中曾对作为哈军工后继者之一的哈尔滨工程大学，如何重视对哈军工现有文化遗存的保护进行过论述。在传承与弘扬哈军工文化的过程中，学校一方面注重对哈军工时期以五座教学大楼为代表的建筑设施等物质文化遗存的完整保护，另一方面又注重对哈军工时期以毛泽东主席颁发的《训词》为代表的文件文本等物质文化遗存的完好保护，还注重对哈军工时期以开学典礼照片为代表的声像和以哈军工风洞群为代表的实物等物质文化遗存的全面保护。同时，学校还通过对哈军工在"高"创建、"快"发展、"大"结局以及人才培养、科学研究和思想政治教育等工作中，所体现出来的办学思想、治校理念、培养方略、发展战略与大学风气等进行总结，进而对哈军工时期的精神文化遗存进行有效保护。

第二，注重对哈军工潜在遗存的挖掘。笔者在本章中曾对作为哈军工后继者之一的哈尔滨工程大学，如何加强对哈军工潜在文化遗存的挖掘进行过论述。在传承与弘扬哈军工文化的过程中，学校一方面注重对哈军工时期有关党和国家、军队领导人以及国际友人到哈军工视察地与哈军工时期的共和国第一或其他重大科研成果的诞生地进行深入挖掘，另一方面又注重对哈军工时期党和国家、军队领导人的批示、讲话、信函与哈军工首任院长陈赓的讲话、信函以及哈军工办学的有关文件、制度等文件文本类物质文化遗存的深入挖掘，还注重对哈军工时期老干部、老教师使用或产生的教材、讲义、教案等实物以及哈军工培养的院士、将军等优秀学员在哈军工工作、学习中产生的笔记、作业、毕业设计等实物类物质文化遗存的深入挖掘。同时，学校还通过对哈军工史料的深入研究，对哈军工潜在的精神文化遗存进行深入挖掘。

第三，注重对哈军工历史文化的开发。笔者在本章中曾对作为哈军工后继者之一的哈尔滨工程大学，如何对哈军工历史文化的开发进行过论述。在传承与弘扬哈军工文化的过程中，学校一方面注重对哈军工时期的重要历史人物进行物质层面的开发，包括为哈军工首任院长陈赓树立铜像、为哈军工首席顾问奥列霍夫树立铜像；另一方面又注重对哈军工影响深远的重大历史事件进行物质层面的开发，包括将毛泽东主席等党和国家领导人决策创建哈军工的历史瞬间固化下来树立了"陈赓受命创建哈军工"铜像群雕，将周恩来总理等党和国家、军队领导人关怀、支持哈军工建设的历史过程固化下来创作了大型油画"运筹"；还注重对哈军工历史文化进行校园环境层面的开发，以哈军工发展史上的重要人物等对校园道路、广场进行命名，如陈赓路、居英路、奥列霍夫广场、军工操场、工学广场等。同时，学校还以毛泽东主席为哈军工题写报名"工学"二字为关键字凝练出了"大工至善、大学至真"校训，以哈军工办学使命为基本元素凝练出了"三个第一"的大学精神，以哈军工的校风与"三严"作风为基本要义凝练出了学校的校风、教风、学风等，这些都是对哈军工历史文化的深度开发。

由此可见，坚持把对哈军工现有遗存的有效保护、潜在遗存的深入挖掘，同对哈军工历史文化的深度开发结合起来，更好地彰显哈军工文化遗存的历史价值，推动哈军工文化的开发利用，既是学校坚持传承与弘扬哈军工文化的重要理念，也是学校坚持传承与弘扬哈军工文化的重要实践。

二是坚持整合与开放相结合的传扬理念与实践。在传承与弘扬哈军工文化过程中，学校既强调把哈军工文化与学校的特色文化资源进行校内整合以及与学校周边地区的历史文化资源进行校外整合，还特别强调对整合后的哈军工文化进行对内对外开放，取得了校内校外资源整合与对内对外开放相结合的实践经验。

第一，强调与学校特色文化的校内整合。笔者在本章第一节关于传承与弘扬哈军工文化的理论思考中提出了对哈军工后继者已有文化资源与拟建文化设施、哈军工文化资源与其他特色文化资源等进行充分整合的理念思路。作为哈军工后继者之一的哈尔滨工程大学，坚持以哈军工文化为重点，将学校所有文化资源整合打造了"哈军工文化园"这一具有哈军工特色的文化展示平台和文化教育平台，形成了以哈军工历史上的原址原貌为代表的历史景观区、以传承哈军工历史与体现学校海防特色开发建设的各类景观为代表的文化景观区、以体现学校船海特色的船舶博物馆与十大名船展为代表的船海特色区，与哈军工建校 60 周年建设完成的哈军工纪念馆构成的"三区一馆"格局。哈军工文化资源与校内特色文化资源的整合，凸显了哈军工的历史文化、景观文化与学校的船海特色文化。

第二，强调与地区历史文化的校外整合。笔者在本章第一节关于传承与弘扬哈军工文化的理论思考中提出了加强与哈军工后继者所在地区的文化、旅游等部门进行沟通、协调，积极推进哈军工文化与所在地区历史文化资源、旅游文化资源等进行整合的理念思路。作为哈军工后继者之一的哈尔滨工程大学，坚持打造以哈军工文化为代表的文化品牌，把在校内文化资源整合基础上打造形成的"哈军工文化园"，与学校所在地周边的东北烈士纪念馆、哈尔滨文庙、极乐寺、普照寺、哈尔滨文化公园等市内文化资源进行整合，不断扩大"哈军工文化园"的辐射范围。在校内外资源整合的基础上，开通了"哈军工文化园"红色旅游线路，通过了国家旅游局"3A 级景区"资质验收，成为国内第一个具有军工特色与船海特色的高校红色游站点。

第三，强调哈军工文化的对内对外开放。笔者在本章第一节关于传承与弘扬哈军工文化的理论思考中提出了要在哈军工后继者加强校内外资源整合与文化品牌打造的同时，加强哈军工特色文化载体的开放和利用的理念思路。作为哈军工后继者之一的哈尔滨工程大学，坚持资源整合与开放利用相结合，一方面做好对学生、家长的开放，每年新生入校后，学校都专门组织新生与新生家长参观游览哈军工文化园，每年哈军工校友、学校校友回母校聚会的越来越多，参观哈军工文化园成为必然内容；另一方面做好对广大市民、中小学生的开放，每年哈尔滨组织的"邻里逛新城"活动，都会有大批市民前来参观，每年都会有省内中小学生组织前来参观。哈军工文化园获得国家"3A 级景区"资质后，社会游客前来参观的也越来越多，更有效地促进了哈军工文化的广泛传播。

由此可见，坚持把哈军工文化与学校特色文化资源有机整合、与校外历史文化资源有机整合，同哈军工文化的对内对外开放结合起来，更好地彰显哈军工文化的社会价值，促进哈军工文化的广泛传播，既是学校坚持传承与弘扬哈军工文化的重要理念，也是学校坚持传承与弘扬哈军工文化的重要实践。

三是坚持研究与育人相结合的传扬理念与实践。在传承与弘扬哈军工文化过程中，学校既重视对哈军工史料的深入研究与哈军工故事的编辑整理，还十分重视发挥哈军工文化在学校育人中的重要作用，取得了哈军工文化研究与哈军工文化育人有机结合的有益经验。

第一，重视对哈军工史料的研究。笔者在本章第一节关于传承与弘扬哈军工文化的理论思考中提出了开展哈军工历史文化研究的理念思路，指出了研究对于传承与弘扬的重要意义。作为哈军工后继者之一的哈尔滨工程大学，十分重视对哈军工史料的深入研究，在广泛征集、挖掘哈军工历史资料的基础上，不仅将哈军工历史文化的研究列入文化建设规划，每年拨专款支持师生开展相关的研究工作，更是专门成立了哈军工文化研究中心，组织专门力量开展哈军工历史文化的研究工作。在近年来的研究实践中，学校凝练形成了哈军工文化价值观、哈军工办学思想体系，凝练推出了校训、校风、教风、学风与大学精神，编辑出版了自哈军工以来的校史《60 年通鉴》和《校史读本》，组织召开了传扬哈军工精神高端论坛、继承哈军工优良传统研讨会等。

第二，重视对哈军工故事的整理。笔者在本章第一节关于传承与弘扬哈军工文化的理论思考中提出了坚持以贯穿哈军工文化价值观为主线讲好哈军工创建发展、人才培养与科学研究中的文化故事的理念思路。作为哈军工后继者之一的哈尔滨工程大学，十分重视对哈军工故事的挖掘和整理。在整合资源打造哈军工文化园的过程中，挖掘整理了朱德、陈毅等党、国家和军队领导人来校视察的文化故事，挖掘整理了五座教学大楼在设计、建设过程中发生的文化故事，挖掘整理了陈赓院长主持创建哈军工提出一系列著名办学主张的文化故事，挖掘整理了首席顾问奥列霍夫及其顾问团帮助哈军工办学的文化故事，挖掘整理了以谭国玉为代表的哈军工学员刻苦学习、艰苦训练的文化故事，挖掘整理了柳克俊、恽良等哈军工人研制成功若干"共和国第一"的文化故事。谭国玉的故事经过编排被学生搬上了舞台，哈军工人才成长的故事经过编辑出版了《从哈军工校园走出的院士们》。

第三，重视发挥文化的育人作用。笔者在本章第三节关于传承与弘扬哈军工文化的成效中曾论述了哈军工文化育人环境成为特色品牌、文化育人实践取得良好效果、文化育人作用产生广泛影响。作为哈军工后继者之一的哈尔滨工程大学，十分重视发挥哈军工文化育人的作用。以整合资源精心打造的特色文化载体"哈军工文化园"为依托，在对哈军工历史文化深入研究与对哈军工文化故事挖掘整理的基础上，经过哈军工文化的长期熏陶和激励，学校师生员工为国防科技工业服务的自觉性和积极性进一步提高，为国防教育事业做贡献的使命感和责任感进一步增强；广大学生普遍愿意到国防系统就业，为国防事业培养了大批可靠顶用之才；以哈军工文化价值观为核心的忠诚文化在毕业生、校友中得到充分展现；用人单位普遍反映学校毕业生留得住、用得上、干得好，愿意献身国防科技事业、为国防科技事业做贡献；学校为国防科技事业和国民经济发展提供了重要的智力支持和人才保障。

由此可见，坚持对哈军工历史文化的深入研究、对哈军工文化故事的挖掘整理，同发挥哈军工文化的育人作用结合起来，更好地彰显哈军工文化的教育价值，提升哈军工文化的育人能力，既是学校坚持传承与弘扬哈军工文化的重要理念，也是学校坚持传承与弘扬哈军工文化的重要实践。

后　记

　　书稿终于完成。学生问我："老师，您激动吗？"说实话，没有感觉到激动，倒是有些如释重负。原因很简单，完成本书实在太不易了。

　　本书是我依托教育部人文社会科学规划基金项目《哈军工文化遗存的保护与利用研究》完成的。之所以说不易，主要有以下三点缘由。

　　一是研究过程不易。课题是我 2011 年 9 月在母校哈尔滨工程大学任党委宣传部长时申请的，当时我正承担着筹建哈军工纪念馆的实际工作任务，因为工作之便利，研究成员许多都是与我一起工作的同事、老师，本希望通过此项目的研究推动哈军工纪念馆的建设，将项目研究成果转化为哈军工纪念馆建设的具体方案，可谓一举两得，这也是实现社会科学研究解决重大现实问题这一目的的基本要求。然而，在该项目获准教育部立项批复之际，我离开了学习、工作了二十多年的母校，调回故乡重庆，到西南大学马克思主义学院任教。尽管哈军工在 1970 年第二次分建时，哈军工原子工程系曾迁移到今天的西南大学校址办学近 5 年，与哈尔滨工业大学相关专业临时组建了重庆工业大学，但如今这里已没有了哈军工的影子，更没有对哈军工研究感兴趣的人。因为我工作的变动，原来的研究队伍没有了，这给研究工作带来了极大的困难。原来母校的有关人员不能一起合作研究了，新环境里研究队伍一时半会儿还组建不起来。即使后来逐渐招收了博士、硕士研究生，哈军工那段特殊的办学历史对我的博士、硕士生而言又太陌生，很难跟随我做这一问题的研究。因此，整个研究过程只有我自己，整项课题只能由我一个人独立完成。

　　二是搜集资料不易。哈军工办学历史已过去了 60 多年，距离第二次分建也有 45 年，许多当年的亲历者已经不在这个世界，许多宝贵的历史资料已经无处查找，许多重要的历史事件已经无法还原真相。再加之我本人调离了哈军工后继者之一的哈尔滨工程大学，许多查阅哈军工历史档案的方便条件没有了，一切都要依靠自己亲力亲为，这给研究所需要的文献资料搜集带来了相当的难度。好在这些年来做人还算"成功"，即使如此不易，但各方面的朋友们都给了我诸多帮助。如与我"同宗同族"的国防科技大学人文学院副教授傅婉娟博士，因为"有缘"2013年一起在国家教育行政学院学习，后来帮助我在国防科大搜集了许多哈军工时期的有价值的历史文献资料；再如，母校哈军工纪念馆现任馆长李宏老师，帮助我与各地校友会联系查证了许多哈军工人和事的史实。在此，对她们的无私帮助一并表示感谢！

三是完成写作不易。经过近三年的研究，开始进入本书的写作已是到了2014年的夏天。就是在这哈军工曾经一部分搬迁至此的地方，一个与哈军工有着千丝万缕联系的地方，我这个与哈军工有着不解之缘的人，开始了哈军工文化之旅。写作首先遇到的难题就是布局问题。对哈军工文化的探究，应该站在一个什么样的视角，对哈军工文化应该做一个什么样的定位，应该搭建一个什么样的写作框架，拟定一个什么样的写作思路……这些问题困扰了我很久，我才初步拟定出一个基本思路和框架。然后将这一思路和框架发给几位表示愿意参与写作的母校老师，请他们一起合作完成此书。大概是他们看完思路和框架后感觉难度太大了，抑或是其他什么原因，在规定时间已经过去很多日后，只有一位返回了具体写作提纲，但我看后发现完全不是我要的东西，不符合我对哈军工文化研究的定位和理解。于是，我只有再次一个人开始了对哈军工文化研究艰难的思考和写作。应该说，完成这一步基础写作工作，也是极其重要的基础工作，花了我差不多一个学期的时间。当然，是一个学期闲暇时间的思考，一个学期里大多都在上课和指导学生。就这样一直到2015年1月初，学生期末考试结束，我才专心开始本书的正式写作。

真正开始正式写作的过程，是难并快乐着的！说难，是因为不仅要对大量的哈军工办学历史事实进行深入研究，或者是发现其中带有规律性的东西，并将其抽象概括出来；或者是总结其中展现的文化内涵，并进行系统的凝练提升；同时，还要在大量的哈军工史料中去选取素材，用以证明研究中发现的办学规律，或者支撑研究中总结的文化现象，这些都是极其艰难的研究过程和写作过程！说快乐，是因为尽管每天都早出晚归，从早上八点到办公室，看着办公桌上摆放凌乱的资料，开始一天艰难的研究和写作，直到晚上十点、十一点甚至更晚离开；有时中途吃饭时间到了，去食堂，或者请学生帮忙买份盒饭，甚至晚上十点后回家再吃。但每当研究中发现了某一办学规律，或者对某一现象有了满意的总结凝练，或者对某一问题有了清晰的写作思路，甚或是写完了某一个部分的内容，凡此种种，内心都是无比快乐的。

这样难并快乐着的日子，从2015年寒假前开始，中间经过了春节，再到开学。为了能够一鼓作气将书稿写完，不仅春节只给自己放了3天假——大年三十开车回家陪八十多岁的父母吃了年夜晚，大年初一与哥哥、姐姐和他们的孩子、孙子一起团聚，大年初二去看望了八十多岁的姑姑，大年初三回来休整了一天，大年初四一早便再次回到办公室开始写作。很快，新学期开学的日子到了。为了能够有更多的时间集中精力完成书稿写作，我请学院负责排课的老师将我本学期的课尽量安排到了后半学期，且集中在周一、周二。终于，在历经十个月后书稿得以完成。

然而，需要向朋友们表示歉意的是，拙著的出版却一拖再拖。从2015年5月完成书稿到今天即将下厂付印，差不多整整两年时间过去了。一开始准备申请国家社科基金后期资助，结果没有成功。后来可以申请学院的学术专著出版基金支持，但我放弃了申请。接下来，有一家文化公司有意资助出版，但因为出版社目录中没有我理想中的中国社会科学出版社，我又放弃了资助。再后来，我找到中国社会科学出版社年鉴分社张昊鹏社长。在他的热情帮助下，很快便与中国社会科学出版社达成了出版协议，由姜阿平编辑具体负责拙著的编辑出版事宜。姜编辑十分热情，让我倍感亲切和温暖。在这两年间里，一些关心哈军工文化研究的朋友问我，何时能读到拙著？我跟朋友开玩笑说"别急，好事多磨"！其实，一本好书真的是磨出来的（尽管我没有资格评价说这是一本好书，只有亲爱的读者才有这个资格去评价），更何况在打磨这本书的过程中，我是十分幸运的。说幸运，是因为我遇到了一位工作认真负责、服务意识到位的好编辑。姜编辑在编校质量上耐心细致、一丝不苟，许多细节问题都是逐一求证；关于版式大小、封面色彩等方面，她不但从专业角度提出建议方案，而且尽量兼顾我的要求；在出版进度上更是尽量加快推进；直到今日，仍然对我后记中的种种表达提出用心良苦的建议。我们之间往来的短信、邮件，一条条、一封封，都是拙著编辑出版过程的美好见证。在这里，衷心感谢她对本书出版所做的一切。

永友

2017 年 3 月西大绩镛楼 411 室